AF125176

Louis Marie Prudhomme, Christoph Wilhelm Lohmann

## Reise nach Guiana und Cayenne

nebst einer Übersicht der ältern dahin gemachten Reisen und neuern Nachrichten

von diesem Lande

Louis Marie Prudhomme, Christoph Wilhelm Lohmann

**Reise nach Guiana und Cayenne**
*nebst einer Übersicht der ältern dahin gemachten Reisen und neuern Nachrichten von diesem Lande*

ISBN/EAN: 9783743437333

Hergestellt in Europa, USA, Kanada, Australien, Japan

Cover: Foto ©ninafisch / pixelio.de

Weitere Bücher finden Sie auf **www.hansebooks.com**

# Reise

nach

# Guiana und Cayenne,

nebst einer Uebersicht

der ältern dahin gemachten Reisen

und

neuern Nachrichten von diesem Lande,

dessen

Bewohnern und den dortigen europäischen Colonien,

besonders den französischen.

---

Mit einer Karte und einem Kupfer.

---

Aus dem Französischen.

---

Mit allergnädigsten Freiheiten.

Hamburg, 1799.
bei Benjamin Gottlob Hoffmann.

# Vorrede des Uebersetzers.

Guiana ist ein in mehr als einer Hinsicht merkwürdiges Land. Mehrere Europäische Nationen, besonders die Holländer und Franzosen, besitzen in demselben blühende Colonien und noch vor Kurzem erhielt es durch die dahin deportirten, zum Theil in der neuesten Zeitgeschichte sehr berühmten, Männer eine neue Celebrität. Ich glaubte daher dem deutschen Publikum und besonders den Lesern der neuern See- und Landreisen mit der Uebersetzung dieser erst neuerlich in Paris erschienenen Reisebeschreibung keinen unangenehmen Dienst zu leisten.

Der ungenannte Verfasser machte seit 1789 mehrere Geschäftsreisen in diesem Lande, besonders in dem französischen Antheile desselben, und übertrug dem bereits durch mehrere historische Schriften bekannten Prûdhomme die Besorgung der Herausgabe seiner Reisebemerkungen. Wahrscheinlich ist von demselben die in den ersten

\*

beiden Abschnitten enthaltene Uebersicht der in diesem Lande von den Europäern gemachten Entdek-
kungsreisen und Besitznehmungen, so wie die in
einigen andern Abschnitten enthaltene kurze Geschichte der dortigen Colonie hinzugefügt, welche
den Lesern aber hoffenlich nicht unwillkommen seyn
werden. Ich glaubte ihnen daher auch diese nicht
vorenthalten zu dürfen, ob ich sie gleich hin und
wieder etwas abgekürzt habe. Einige andere Ab-
schnitte sind ebenfalls in der Uebersetzung zusammen gezogen und nur auszugsweise übertragen,
noch andere aber ganz weggeblieben. Dies letztere ist besonders der Fall mit einigen nautischen
und bloß localen, nur den Seemann und dortigen
Colonisten interessirenden Abschnitten, wie auch
mit dem, welcher von Surinam handelt, aus welchen ich nur das Nöthigste zur Ergänzung übersetzt habe, da der Verfasser von dieser schon öfte-
rer bereiseten und beschriebenen Colonie wenig
Neues sagt. Ich verweise die Leser deshalb auf
Stedmanns schäzbares Werk von Surinam, welches in dem 8ten Bande der Neuern Geschichte der
See- und Landreisen enthalten ist. Auch das bei
dem Original befindliche indianische Wörterbuch

glaubte ich bei der Ueberſetzung weglaſſen zu können,
da die meiſten Verſuche, Wörter einer unbekann-
ten fremden Sprache aufzuzeichnen, doch gewöhnlich nur unvollkommene, bloß nach dem Gehör
modificirte Beiträge zur allgemeinen Sprachkunde
liefern, wenn man nicht mit philologiſcher Präci-
ſion und nach beſtimmten Regeln dabei zu Werke
geht. Doch ſind im letzten Abſchnitt die vorzüg-
lichſten Eigenheiten dieſer Sprache bemerkt und
durch Beiſpiele erläutert.

Was die Ueberſetzung ſelbſt betrift, ſo habe
ich mich bemühet, mein Original, dem es jedoch zuweilen an Beſtimmtheit des Ausdrucks fehlte, treu
und richtig wieder zu geben. Ich theilte zu dem Ende
die Handſchrift vor dem Abdruck erſt einem ſachkun-
digen Freunde zur Durchſicht mit, welchem ich manche gute Bemerkung verdanke, die ich auch ſorgfältig
benutzt habe. Sollten Spuren dieſer Sorgfalt bei
meiner Arbeit nicht ganz zu verkennen ſeyn, ſo würde ich mich für die darauf verwandte Mühe belohnt genug halten. Gleichwohl mögen ſich bei der
Kürze der Zeit, die mir zu Gebote ſtand, noch hin
und wieder Stellen finden, quos aut incuria fudit,
aut parum cavit humana natura. Wegen dieſer bitte

ich um gütige Nachsicht, indem ich zugleich hoffe, daß man mir einige kleine Ungleichheiten in der Orthographie und Interpunktion so wenig als die wegen Entfernung vom Druckort eingeschlichenen Druckfehler zur Last legen wird, wovon ich die wichtigsten angezeigt habe. Wenn von Meilen die Rede ist, so sind immer französische zu verstehen.

Noch muß ich bemerken, daß ich wegen der oft sehr mangelhaften Angaben und wenig genauen Kennzeichen mancher dort einheimischer Thiere, Gewächse und übrigen Naturprodukte nicht immer im Stande war, diese zu bestimmen und die allgemeinen Namen derselben anzugeben, welches jedoch bei den meisten geschehen ist.

Von den bei dem Original befindlichen 3 sehr mittelmäßigen Kupfern endlich, ist der Uebersetzung nur eins in einem bessern Nachstich beigefügt, da die beiden andern nichts besonders Merkwürdiges versinnlichen.

Hamburg, den 25. September
1798.

C. W. Lohmann.

# Inhalt.

—

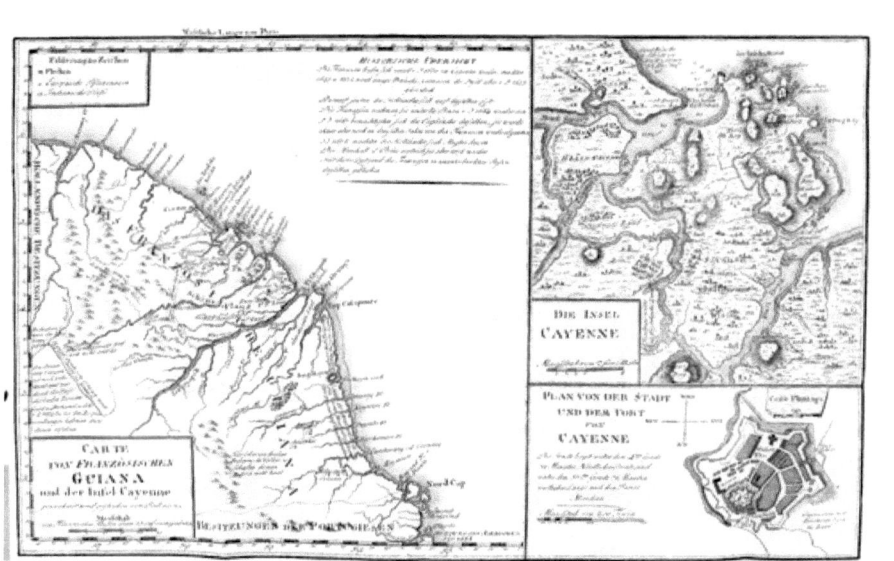

CARTE
VON FRANZÖSISCHEN
GUIANA
und der Insel Cayenne

DIE INSEL
CAYENNE

PLAN VON DER STADT
UND DER FORT
VON
CAYENNE

# Reise
## nach Guiana und Cayenne.

———

A

# Erster Abschnitt.

Verschiedene Versuche den Amazonenfluß herauf und herunter zu fahren. — Nachrichten von diesem Flusse und den zahlreichen Völkern, welche die Ufer desselben bewohnen.

---

Ehe man nach Cayenne und dem festen Lande von Guiana vorgedrungen war, hatte man es erst gewagt, so weit als möglich den Oronoko- und Amazonenfluß, welche es im Norden und Süden begränzen, herauf zu fahren. Wir müssen daher unsere Leser zuerst auf diese merkwürdigen Versuche aufmerksam machen und ihnen eine allgemeine Uebersicht davon geben.

Im Jahre 1499 entdeckte Yanez Pinzon, der erste Spanier, welcher die Linie passirte, die ungeheure Mündung des Amazonenflusses, welchen er Marangon nannte. Nach dieser Ent-

deckung suchte ein anderer Spanier die Ansprüche
seines Souverains dadurch zu bestätigen, daß er
dessen Namen in einen Baum von so ungeheurer
Dicke eingrub, daß 16 Männer ihn nicht um-
spannen konnten.

Franz Orellana schiffte im Jahre 1538
den Marangon bis an die Mündung desselben
herunter, nachdem er seinen Befehlshaber Gonzalez Pizarro, welcher ihm eine Brigantine,
um Lebensmittel zu holen, anvertrauete, schänd-
lich verlassen hatte, und kehrte darauf nach Spanien zurück, um von seinem Muthe und seinen
Entdeckungen zu prahlen. Er erfuhr von den
kriegerischen Völkern, deren Freund er wurde,
nachdem er sie besiegt hatte, daß es jenseits ihrer
Provinz ein Land gäbe, welches bloß von kriegerischen Weibern bewohnt werde. Diese Aussage,
deren Richtigkeit zu untersuchen er sich nicht erst
die Mühe gab, veranlaßte ihn, den Ländern, welche
er durchstrichen war, den Namen des Amazonen-
landes zu geben, nach welchem nachher auch der
Fluß Marangon benannt wurde.

Dieser Amazonenfluß hat mehrere Quellen,
welche auf den Cordilleras entspringen, bald zu
großen Flüssen anwachsen und nachdem sie durch
eine große Strecke Landes gelaufen sind, sich vereinigen und den Marangon bilden, der unter dem

Namen des Amazonenflusses so bekannt ist. Vom
See Lauricocha an gerechnet, in einer schon
sehr beträchtlichen Entfernung von seinen Quellen,
durchläuft er wenigstens noch eine Strecke von
1800 Meilen. Er nimmt breite und tiefe Flüsse
auf, die ihm an Größe ähnlich sind. Der Apu-
rimak, der, indem er sich dem Marangon nähert, Ucayale genannt wird, ist so breit und tief,
daß man nicht weiß, welcher von beiden sich eigentlich in den andern ergießt. Sie stoßen bei
ihrer Vereinigung so heftig zusammen, daß dadurch der Lauf des Marangon sehr geändert wird.

Acunga, ein Portugiese, welcher mit verschiedenen seiner Landsleute und Spaniern im
Jahre 1639 den Marangon oder Amazonenfluß
herunter fuhr, schildert ihn als den größten, frucht-
barsten und merkwürdigsten Fluß in der Welt.
Die Strecke Landes, welches derselbe bespült,
kann nach der Bemerkung dieses Reisenden 4000
Meilen im Umfang betragen. Dies ganze Land
war, als man es entdeckte, von einer zahllosen
Menge wilder Völker bewohnt, welche in verschiedenen Provinzen verbreitet, eben so viele besondere Nazionen ausmachten. Das Land war so
bevölkert und die Wohnungen lagen so nahe bei
einander, daß man in dem lezten Flecken einer
Nazion schon das Holzfäuen in mehrern Oertern

einer andern hören konnte. Diese nahe Nach-
barschaft diente zu nichts weniger, als sie in Frieden leben zu lassen. Sie lagen mit einander beständig in Krieg, worin sie sich entweder einander
tödteten, oder sich wechselseitig in die Sclaverei
schleppten. Gleichwol wagten sie es nicht, so tapfer sie auch unter sich waren, sich festen Fußes
mit den Europäern zu schlagen, deren Feuerge-
wehre sie noch nicht kannten. Größten Theils
nahmen sie die Flucht, warfen sich in ihre sehr
leicht gebaueten Canots, mit welchen sie schnell
das Land erreichten, und sich dann mit ihren
Fahrzeugen nach einem von den vielen Seen zu-
rückzogen, die der Fluß bildet.

Ihre gewöhnlichen Waffen waren Piken von
mittlerer Länge und Wurfspieße von sehr hartem
zugespitzten Holze, welche sie mit großer Stärke
und Geschicklichkeit warfen. Sie hatten auch
eine Art Lanzen, welche sie Estolica nannten.
Diese waren platt, etwa 6 Fuß lang und 3 Finger breit, oben noch vermittelst eines Knochens
in Gestalt eines Zahns mit einem Pfeile von
derselben Länge versehen, der am Ende mit einem
andern Knochen oder einem sehr spitzen ausgezackten Stücke Holz bewaffnet war. Sie nahmen
dies Instrument in die rechte Hand, steckten mit
der linken den Pfeil oben in den Knochen und

warfen ihn mit solcher Kraft und Geschicklichkeit,
daß sie auf 50 Schritt keinen Fehlwurf thaten.
Zur Vertheidigung hatten sie Schilder, von ge-
spaltenem Rohr zusammen gesetzt und so in-
einander gefugt, daß sie bei ihrer Leichtigkeit doch
stark genug waren. Einige Nazionen bedienten
sich nur des Bogens und der Pfeile, deren Spitze
sie mit einem gewissen Safte so vergifteten, daß
die Wunden davon jedesmal tödtlich waren.

Ihre Werkzeuge zur Erbauung ihrer Canots
und Häuser bestanden nur in einem Beile und
einer Art, welche sie sich auf folgende sinnreiche
Art verfertigten. Instinkt oder Noth hatten ihnen gelehrt, die härteste Schildkrötenschale in 4
oder 5 Finger breite Blätter zu schlagen, und
diese, nachdem sie vom Rauch ausgetrocknet waren, auf einen Stein zu wetzen. Sie steckten sie
dann an einen hölzernen Griff und bedienten sich
ihrer, um weiches leichtes Holz zu hauen, woraus
sie nicht allein Canots, sondern auch Tische,
Schränke und Stühle verfertigten. Um Bäume
zu fällen oder festeres Holz zu hauen, hatten sie
Aexte von sehr hartem Stein. Ihre Scheeren,
Hobel und Bohrer waren von den Hauzähnen
und Hörnern der Thiere gemacht und mit hölzernen Griffen versehen. Sie bedienten sich derselben, als ob sie vom besten Stahl gewesen wären.

Obgleich alle diese Provinzen verschiedene
Arten von Baumwolle erzeugen, so gebrauchten
sie diese doch nicht zur Kleidung. Sie gingen
fast ganz nackend, ohne Unterschied des Geschlechts,
ohne sich, so wenig als unsere ersten Eltern im
Stande der Unschuld, zu schämen.

Alle diese Völker haben beinahe einerlei Religion. Sie besitzen Götzenbilder, welche sie sich
selbst verfertigen, und denen sie verschiedene Ver-
richtungen zuschreiben. Einige beherrschen das
Wasser, andere sind über die Früchte und das
Getreide gesetzt. Die Eingebohrnen rühmen sich,
daß diese Gottheiten vom Himmel zu ihnen herunter kommen, um bei ihnen zu wohnen und ihnen Gutes zu thun, ob sie dieselben gleich ganz
und gar nicht verehren. Sie werden beiseit gesetzt oder in einem Futterale aufbewahrt, bis man
ihrer Hülfe bedarf. So setzen sie, wenn sie in den
Krieg ziehen wollen, das Götzenbild, von welchem
sie den Sieg erwarten, ins Vordertheil ihrer Canots; oder wenn sie auf den Fischfang gehen,
stellen sie das Bild des Wassergottes auf. Indessen erkennen sie, daß es noch viel mächtigere
Götter geben kann. Einer dieser Wilden, Anführer einer Völkerschaft, verlangte mit den Portugiesen, denen er Lebensmittel verschafft hatte,
zu reden. Nachdem er seine Bewunderung zu

erkennen gegeben hatte, daß sie das Glück gehabt hätten, die Schwierigkeiten über den großen
Fluß zu kommen, zu überwinden, verlangte er
von ihnen zur Gefälligkeit und als Erkenntlichkeit
für die gute Behandlung, die er ihnen habe wie-
derfahren lassen, einen ihrer Götter, der Macht
und Güte genug besäße, um ihnen in allen ihren
Unternehmungen zu helfen. Ein anderer Kazike
gab durch die thörigte Eitelkeit, welche er besaß,
daß er selbst für den Gott seines Landes gehalten werden wollte, zu erkennen, daß er auch eine
Idee von einem dem seinigen überlegenen Gott
habe. „Wir erfuhren dieses, sagt Acunga,
schon einige Meilen vorher, ehe wir an seine
Wohnung kamen. Wir ließen ihm daher an-
kündigen, daß wir ihm einen mächtigern Gott,
als er sey, würden kennen lehren. Er kam darauf mit allen Merkmahlen der lebhaftesten Neu-
gierde ans Ufer. Ich gab ihm die versprochene
Erklärung; er blieb jedoch in seiner Verblendung,
unter dem Vorwande, daß er mit eignen Augen
den Gott, welchen ich ihm predigte, sehen wolle.
Er sagte, er sey ein Sohn der Sonne und gehe
jede Nacht im Geist in den Himmel, um seine
Befehle für den folgenden Tag zu geben und die
Regierung der ganzen Welt anzuordnen.

Ein Kazike von einem andern Orte zeigte

mehr Verstand. Ich fragte ihn, warum seine
Gefährten beim Anblick unserer Flotte die Flucht
genommen hätten, während er mit einigen seiner
Verwandten von selbst zu uns käme. Er antwortete mir, daß Menschen, welche im Stande
gewesen wären, den großen Fluß ohngeachtet so
vieler Feinde zu befahren und ohne einigen Schaden zu nehmen, wohl einst die Herren des Landes werden dürften; daß sie wiederkommen würden, es sich zu unterwerfen und es mit neuen
Bewohnern zu bevölkern; daß er daher nicht beständig mit Furcht und Zittern in seinem Hause
wohnen, sondern sich lieber bei Zeiten unterwerfen
und die als seine Herren und Freunde aufnehmen
wolle, welche seine Landsleute eines Tags anzuer-
kennen und sich ihnen zu unterwerfen mit Gewalt
gezwungen werden würden."

Alle diese Indianer haben, so wie die Bewohner anderer Gegenden von Amerika, eben so
viel Zutrauen als Achtung für ihre Geistlichen,
die bei ihnen sowohl die Stelle der Aerzte als
der Priester vertreten. Was die Todten betrifft,
so lassen einige bei einem langsamen Feuer die
Leichname trocknen, um beständig ein Andenken
von dem, was ihnen theuer war, vor Augen zu
haben. Andere verbrennen die todten Körper in
großen Gruben, nebst allen dem, was sie im Leben

besaßen. Die Todtenfeier dauert mehrere Tage, wo sie bald betrunken, bald betrübt sind.

Zwanzig Meilen unter der Burg Anosk erblickten Acunga und seine Gefährten den großen Fluß Agarik, der wegen des Goldsandes berühmt ist, welchen er mit sich führt, und aus diesem Grunde auch Rio d'Oro oder Goldfluß genannt wird. Bei seiner Mündung geht an beiden Seiten des Amazonenflusses die große Provinz der langhaarigen Indianer an, welche sich über 180 Meilen nördlich erstreckt, wo der Fluß große Seen bildet. Männer und Weiber haben hier langes bis auf die Knie herabhängendes Haar. Ihre Waffen bestehen bloß in Wurfspießen. Die Nazion der Aguas oder Omaguas, welche zunächst auf jene folgen, ist eine der polizirtesten. Sie verstehen Zeug aus Baumwolle zu machen, wovon sie eine ungeheure Menge sammeln und sich anständig kleiden. Ihre Tücher sind durchsichtig und nebst vielem Golde mit allerlei farbigen Faden durchwebt. Sie verfertigen genug davon, um mit ihren Nachbaren einen beständigen Handel zu treiben. Ihre Ehrfurcht gegen die Kaziken, welche sie beherrschen, geht bis zur blinden Unterwerfung. Wenn sie im Kriege Gefangene machen, die den Ruf der Tapferkeit haben, so tödten sie dieselben an ihren Festen

oder bei ihren Zusammenkünften, damit sie diese
nicht weiter zu fürchten Ursach haben, und werfen ihre Leichname, nachdem sie ihnen die Köpfe
abgehauen, welche sie als Siegeszeichen in ihren
Hütten aufhängen, in den Fluß.

Weiter hin traf man Nazionen, welche man
für sehr reich an Golde hielt, weil sie davon große
platte Stücke in Nasen und Ohren trugen. Auch
hörten unsere Reisende mit Verwunderung von
den Cuiriguires reden, welches Riesen von
8 Fuß hoch seyn sollen und verschiedene Tagereisen ins Land hinein wohnen.

Acunga macht eine sehr poetische Beschreibung vom Rio Negro (den schwarzen Fluß), den
schönsten und größten von denen, welche in einer
Strecke von 1300 Meilen in den Amazonenfluß
fallen. Er hat den Namen von seiner Tiefe,
welche macht, daß er schwarz scheint, obgleich sein
Wasser im Glase ganz klar ist.

Die Tobinambous, ein Volk des Amazonenflusses, welche eine Insel von mehr als 200
Meilen im Umfang bewohnen, versicherten, daß
nahe bei ihrer Insel nach Süden hin zwei gleich
merkwürdige Nazionen lebten. Die eine besteht
aus Zwergen und heißt Guayazis; die andere
aus einer Race Menschen beiderlei Geschlechts,
welche mit nach hinten zu gekehrten Füßen ge-

bohren werden, so daß, wenn man ihre Fußtapfen
verfolgt, man sich von ihnen entfernt. Sie heis-
sen Marayus.

Die Tobinambous bestätigten den Portugiesen, daß es wahre Amazonen gebe, wovon
der Fluß seinen neuen Namen bekommen. Die
Beweise, welche Acunga über die Existenz dieser außerordentlichen Weiber gesammelt hat, scheinen ihm so stark, daß man sie nicht, ohne allen
Glauben zu verleugnen, verwerfen kann.

Aber wir bemerken mit Condamine, daß
wenn man gleich ihre ehemalige Existenz nicht be-
zweifeln kann, es doch wahrscheinlich ist, daß sie
seit einigen Jahrhunderten aus der Gegend, welche
sie bewohnten, verschwunden sind, sey es nun durch
eine Revoluzion, oder daß ihr Stamm nach und
nach ausgestorben.

Sechs und dreißig Meilen von dem letzten
Dorfe, welches die Gränze zwischen den Amazonen und den Tobinambous macht, stößt man,
wenn man den Amazonenfluß herunter fährt,
nordwärts auf einen andern Strom, welcher auch
aus dem Lande der Amazonen kömmt und bei
den Indianern unter dem Namen Cunuris bekannt ist. Er bekommt denselben von einem
Volke, welches an seiner Mündung wohnt. Wenn
man diesen Fluß hinauf fährt, findet man wieder

eine andere Indianische Nazion, Apatos genannt, welche die Brasilische Sprache reden.
Noch weiter hinauf die Tagaris, und dann die
Guacares. Dies ist das glückliche Volk, welches die Gunst der Amazonen genießt. Diese
wohnen auf den höchsten Bergen, unter welchen
man einen, Yacamiaba genannt, besonders unterscheidet, welcher über alle andere hervor ragt
und so von den Winden bestrichen wird, daß er
ganz unfruchtbar ist. Die Amazonen erhalten
sich gleichwohl ohne Hülfe der Männer darauf.
Wenn ihre Nachbarn zu der von ihnen bestimmten Zeit kommen, sie zu besuchen, so empfangen
sie sie mit Bogen und Pfeilen in der Hand, aus
Furcht überfallen zu werden. Sobald sie sie
aber erkannt haben, so begeben sie sich Haufen-
weise nach den Canots derselben, wo jede die erste
beste Hängematte ergreift, die sie darin findet,
welche sie dann in ihre Wohnung aufzuhängen
eilt, um denjenigen, dem die Hängematte gehört,
darin zu empfangen. Nach einem monatlichen
vertrauten Umgange kehren diese Gäste wieder
zurück; sie verfehlen aber nicht, alle Jahr in derselben Jahrszeit diese Reise zu machen. Die
Mädchen, welche sie erzeugen, werden von ihren
Müttern ernährt und im Landbau und Waffen-
übungen unterrichtet. Was sie mit den Knaben

anfangen, weiß man nicht; doch habe ich von einem Indianer, der mit bei jenen Zusammenkünften war, erfahren, daß sie dieselben das folgende
Jahr den Vätern übergeben. Inzwischen glauben die meisten, daß sie die Knaben gleich nach
der Geburt tödten. Uebrigens besitzen sie in ihrem Lande Schätze, womit sie die ganze Welt be-
reichern könnten.

Vier und zwanzig Meilen unterhalb des
Flusses, welcher nach dem Lande der Amazonen
führt, kam die Portugiesische Flotte an einen Ort,
wo der Fluß vom Lande so eingeengt wird, daß
er nicht viel mehr als eine Viertel Meile breit
ist. Ebbe und Fluth wird hier schon merkbar,
obgleich die Entfernung des Meeres nicht weniger als 300 Meilen beträgt.

Vierzig Meilen weiter hinunter geben die
Tapajocos einem schönen Flusse den Namen.
Das Land ist sehr fruchtbar und die Einwohner
allen benachbarten Nazionen furchtbar, weil das
Gift ihrer Pfeile so tödtlich ist, daß man kein
Mittel dagegen hat.

Die Indianer in der Provinz Ginapape
rühmen besonders den Reichthum ihres Landes.
Wenn man sich auf ihre Versicherungen verlassen
kann, so enthält es mehr Gold, als ganz Peru.
Aber auch ohne diese Goldminen, die wirklich

zahlreich sind, und den Flächeninhalt des Landes, welches größer als ganz Spanien ist, zu rechnen, so übertrifft es wegen seiner Fruchtbarkeit alle am Amazonenfluß liegenden Länder. Der Fluß To-cantin, welcher hinter dem Flecken Commuta her fließt, könnte die Bewohner seiner Ufer berei-chern, wenn sie seinen Werth kennten. Ein Fran-zose kam seit 1636 alle Jahre mit verschiedenen Schiffen, welche er mit Sande aus diesem Flusse belud, woraus er Gold zu ziehen wußte. Er wollte aber den Einwohnern nie den Gebrauch, den er da-von machte, lehren, aus Furcht, sie möchten sich sei-nem Glücke dann widersetzen.

Endlich kam Acunga und seine Begleiter ge-sund und wohlbehalten nach Para, einer Portu-giesischen Besitzung an der Küste von Brasilien, wo der Amazonenfluß ins Meer fällt, und bei seiner Mündung nicht weniger als 80 Meilen breit ist. Wegen seines äußerst reissenden Stromes behält er fast noch 20 Meilen im Ocean die Süßigkeit seines Wassers. Er ist an verschiedenen Stellen so tief, daß man auf 103 Klafter mit dem Senkblei noch keinen Grund findet.

Pedro d'Orsua, aus Navarra, war lange vor Acunga nicht so glücklich gewesen. Er unter-nahm es, in den Amazonenfluß hinein zu fahren, indem er durch die Provinz Mosilones in Peru

den

den Lauf eines Fluſſes verfolgte und ſich nachher
vornahm, den Amazonenfluß bis zu ſeiner Mündung herunter zu fahren. Er wurde aber unterwegs
von zwei ſeiner vornehmſten Offiziere ermordet. Einer von ihnen, Lopez d'Aguirre, ein Biscayer,
nahm den Titel und die Würde eines Königs an,
und hatte gleichwol die Unverſchämtheit, dieſen mit
dem Betragen eines Rebellen und Verräthers zu
paaren, als ob er ſich deſſen rühmte. Seine Herr-
ſchaft war ſo tyranniſch und blutdürſtig, daß die
Spanier in der neuen Welt noch ein Sprüchwort
davon haben. Inzwiſchen lockte ſie der Plan, welchen er ihnen eröffnete, ſich Meiſter von Peru und
Neu-Granada zu machen, wenn er nur erſt ein
Etabliſſement in Guiana habe, und das Verſprechen,
welches er den Soldaten gab, ihnen die Reichthümer dieſer drey großen Länder zu überlaſſen, ihm zu
folgen. Er fuhr mit ihnen durch den Coca in den
Amazonenfluß, konnte aber nicht den Strom hinauf
kommen. Nachdem er genöthigt worden war, ſich
demſelben bis an die Mündung eines Fluſſes zu
überlaſſen, welche mehr als 1000 Meilen von dem
Orte, wo er ſich eingeſchifft hatte, entfernt war,
wurde er in] den großen Canal, der nach dem
Nord-Cap führt,' verſchlagen. Als er nun ins
offne Meer kam, nahm er ſeinen Lauf nach der Inſel Margaretha, landete daſelbſt an einem Orte,

B

der noch den Namen: Hafen des Tyrannen führt, tödtete hier den Gouverneur und dessen Vater, machte sich Herr von der Insel und plünderte sie mit unerhörter Grausamkeit.

Von da ging er nach Cumana, wo er ebenfalls sich als ein Wütherich betrug. Er verheerte die ganze Küste von Caracas und die Provinzen Veneguela und Baccho. Endlich begab er sich nach St. Martha, wo er seine Verwüstungen fortsetzte und von da in Neu-Granada eindrang, um gegen Quito vorzurücken, in der Absicht, den Krieg in das Innere von Peru zu spielen. Da er aber auf einige spanische Truppen stieß, mit welchen er ein Gefecht nicht vermeiden konnte, wurde er gänzlich geschlagen und gezwungen, sein Heil in der Flucht zu suchen. Man hatte die rechten Maaßregeln genommen, um ihm alle Wege abzuschneiden. Auch hielt er seinen Untergang für gewiß und die Verzweiflung ließ ihm nun eine Grausamkeit begehen, die beinahe ohne Beispiel ist. Seine Tochter, welche er zärtlich liebte, war ihm auf allen seinen Zügen gefolgt. „Tochter, sagte er jetzt zu ihr, du mußt von meiner Hand sterben. Ich hoffte, dich auf den Thron zu erheben; da mir aber das Schicksal zuwider ist, so will ich nicht, daß du länger leben sollst, um die Sclavin meiner Feinde zu werden, und dich die Tochter eines Tyrannen und Verräthers nennen zu hören. Stirb von der Hand deines Vaters, wenn du nicht die Stärke hast, von deiner eignen zu sterben." Sie bat ihn um einige Stunden, um sich zum Tode zu bereiten. Er bewilligte sie ihr. Da ihm aber ihre Gebete zu lange dauern, schießt er sie, so, wie sie auf den Knieen lag, durch den Leib, und da sie davon nicht gleich stirbt, endet er mit dem Dolche, welchen er ihr ins Herz stößt. Ihr letzter Seufzer war: Ach, mein Vater, es ist genug! —

Einige Tage darauf wurde er ergriffen und als Gefangner nach der Dreieinigkeits-Insel gebracht. Nun wurde ihm förmlich der Prozeß gemacht, und das Urtheil, welches nach dem Buchstaben vollzogen wurde, lautete: daß er geviertheilt, sein Haus bis auf den Grund niedergerissen und da, wo es gestanden, so viel Salz gesäet werden solle, um den Platz auf immer unfruchtbar zu machen.

Die Liebe zu den Wissenschaften und das Verlangen, den Lauf des Amazonenflusses, zur Berichtigung der bisherigen sehr unvollkommenen Karten von demselben, wo möglich, näher kennen zu lernen, bewogen Condamine, allein, in einem schwachen Fahrzeuge, und bloß von einigen Indianern begleitet, diesen Fluß von Jaen, einer

kleinen Stadt in Peru, wo er anfängt schiffbar
zu werden, bis zu seiner von da noch so weit
entfernten Mündung herunter zu fahren. Es gelang ihm zu seinem Ruhme, und die Spanier,
welche jetzt diese Reise oft machen, was sie sonst
für ein tolles und thörichtes Unternehmen hielten,
sind ihm dafür vielen Dank schuldig.

Er passirte zuerst den engen Paß von Cum-
binama, welcher wegen der vielen in demselben
befindlichen Felsen sehr gefährlich ist. Er ist nur
etwa 20 Klafter breit. Der von Escurre-
bragas, an welchen Condamine den folgenden Tag kam, ist anders beschaffen. Der
Fluß, von einer sehr steilen Felsenwand aufgehal-
ten, an welche er senkrecht anstößt, macht auf
einmal eine Biegung, indem er mit seiner ersten
Richtung einen rechten Winkel bildet, und die
durch sein eingeschränkteres Bette verdoppelte
Schnelle seines Laufs hat in den Felsen ein Bassin
gegraben, in welchem ein Theil seines Wassers
von dem reissenden Strome abgesondert zurück
bleibt. Das Floß, auf welchem Condamine
sich damals befand, drehete sich, durch den Strom
in diese Hölung getrieben, länger als eine Stunde
darin herum. Wirklich trieb das sich kreisförmig
bewegende Wasser es wieder gegen die Mitte des
Flußbettes, wo das Entgegenprellen des breiten

Stromes Wogen bildete, die das Fahrzeug leicht
mit in die Tiefe hätten reissen können, wenn seine
Größe und Festigkeit es nicht geschützt hätten.
Die Heftigkeit des Stromes trieb es aber immer
wieder in das Becken hinein, und unser Reisende
würde ohne die Geschicklichkeit der Indianer, welche
er aus Vorsicht mit einem kleinen Canot in der Nähe
bei sich behalten hatte, nie wieder aus jener Wasser-
höle herausgekommen seyn. Diese vier Menschen waren zu Lande am Fluß herunter gekommen und kletter-
ten, nachdem sie das Bassin umgangen hatten,
auf den Felsen, von welchem sie ihm, nicht ohne
viele Mühe, eine Art Ranken oder Binsen zu-
warfen, die hier zu Lande statt der Seile dienen,
womit sie das Floß bis in die Mitte des Stroms
fortzogen.

Zu St. Jago konnte Condamine seine
Leute nicht bewegen, den berüchtigten Pongo von
Manseriche zu passiren. Pongo bedeutet so
viel als ein Paß. Man belegt mit diesem Namen alle die engen Stellen im Amazonenfluß,
wovon diese die furchtbarste ist. Alles, was Condamine von seinen Indianern erlangen konnte,
war, daß sie über den Fluß setzen und den günstigen Zeitpunkt in einer kleinen Höle nahe am
Eingang in den fürchterlichen Pongo abwarten
wollten, wo der Strom eine solche Gewalt hat,

daß das Wasser, ohne einen eigentlichen Fall, sich dennoch herunter zu stürzen scheint und an den Felsen ein schreckliches Getöse macht. Die vier Indianer von Jaen, weniger begierig als der reisende Franzose, den Pongo in der Nähe zu sehen, waren schon auf einem Fußsteige, oder vielmehr auf die durch den Felsen gehauenen Stufen vorausgegangen, um ihn zu Borja zu erwarten. Er blieb, wie gewöhnlich, allein mit einem Neger auf seinem Flosse, und eine sehr außerordentliche Begebenheit ließ ihn es als ein Glück betrachten, daß er dasselbe nicht hatte verlassen wollen. Der Fluß, dessen Höhe sich in 36 Stunden um 25 Fuß verminderte, lief immer mehr ab und das Floß senkte sich endlich auf einen unter dem Wasser befindlichen Baum, wovon einige Zweige durch die Fugen des Fahrzeuges drangen. Mit der abnehmenden Wasserfläche würde sich unser Reisende also mit seinem Flosse mitten in der Nacht über dem Wasser auf dem Baume hängend befunden haben, und der geringste Zufall, der ihm begegnen konnte, war, seine Papiere, die Früchte einer achtjährigen Arbeit zu verlieren. Endlich fand er Mittel, sein Floß wieder flott zu machen.

Condamine glaubte zu Borja in einer neuen Welt zu seyn. Er befand sich hier von allen Menschen abgesondert, auf einem Meere von süßem Wasser, mitten in einem Labirinthe von Seen, Flüssen und Canälen, welche von allen Seiten einen ungeheuren Wald durchkreuzen, den sie allein zugänglich machen. Er stieß auf neue Pflanzen, Thiere und Menschen. Seine Augen, seit sieben Jahren gewohnt, Berge zu sehen, die sich in den Wolken verlieren, wurden nicht müde, am weiten Horizont herumzuschweifen, wo nur die Hügel des Pongo noch hervorragten, welche sich aber auch bald seinem Blicke entzogen. Auf diese Menge von verschiedenen Gegenständen, welche in den angebauten Gegenden von Quito einen so mannigfaltigen Anblick hervorbringen, folgte ein sehr einförmiger Prospekt. Er mochte sich wenden nach welcher Seite er wollte, so erblickte er nichts als Wasser und Rasen. — Man tritt auf die Erde, ohne sie weiter zu betrachten, und gleichwol ist sie mit so vielen Kräutern, Pflanzen und Gesträuchen bedeckt, daß es keine kleine Arbeit seyn würde, nur einen Fuß breit davon genau zu untersuchen! —

Unterhalb Borja, 4 bis 500 Meilen vom Flusse ab, sind Steine eben so rar als Diamanten. Die Wilden haben in dieser Gegend nicht einmal eine Idee von einem Steine. Die Verwunderung derer, die nach Borja kommen, gewåhrt daher, wenn sie zum erstenmahle dergleichen finden, ein ergötzendes Schauspiel. Sie geben sich viele Mühe, sie zu sammeln, und beladen sich damit, als mit einer köstlichen Waare. Sobald sie aber merken, daß Steine hier etwas sehr gemeines sind, fangen sie auch an, sie zu verachten.

Condamine reiste von der Laguna mit einem gelehrten Spanier, Don Pedro Maldonado, in 2 Canots ab, welche über 40 Fuß lang aber nur 3 Fuß breit und aus einem einzigen Baumstamme gemacht sind. Die Ruderer werden vom Vordertheil bis in die Mitte desselben gestellt. Der Reisende befindet sich mit seiner Bagage im Hintertheile, wo er unter einem von Palmenblättern geflochtenen Dache, welches die Indianer mit vieler Kunst verfertigen, vor dem Regen geschützt ist. Es ist eine Art Bogenlaube mit einer Oeffnung in der Mitte, um Licht herein zu lassen und den Eingang zu bilden. Ein fliegendes Dach, von demselben Stoff, welches über das feste Dach leicht herüber gezogen wird, dient dazu, diese Oefnung zu bedecken und vertritt die Stelle der Thür und des Fensters. Die beiden vereinigten Reisenden waren entschlossen, Tag und Nacht zu schiffen, um die Brigantinen oder großen Böte, welche die Portugiesischen

Missionärs alle Jahre nach Para schicken, um
Lebensmittel zu holen, noch zu erreichen. Die
Indianer ruderten bei Tage, und blos 2 mußten
die Nacht wachen, einer am Vorder= und der
andere am Hintertheile des Schiffs, um es mit=
ten im Strome zu erhalten.

Condamine ließ den Fluß Tigris nördlich liegen, welchen er für viel größer, als den
Fluß gleiches Namens in Asien hielt. Er besuchte darauf eine neue Mission bei einer wilden
Völkerschaft, die seit Kurzem erst aus den Wäldern hervor gekommen war und Yameos hieß.
Ihre Sprache ist unbeschreiblich schwer und die
Aussprache äußerst sonderbar. Sie sprechen mit zu-
rückgehaltenem Athem, und lassen fast keinen Vocal
hören. Eine Menge ihrer Wörter würden nicht
ohne 9 bis 10 Silben auch nur unvollkommen
geschrieben werden können, und gleichwol scheinen
diese Wörter in ihrem Munde nicht mehr als 3
oder 4 Silben zu haben. Poctarrarorinconroac
bedeutet in ihrer Sprache die Zahl drei; weiter
können sie nicht zählen. Diese Völker sind übrigens sehr geschickt, lange Blaseröhre zu machen,
welches ihre gewöhnlichen Waffen auf der Jagd
sind. Dazu kommen noch kleine Pfeile von Palm-
holz, statt der Federn mit einem kleinen Büschel
Baumwolle versehen, welche genau die Hölung

des Rohrs ausfüllen. Sie blasen sie mit einem
Athemzuge 30 bis 40 Fuß weit, und verfehlen
selten ihr Ziel. Ein so einfaches Instrument ersetzt sehr vortheilhaft in dieser Gegend den Mangel an Feuergewehren. Die Spitze dieser Pfeile
ist in ein schnell wirkendes Gift getaucht, das,
wenn es frisch ist, in weniger als einer Minute
ein Thier tödtet, sobald es ins Blut kommt. Indessen ist dabei für die, welche von dem Fleische
solcher Thiere essen, keine Gefahr, weil es nicht
schadet, wenn es nicht mehr mit Blut vermischt
ist. Oft aß unser Reisende von dem auf diese
Art getödteten Geflügel, ja wol selbst das Stück,
wo die Spitze des Pfeils eingedrungen war.
Das Gegengift für Menschen, welche von solchen
vergifteten Pfeilen getroffen werden, ist Salz; noch
sicherer wirkt Zucker innerlich. Dieses Gift behält seine Wirksamkeit mehrere Jahre lang, selbst
wenn es weit transportirt wird, wie die Versuche, die mit solchen Pfeilen zu Cayenne und
selbst in Frankreich gemacht worden sind, beweisen.

Die beiden Reisenden kamen nun nach der
Mission von St. Joachim, wozu verschiedene
Indianische Nazionen gehören, besonders die der
Omaguas, eine ehemals mächtige Nazion, welche
die Inseln und Ufer des Flusses etwa 200 Mei-

len unterhalb der Mündung des Napo bewohnen. Man glaubt, daß sie aus Neugranada auf
irgend einem Flusse, welcher darin entspringt, her-
gekommen sind, um der spanischen Herrschaft in
den ersten Zeiten der Eroberung zu entfliehen.
Eine andere Nazion, welche eben so heißt und
an der Quelle eines dieser Flüsse wohnt, trägt
Kleider, die sonst nur bei den Omaguas allein
gebräuchlich sind. Auch soll bei allen den Indianern, welche die Ufer des Amazonenflusses bewohnen, der Gebrauch der Taufe eingeführt seyn.
Einige entstellte Traditionen bestätigen zugleich
die Vermuthung von der Auswanderung derselben. Die Eingebornen waren alle zum christlichen Glauben bekehrt worden. Ihr Name Omaguas oder Camberas, wie die Portugiesen
von Para sie in Brasilischer Sprache nennen, bedeutet so viel als Plattkopf. Wirklich haben sie
die sonderbare Gewohnheit, den Hirnschädel der
neugebornen Kinder zwischen 2 Bretter zu pressen und ihnen die Stirn platt zu machen, um,
wie sie sagen, ihnen ein Vollmond ähnliches Gesicht zu geben. (Man sehe das Titelkupfer.) Andere pressen den Kopf so, daß er ganz länglich
und beinahe dem Kopfe eines Hundes ähnlich
wird. Ihre Sprache hat weder mit der Perua-
nischen, noch mit der Brasilischen, welche längs

des Amazonenflusses, die eine oberhalb und die
andere unterhalb ihres Landes, gesprochen wird,
etwas ähnliches. Sie gebrauchen eine Art
Schnupftobak, der sie, sonderbar genug, binnen
24 Stunden berauscht und die seltsamsten Er-
scheinungen bei ihnen hervorbringt. Sie bedienen sich dabei eines Schilfrohrs, welches sich in
eine Gabel endigt (Y), wovon sie jedes Ende in
ein Nasenloch stecken. Nach dieser Operation
ziehen sie mit einem heftigen Athemzuge den To-
bak in die Nase herauf, wobei sie mancherlei Gri-
massen machen. Die Portugiesen zu Para haben
von ihnen gelernt, verschiedene Geräthschaften aus
elastischem Harze zu verfertigen, welches an den
Ufern des Amazonenflusses sehr häufig ist und
frisch alle Formen annimmt, unter andern die der
Pumpen oder Spritzen, welche keines Pumpen-
stocks bedürfen. Sie haben die Gestalt einer
ausgehölten Birn, mit einem kleinen Loche an
der Spitze, in welches man ein Röhrchen steckt.
Man füllt sie mit Wasser an, wo sie dann, ge-
drückt, die Wirkung der gewöhnlichen Spritzen
thun. Dieses Werkzeug wird von den Omaguas
sehr in Ehren gehalten. Bei allen ihren Zusammenkünften verfehlt der Hausherr nicht, jedem
Anwesenden ein solches zu überreichen, dessen man
sich beständig vor der Mahlzeit bedient.

Man hat zu Peras Indianer von verschiedenen Nazionen zusammengebracht, wovon jede
eine andere Sprache redet. Dies ist in allen von
Missionarien angelegten Flecken nichts ungewöhnliches, wo zuweilen dieselbe Sprache nur von 2
oder 3 Familien verstanden wird. Traurige Ueberreste eines zu Grunde gerichteten oder von einem
andern im eigentlichen Verstande aufgefressenen
Volkes! — Jetzt giebt es zwar am Amazonen-
flusse keine Menschenfresser mehr; aber tiefer ins
Land hinein, besonders nach Norden zu, finden
sich noch welche, und Condamine versichert,
daß wenn man den Yupura herauffährt, man
schon Indianer antrifft, welche ihre Gefangenen
verzehren.

Unter den sonderbaren Gebräuchen dieser
Nazionen bei ihren Festen, Tänzen, Jagden, Fi-
schereien, ihrer Instrumente, Waffen und Geräthschaften, ihrer lächerlichen Zierrathen von Thier-
knochen und Fischgräten, welche sie durch die Nasenlöcher und Lippen stecken, nebst ihren wie ein
Sieb durchlöcherten Backen, worin sie Federn
von allen Farben tragen — unter allen diesen ist
die ungestaltete Verlängerung des Ohrläpchens
der Abaner, ohne daß es dadurch dünner zu
werden scheint, besonders auffallend. Dieser äus-
serste Theil des Ohrs ist gemeiniglich 4 oder 5

Zoll lang, in welchem eine 17 bis 18 Linien
weite Oeffnung etwas sehr gewöhnliches ist. Die
ganze Kunst besteht darin, daß man gleich anfangs in das Loch eine kleine hölzerne Rolle steckt,
und mit einer dickeren nachher so lange fortfährt,
bis der Ohrlappen endlich auf die Schultern herunter hängt. Der größte Schmuck dieser Indianer besteht darin, ein großes Boucquet oder
Büschel Kräuter und Blumen statt der Ohrringe
in dies Loch zu stecken. (Siehe das Titelkupfer.)
Auch befestigen sie noch wol ein Stück Holz daran, auf welches sie allerlei groteske Figuren mit
schwarzer und rother Farbe eingraben, welcher selt-
same Schmuck dem, der ihn trägt, ein sehr lä-
cherliches Ansehn giebt.

Die Abaner sind nicht die einzige Ameri-
kanische Nazion, welche sich die Ohren so entstel-
len. Die ersten Spanier, welche an der Küste
von Honduras ans Land stiegen, bemerkten, daß
die Weiber alle hängende Ohren hatten, und aus
diesem Grunde nannten sie die Küste Costa d'O-
reja, die Ohren-Küste.

Unser Reisende fand beim Fort von Rio-
Negro Beweise von der Verbindung desselben mit
dem Oronoko, und folglich auch mit dem Amazo-
nenflusse, in welchen jener fällt. Auf der großen
Insel, welche der Amazonenfluß und der Oronoko bil-

det, hat man lange den goldnen See und die
Stadt Manoa del Dorado gesucht. Condamine findet die Ursache des Irthums in einer
Aehnlichkeit der Namen, wodurch das Dorf der
Manaous, dessen Mauern mit Goldblech belegt
waren, in eine Stadt verwandelt wurde. Die vor-
gefaßte irrige Meinung veranlaßte aber doch, daß
1740 Nicolas Hotsmann, ein gebohrner Hil-
desheimer, in der Hofnung, den Goldsee und die
Stadt mit den goldnen Dächern zu entdecken,
den Strom Eßequebo herauf fuhr, welcher
zwischen dem Surinam und Oronoko in den
Ocean fällt. Nachdem er viele Seen und ungeheure Wüsteneien mit unglaublicher Beschwerde,
indem er in den letztern sein Canot hinter sich
herziehen oder tragen mußte, durchkreuzt hatte,
ohne irgend etwas gefunden zu haben, welches
dem, was er suchte, nur in etwas glich; so sah
er sich endlich genöthigt, seine schönen Plane auf-
zugeben.

Der Amazonenfluß ist unterhalb dem Rio
Negro und Madera fast immer eine Meile, und
wenn er Inseln macht, 2 bis 3 Meilen breit.
Bei Ueberschwemmungen hat er aber gar keine
Gränzen. Hier fangen die Portugiesen von Para
erst an, ihn den Amazonenfluß zu nennen, da sie
ihn weiter hinauf nur unter dem Namen von

Rio Polimois, oder den Giftfluß kennen.
Sie haben ihm diese Benennung wahrscheinlich
deshalb gegeben, weil vergiftete Pfeile die vorzüglichsten Waffen der seine Ufer bewohnenden Völker sind.

Die beiden Reisenden entdeckten endlich, als
sie den Flecken der Topayos erreicht hatten,
nördlich in einer Entfernung von 12 oder 15
Meilen im Lande Gebirge. Dies war für sie
ein neuer Anblick, nachdem sie 2 Monate vom
Pongo abgeschifft hatten, ohne nur den kleinsten
Hügel zu erblicken. Was sie jetzt entdeckten, waren die erstern Berge einer langen Gebirgskette,
welche sich von Westen nach Osten erstreckt, und auf
deren Gipfel die Quellen aller Flüsse von Guiana
entspringen. Die, welche an der Nordseite herunter-
laufen, bilden die Ströme Cayenne und Surinam,
und die, welche nach Süden zu fließen, verlieren
sich nach einen kurzen Lauf alle in den Amazonenfluß. In diese Gebirge sollen sich, einer Tradition zufolge, die Amazonen zurückgezogen haben; nach einer andern, für wahrscheinlicher ge-
haltenen, obgleich nicht besser bewiesenen, halten
sie sich in Metallreichen Hölen auf.

Der Amazonenfluß wird, nachdem er den
Xingu aufgenommen hat, so breit, daß man
von einem Ufer das andere nicht würde sehen
kön-

können, selbst wenn die großen Inseln, welche mitten im Strom hinter einander liegen, eine ausgebreitete Aussicht erlaubten. Sehr merkwürdig ist's, daß man hier gar keine Art Mücken mehr sieht, welche sonst das Fahren auf diesem Flusse äußerst beschwerlich machen. Ihr Stich ist so schmerzhaft, daß selbst die Indianer nicht ohne eine Zeltbedeckung reisen, um sich des Nachts vor ihnen zu schützen. Aber nur am rechten Ufer findet man keine mehr, denn das jenseitige ist beständig damit bedeckt. Bei Untersuchung der örtlichen Lage desselben, glaubte Condamine, diesen Unterschied dem veränderten Lauf des Flusses zuschreiben zu müssen. Er dreht sich nemlich nach Norden, und der fast beständig anhaltende Ostwind muß dies Geschmeiß also an das östliche Ufer treiben.

Der Xingu ist ein ansehnlicher Strom, der sich in den Amazonenfluß ergießt. Ob er gleich 7 oder 8 Tagereisen davon einen Fall hat, so ist er doch länger als 2 Monate hindurch schiffbar. Er kömmt aus den Bergwerken von Brasilien. Seine Ufer haben einen Ueberfluß von zweierlei Arten Gewürz-Bäumen. Der eine heißt Curßiri und der andere Pueßiri. Ihre Früchte sind beinahe so groß, als eine Olive, lassen sich wie Muscatnüsse abreiben und dienen zu

C

demselben Gebrauch. Die Rinde des erstern hat
den Geschmack und Geruch der Gewürznelken,
welche die Portugiesen Cravo nennen, woher es
denn kömmt, daß die Franzosen von Cayenne,
das Holz woran diese Rinde sitzt, Crabe nennen. Condamine bemerkt, daß, wenn die
Orientalischen Gewürze noch andere zu wünschen
übrig ließen, diese in Europa bekannter seyn würden. Er erfuhr indessen, daß sie in England und
Italien zu verschiedenen starken Liqueurs gebraucht
werden.

Am östlichen Ufer des Muju, dicht beim
Ausfluß des Capim, welcher vorher noch den
Guama aufnimmt, liegt die Stadt Para. Die
Einwohner derselben glauben sich weit vom Amazonenfluß entfernt. Auch bespült wahrscheinlich
kein Tropfen desselben ihre Mauern, so wie man
sagen kann, daß das Wasser der Loire nicht nach
Paris kommt, obgleich dieser Fluß mit der Seine
durch den Canal von Briare in Verbindung steht.
Demohngeachtet sagt man beständig, daß Para
an der östlichen Mündung des Amazonenflusses
liege.

„Wir glaubten, fährt unser Reisender fort,
bei unser Ankunft zu Para, am Ende des Ama-
zonenwaldes, uns nach Europa versetzt. Wir
fanden eine große Stadt, gerade Straßen, schöne

Häuſer, größtentheils ſeit 30 Jahren von Steinen wieder aufgebauet, und prächtige Kirchen.
Der unmittelbare Handel der Einwohner nach
Liſſabon, woher ſie alle Jahre eine Kauffarthei-
flotte erhalten, verſchafft ihnen die beſte Gelegenheit, ſich mit allen Bequemlichkeiten des Lebens
zu verſorgen.“

Es war nothwendig, daß Condamine die
eigentliche Mündung des Amazonenfluſſes be-
ſuchte, um die Karte von demſelben zu vollenden.
Er verfolgte daher das nördliche Ufer deſſelben
bis zum Nord-Cap, wo es zu Ende geht. Dies
war Grund genug, um ihn zu beſtimmen, den
Weg nach Cayenne zu nehmen, von wo er gera-
dezu nach Frankreich kommen konnte. Da er
nicht, wie Dom Pedro Maldonado, die Portu-
gieſiſche Flotte, welche nach Liſſabon abſegelte,
benutzt hatte, mußte er ſich verſchiedene Monate
zu Para aufhalten; weniger der widrigen Winde
wegen, welche im Monat Dezember dort herr-
ſchen, als wegen der Schwierigkeit, eine Anzahl
von Ruderknechten zuſammen zu bringen. Die
Blattern hatten nemlich die meiſten Indianer ver-
ſcheucht. Man bemerkt zu Para, daß dieſe Krankheit den Indianern der verſchiedenen Miſſionen,
welche erſt aus den Wäldern hervorgekommen
ſind und noch nackend gehen, nachtheiliger iſt, als

denen, welche schon lange unter den Portugiesen leben und Kleider tragen. Die erstern, eine Art Amphibien, eben so oft im Wasser als auf dem Lande, von Jugend auf gegen die Einwürkungen der Luft abgehärtet, haben vielleicht eine festere Haut als die andern, und Condamine ist geneigt zu glauben, daß diese einzige Ursach den Ausbruch der Blattern bei ihnen schwieriger mache. Auch kann die Gewohnheit, sich den Leib mit Roucou *), Genipa und verschiedenen dicken und fetten Oelen zu reiben, die Gefahr vermehren.

Condamine schiffte sich endlich in einem Boote des Gouverneurs von Para, mit einer Equipage von 22 Ruderknechten ein. Er war mit Empfehlungsschreiben an die französischen Missionarien auf der Insel Johannes oder Marajo versehen, die ihm andere Leute zur Fortsetzung seiner Reise verschaffen sollten. Da er aber in den vier Dorfschaften dieser Geistlichen keinen guten Piloten finden konnte, und der Unerfahrenheit dieser Indianer und der Furchtsamkeit ihres Befehlshabers, eines Mestizen, überlassen war, so brachte er 2 Monate auf einem Wege zu, wozu sonst kaum 14 Tage erforderlich sind.

*) Ein rothes Farbematerial, welches man aus der bixa orellana erhält.

Einige Meilen unterhalb Para fuhr er über die östliche Mündung des Amazonenflusses, oder über den Arim, der bei Para fließt, welcher durch die große Insel Johann oder Marajo von der eigentlichen östlichen Mündung getrennt ist. Diese Insel nimmt beinahe allein den ganzen Raum ein, welcher die beiden Mündungen des Flusses von einander trennt. Sie hat eine unregelmäßige Form, und mehr als 150 Meilen im Umkreise. Auf allen Karten findet man statt ihrer mehrere kleine Inseln. Unser Reisender fuhr an dieser Insel von Süden nach Norden, 30 Meilen lang bis an die letzte Spitze derselben herunter, welche selbst für Canots, wegen ihrer Klippen, sehr gefährlich ist. Jenseits dieser Spitze steuerte er nach Westen, indem er noch immer an der Insel herunter fuhr, welche sich mehr als 40 Meilen weit erstreckt, ohne von ihrer nördlichen Richtung abzuweichen. Er erblickte hier wieder zwei große Inseln, welche er gegen Norden zu liegen ließ. Die eine heißt Machiana und die andere Cariana. Sie sind jetzt unbewohnt, waren aber vor Zeiten der Aufenthalt des Stammes der Arouas, welche noch jetzt, ob sie gleich zerstreut sind, ihre eigne Sprache haben.

Die niedrigen Theile dieser Inseln stehen, so wie ein großer Theil der Insel Marajo, unter

Wasser, und sind deshalb unbewohnbar. Dem
neuen Fort von Macapa gegen über ist das
wahre Bette oder der Hauptcanal des Amazonenflusses. Es wäre hier unmöglich, den Fluß in
gewöhnlichen Canots zu passiren, wenn dieser Canal nicht von kleinen Inseln verengt würde, unter deren Schutz man mit mehrerer Sicherheit
fährt, wenn man nur den rechten Zeitpunkt wahrnimmt, um von einer zur andern zu kommen.
Von der letzten bis nach Macapa sind noch über
2 Meilen.

Zwischen Macapa und dem Nord-Cap, da
wo der Fluß von den Inseln am meisten eingeschlossen ist, besonders der großen Mündung des
Aracuary gegenüber, welcher von der Nordseite
in den Amazonenfluß fällt, gewähret die Fluth
des Meeres dem Auge ein sonderbares Schauspiel. Drei Tage lang, zwischen Voll- und Neu-
Mond, die Zeit der höchsten Fluth, steigt das
Meer, statt daß es sonst beinahe 6 Stunden dazu braucht, in 1 oder 2 Minuten zu einer ungewöhnlichen Höhe. Man vernimmt dann in der
Entfernung von 1 oder 2 Meilen ein fürchterliches Geräusch, welches den Prororoca, wie die
Indianer diese außerordentliche Fluth nennen, an-
kündigt. So wie sie näher kömmt, vermehrt sich
das Geräusch, und bald nachher wird man ein

Waſſer-Gebirge von 12 bis 15 Fuß Höhe gewahr, welchem noch ein zweites, drittes und zuweilen auch ein viertes nahe hinter einander folgen, und die ganze Breite des Canals einnehmen.
Dieſe Waſſerfluth dringt mit einer erſtaunenden
Schnelligkeit vorwärts, und reißt alles nieder,
was ihr im Wege iſt. Condamine ſah an einigen Stellen ein großes Stück Land von dem
Prororoca fortgeriſſen, ſehr große Bäume ent-
wurzelt, und Verwüſtungen aller Art. Das Ge-
ſtade iſt allenthalben, wo dieſe Fluth hinkommt,
ſo rein, als wenn es gekehrt wäre. Die Canots,
die Piroguen, ſelbſt die Barken können ſich dann
vor dem drohenden Verderben nicht anders ſichern,
als wenn ſie an einen Ort, wo ſie viel Grund
haben, anlegen. Condamine giebt die Urſa-
chen dieſes Phänomens an, welches er auch an
verſchiedenen andern Orten bemerkte, wo er die
Umſtände näher unterſucht hat, nemlich: daß ſich
daſſelbe nicht anders zuträgt, als wenn die Fluth
in einen engen Canal gedrängt, eine Sandbank
oder niedrigen Grund findet, welcher ihr im Wege
iſt. Dann nur, und ſonſt nicht, entſteht dieſe
ungeſtüme und unregelmäßige Bewegung des Waſſers, welche jenſeits der Bank etwas aufhört,
wenn der Canal tiefer wird und ſich beträchtlich
erweitert. Er ſetzt hinzu, daß bei den Dreaden

und beim Ausfluß der Garonne sich dasselbe zuträgt, wo man diese Würkung der Fluth Mas-
caret nennt.

Die Indianer, sammt ihren Anführer, fürch-
teten, daß sie in 5 Tagen, welche sie noch bis zu
dieser großen Fluth hatten, nicht nach dem Nord-
Cap kommen möchten, ob dies gleich nur noch
15 Meilen entfernt war, und man auf der andern Seite desselben einen sichern Zufluchtsort
gegen den Prororoca finden konnte. Sie behielten daher Condamine auf einer wüsten Insel
zurück, wo er keinen trocknen Fuß hinsetzen konnte,
und hielten ihn, ungeachtet aller seiner Vorstel-
lungen, 9 ganzer Tage daselbst auf, um das Ende
des Vollmonds völlig abzuwarten. Er kam darauf von hier in weniger als 2 Tagen nach dem
Nord-Cap. Am andern Morgen aber, dem Tage
des letzten Viertels, oder der niedrigsten Fluth,
gerieth sein Fahrzeug auf eine schlammige Untiefe,
und da das Meer fiel, so zog es sich immer weiter davon zurück. Den folgenden Tag erreichte
die Fluth das Boot nicht mehr, und so blieb es
7 Tage lang sitzen. Während dieser Zeit hatten
seine Ruderknechte, deren Dienst jetzt aufgehört
hatte, nichts sonst zu thun, als daß sie ziemlich
weit her Wasser holten, wobei sie bis an den
Gürtel in Schlamm kamen. Condamine hatte

jetzt Zeit, seine Beobachtungen zu wiederholen. Sein im Moraste steckendes Canot war jetzt ein feststehendes Observatorium geworden. Bei der großen Fluth des folgenden Neumonds wurde es endlich wieder flott, aber mit einer neuen Gefahr, denn das Wiser riß es mit sich fort und ließ es mit erschrecklicher Schnelle im Schlamm arbeiten.

Nach einer zweimonatlichen Schiffahrt zu Wasser und zu Lande, wie Condamine ohne Uebertreibung sie glaubt nennen zu können, weil der Strand zwischen dem Nord-Cap und der Küste von Cayenne so flach ist, daß das Steuer- ruder beständig Furchen in den Schlamm zog, erreichte er das Gestade von Cayenne. Er hielt sich hier ohngefähr 6 Monat auf und beschäf- tigte sich während dieser Zeit mit verschiedenen, eben so nützlichen als gelehrten Untersuchungen. Er ging darauf nach Surinam, wo er sich ein- schiffte, und im Anfange des Jahrs 1745, nach einer Abwesenheit von ohngefähr 10 Jahren, nach Frankreich zurückkehrte.

## Zweiter Abschnitt.

Der Oronoko=Fluß. Nachrichten von einigen längs den Ufern desselben gemachten merkwürdigen Reisen; von den daran wohnenden Völkern, und den übrigen Merkwürdigkeiten desselben.

Der Oronoko, welcher die Nördliche Gränze von Guiana macht, ist nicht völlig so groß, als der Amazonenfluß, da sein Lauf wenig über 600 Meilen beträgt; er nimmt aber unterwegs eine große Menge ansehnlicher Flüsse auf. Er fällt der Dreieinigkeitsinsel gegen über ins Meer und hat 16 Hauptausflüsse, welche durch eine Menge Inseln gebildet werden, deren eigentliche Zahl man bis jetzt noch nicht weiß, die sich aber wol über 60 belaufen kann. Sie machen eine Art von Labirinth, welches die Landeseingebohrnen bloß mit ihren Nachen durchkreuzen können. Einige dieser Inseln sind von beträchtlicher Größe, aber fast beständig vom Meerwasser überschwemmt, so daß kein zum Bebauen taugliches Land vorhan-

den iſt. Das Clima iſt ſo feucht, daß die Guaraunos die einzigen ſind, die es vertragen können. Eine andere Unbequemlichkeit, welche den
Europäern den Aufenthalt hier verleidet, ſind die
ungeheure Menge Muskitos, Fliegen, Mücken
und andere geflügelte Inſekten, welche ſich aus
dem Waſſer erheben, bei Millionen ſich auf dieſem überſchwemmten Erdreich verbreiten und die
Indianer oft ganz blutrünſtig machen, ſo daß es
ſcheint, als ob ſie ſie ganz auffreſſen wollten.
Dennoch iſt die Nazion, welche dieſe Inſeln bewohnt, ziemlich zahlreich, indem man ſie wenig-
ſtens auf 6000 Köpfe ſchätzt, welche ſich in dieſem niedrigen mit Waſſer bedeckten Lande ſo ſehr
gefallen, daß ſie es nicht verlaſſen mögen. Sie
ſind es beſonders, welche die Gewohnheit haben,
ihre Wohnungen oben auf den Bäumen aufzu-
ſchlagen, wo ſie wie große Vogelneſter ausſehen.

Ihre Häuſer, erbärmliche Hütten, ohne das
geringſte Hausgeräthe, ſind auf Bohlen und Pfäh-
len erbaut, welche ſie in den Moraſt hineinzuram-
meln genöthigt ſind, bis ſie feſten Boden finden.
Die Pfähle ſind hoch genug, daß die Ueberſchwem-
mungen des Oronoko und die Meeresfluth ſie
nicht erreichen. Auf dieſe Art hängen alſo Häuſer, Straßen und ganze Plätze über dem Waſſer.
Die Befeſtigungen und Fußböden derſelben ſind

von Holz, die äussere Bedeckung von der Rinde
des Palmbaums, alles so fest mit einander ver-
bunden und zusammengefugt, daß es dem Wasser
Widerstand leisten kann.

Obgleich alles dessen, was wir nothwendige
Lebensbedürfnisse nennen, beraubt, sind diese Völker nichts desto weniger zufrieden und froh. Die
Spanier aus Guiana werden von ihnen sehr gut
aufgenommen, weil sie ihrer bedürfen, um sich mit
Netzen und Angeln zum Fischen zu versehen. Es
kommt keine Pirogge oder irgend ein spanisches
Fahrzeug an, daß nicht alle Einwohner sich sogleich ans Ufer begeben und durch Sprünge und
Tänze ihre Freude über die Ankunft derselben zu
erkennen geben. Auch trifft man sie fast immer
singend und tanzend, welches ihre Hauptbeschäfti-
gung ist, da sie gebohrne Müßiggänger und unfähig zu jeder Anstrengung sind. Man kann mit
Wahrheit sagen, daß man noch keine lustigere
und fröhlichere Völker als die Guaraunos gefunden habe.

Die engen Pässe, welche der Oronoko bei
seinem Ausflusse bildet, sind noch nicht ganz bekannt. Der vornehmste und der einzige, welchen
die Europäer oft passiren, Boca de Narios
von den Spaniern genannt, liegt an der Ostseite,
unter dem 8ten Grade 5 Minuten nördlicher Breite

und dem 318ten Grade der Länge. Dieser Ausfluß ist 2 bis 3 Meilen breit, und 8 bis 10 Klafter bei niedrigem Wasser tief. Vom nördlichsten bis zum südlichsten Arm des Flusses, zwischen welchen die schon erwähnten vielen Inseln liegen, ist wenigstens eine Entfernung von 100 Meilen.

Der Oronoko hat seine Quellen in der Bergkette, welche Peru von Neu=Granada trennt. Die Indianer nennen ihn Duyapari oder den Affenfluß, wegen der großen Menge dieser Thiere, welche man an seinen Ufern sieht. Jenseits des Beta kennt man ihn nur unter dem Namen des Athule. Die Spanier behaupten, daß er keinem Fluß der alten und neuen Welt, den Amazonenfluß ausgenommen, nachstehe. Seine Tiefe ist unermeßlich. An einigen Orten beträgt sie 60, an andern 80, und oft auch 100 Klafter, welches man kaum glauben würde, wenn nicht glaubwürdige Männer es bezeugten. Eine besondere Eigenthümlichkeit dieses Flusses, welche man noch sonst an keinem einzigen Flusse in der Welt bemerkt hat, ist, daß er 5 Monate zum Anschwellen gebraucht, welches jedesmal durch die Spuren, die er an den Felsen zurückläßt, und an den Bäumen, welche seine Ufer einfassen, merklich wird. Er erhält sich einen ganzen Monat in dieser Höhe, und nachdem er in den 5 folgenden eben so stufen-

weife wieder abgenommen hat, bleibt er einen
ganzen Monat so niedrig, daß er also ein ganzes
Jahr zum Anwachsen und Ablaufen gebraucht,
es mag nun in den benachbarten Gegenden regnen oder nicht, welches gar keinen Einfluß auf
ihn hat.

Die alten Bewohner von Guiana, und die
am Oronoko wohnenden Indianer, haben auch
noch bemerkt, daß der Fluß alle 25 Jahre sich
2½ Fuß über das gewöhnliche Ziel der 24 vorhergehenden Jahre erhebt.

Ob es gleich nicht leicht ist, die Ursache eines so beträchtlichen und sonderbaren Anschwellens
ausfindig zu machen, so wollen wir doch hören,
was Gumilla darüber sagt. „Der erste Regen
fällt im April in den Bergen, aus welchen die
vielen Flüsse kommen, die in den Oronoko fallen;
und dann erfolgt der erste Anwuchs. Da aber
die Ufer des Oronoko weit von einander und von
der Sonnenhitze dann ganz ausgetrocknet sind, so
ziehen sie alles dies Wasser an sich, so daß kein
Tropfen davon ins Meer kommt; daher man auch
an der Mündung des Flusses gar nicht bemerkt,
daß er steigt. Ganz anders verhält es sich aber
mit dem zweiten Anschwellen desselben, welches
man sehr leicht wahrnimmt, da die Ufer nun
schon mit Wasser geschwängert sind. Dies dauert

vom April bis August. Im September hat der
Fluß seine höchste Höhe erreicht. Dann hört er
auf zu wachsen, weil sein Wasser sich nun in
großer Menge in die seinen Ufern nahe liegenden
Seen ergießt. Im October fängt er schon wieder an abzunehmen, und sammelt in seinem Bette
alles das Wasser wieder, welches sich in den benachbarten Seen verbreitet hatte, woher es denn
kömmt, daß er eben so viel Monate, als er zum
Steigen gebrauchte, auch wieder zum Abnehmen
nöthig hat, nemlich October, November, Dezember, Januar und Februar. Dann bleibt er den
ganzen Monat März in seinem niedrigen Stande
und zieht sich von seinen Ufern zurück, wo dann
die Caimanns und Schildkröten, deren es hier
eine große Menge giebt, ihre Eyer in den Sand
legen, welche die Sonnenhitze ausbrütet.

An der engsten Stelle des Flusses findet man
eine Art Vorgebürge, oder einen Felsen von 120
Fuß Höhe, auf welchem ein Baum steht, dessen
Wurzeln sich zwischen den Spalten der Steinklip-
pen hindurch ins Wasser schlängeln. Dieser Felsen ist einen Theil des July und den ganzen Monat August unter dem Wasser, und bloß der
Baum oben dient den Reisenden zum Merkzei-
chen, den Felsen zu vermeiden, welchem es sehr
gefährlich ist, sich zu nähern. Man kann folglich

hieraus schließen, daß der Fluß an der engsten
Stelle seines Bettes 120 Fuß hoch steigt. Doch
ist er bei weitem nicht ganz schiffbar. In einer
Strecke von 35 Meilen hinaufwärts hat er drey
Fälle, welche die Schifffahrt unterbrechen. Man
kann sie nur mit vieler Gefahr und Mühe passiren, findet aber hernach noch drei andere, welche
die Fahrt gänzlich sperren und die Fahrzeuge zu
Lande fortzuschaffen nöthigen.

Die Durchfahrt und schnelle Strömung von
Camisetta wird von Felsen gebildet, welche
den Fluß rechts und links einschließen, ihn verengen und außerordentlich reißend machen. Dieser
enge Paß ist gefährlich und nicht weniger als 2
bis 3 Meilen lang.

Der Apurĕ, ein sehr großer Fluß, der in
drei Aermen ins Meer fällt, ist so tief und reis-
send, daß er da, wo er eine Breite fast von
einer Meile hat, sich mehr als um ein Viertel
verengt, welches fürchterliche Strudel verursacht,
die, indem sie die Schiffe von weiten an sich ziehen, schon mehrere Schiffbrüche veranlaßt haben.

Nahe an der Mündung des Flusses Pararuma, am südlichen Ufer des Oronoko, giebt es
einen Felsen, der sich Pyramidenförmig zu einer
erstaunlichen Höhe erhebt. Sein Fuß hat eine
halbe Meile im Umfang, und man kann nur von
zwei

zwei Seiten auf den Gipfel gelangen, wobei man noch viele Vorsicht nöthig hat, um nicht herunter zu stürzen. Dieser Felsen, welcher ebenfalls Pararuma genannt wird, scheint mehr ein Werk der Kunst als der Natur zu seyn. Seine Spitze ist eine ovale Platteform, mit einer Lehne von Steinen umgeben; der Boden aber besteht aus einer fruchtbaren Erde, wo die Saliras einen Garten haben, welcher durch eine im Felsen entspringende Quelle bewässert wird. Die Aussicht ist hier bewundernswürdig-schön. In Osten und Süden wird sie von einer Bergkette beschränkt, welche den Oronoko von seiner Quelle an begleitet und ihm bis an den Ocean folgt; in Westen und Norden aber macht der Horizont die Gränze.

An derselben Seite findet man, wenn man den Oronoko herauf fährt, einen andern eben so besondern Felsen, welcher mehr als 2 Meilen in Umfang hat, und nur eine einzige Masse auszumachen scheint. Sein Gipfel, welcher nur von der Ostseite mit Mühe erstiegen werden kann, ist mit Holz bedeckt. Dieser Felsen ist senkrecht, von der Spitze bis auf den Boden, welcher eine Art von Balcon am Ufer bildet, 126 Klafter hoch. Seine untere Fläche, welche über 80 Fuß lang und 40 Fuß breit ist, erhebt sich mehr als 50 Fuß hoch über dem Wasser. Die Missionairs

D

haben auf diesem, von der Natur gebildeten, Altan eine Art von Fort mit drei Batterien und eine Caserne erbaut, worin sie einige Soldaten haben. Dieser Posten ist außerordentlich wichtig, um die Caraiben im Zaum zu halten, welche sonst die Ländereien der Missionen bald verheeren würden.

Columbus lernte auf seiner dritten Reise nach America, im Jahre 1498, eine der Mündungen des Oronoko kennen. Seine drei Schiffe wurden hier lange von ungestümen Wogen herumgeworfen, ohne weder vor- noch rückwärts zu kommen. Umsonst bemüheten sie sich, Anker zu werfen. Die Anker wurden fortgerissen, und die schäumenden wüthenden Wogen zeigten ihnen von allen Seiten den Tod. Columbus fühlte die Größe der Gefahr und äußerte, daß, wenn ihn der Himmel glücklich von derselben befreiete, er sich würde rühmen können, aus dem Rachen eines Drachen entronnen zu seyn. Diese Idee war die Veranlassung, daß er dem Ausflusse des Stroms den Namen Boca del Drago gab, welchen derselbe bis auf den heutigen Tag behalten hat. Endlich ließ die ungestüme Meeresfluth nach, und das ruhige Wasser des Stroms trieb die drei Schiffe wieder in die hohe See.

Diego d'Ordaz war der erste Spanier, welcher in den Oronoko hineinfuhr. Er erhielt

im Jahre 1531 von Carl den fünften einen Frei-
heitsbrief, in welchem es ihm allein erlaubt wurde,
nach dem festen Lande von Süd=America, vom
Cap Vela an bis 200 Meilen gegen Morgen,
zu fahren, Colonien daselbst anzulegen, und ein
Gouvernement in diesen Provinzen zu errichten.
Er kam bis nahe an den Marangon, wo er in
einem Canot 4 Wilde auffing, welche zwei Sma-
ragden ähnliche Steine hatten, wovon der eine
von der Größe einer Faust war. Sie äußerten,
daß man deren eine Menge jenseits des Flusses
fände, und daß es ohngefähr 40 Meilen Land-
einwärts an dem Ufer des Flusses einen hohen,
mit Bäumen bewachsenen Berg gebe, welcher
Weihrauch enthielte. Diese Versicherung machte,
daß Diego sehnlich wünschte, in den Fluß herein
zu fahren; wegen der Klippen aber durfte er nicht
näher heran kommen. Eins seiner Schiffe wurde
an den Felsen zertrümmert, und das, auf welchem
er sich selbst befand, durch einen heftigen, reissenden Strom bis über die Mündung des Amazonenflusses fortgerissen. Er fuhr nun längs der
Meereeküste bis nach dem Lande Paria. Nach
seinem Tode übertrug der spanische Hof, im Jahre
1533, die Regierung des ganzen Landes dem
Hieronymus d'Ortal.

Dieser schickte seinen Lieutenant mit 200 Sol-

daten in fünf Barken aus, um den Fluß Yaya-
pari oder Oronoko aufzusuchen. Da sie bis
an den Strom Caravana, welcher durch Wüsteneien fließt, gekommen waren, bemächtigten sie
sich einiger Caraiben, welche ihnen sagten, daß sie
Guiana schon im Rücken hätten. Nachher kamen sie an einen Wasserfall, bis zu welchem auch
Diego d'Ordaz vorgedrungen war, dessen Wasser
sich mit großem Geräusch den Felsen herunter-
stürzt. Dieses Hinderniß machte sie aber nicht
stutzig; sie trugen ihre Bagage und Schaluppen
eine Zeitlang zu Lande fort, und kamen in eine
unbewohnte, flache und von dicken Wäldern durch-
schnittene Gegend. Nach verschiedenen Tagereisen
erreichten sie die Mündung des Flusses, welcher
das große Land Meta durchströmt, dessen Bewohner bekleidet gehen und viel Gold haben.
Hier mußten sie ihre Schaluppen den Strom herauf ziehen, und queer durch einen Morast, bis
an das Dorf der Taguas, einen sehr beschwerli-
chen Weg nehmen. Dies Volk hatte man ihnen
als sehr wild und als Menschenfresser geschildert.
Sie jagten es in die Flucht, versorgten sich mit
Lebensmitteln, passirten den Fluß und fanden darauf in einem Dorfe verschiedene unbekannte Thiere,
unter andern stumme Hunde, welche die Wilden
Mayi und Auries nennen, deren Fleisch eben

so zart als junges Ziegenfleisch ist. Die Spanier
wollten hier den Winter zubringen; da sie aber
unaufhörlich von den Wilden angegriffen wurden,
und bereits einige von ihren Leuten verloren hatten: so sahen sie sich endlich genöthigt, nach ihren
Barken zurückzukehren, um wieder nach der Küste
von Paria zu kommen. Dies waren bis zum
Jahre 1636 die Entdeckungen der Spanier am
Oronoko.

Die Engländer hatten zu Ende des vorhergehenden Jahrhunderts eine Entdeckungsreise dahin unternommen, und alle Schwierigkeiten besiegt, welche sich einer solchen Unternehmung ent-
gegenstellten. Sir Walter Raleigh, welcher
schon zwei Reisen nach Süd-America gemacht
hatte, wurde im Jahr 1595 zum Befehlshaber
einiger zu diesem Zweck ausgerüsteten Schiffe ernannt. Ehe er in den Oronoko hinein fuhr, begab er sich an einen Ort, welcher von den Indianern Piche und von den Spaniern Tierra de
Bray genannt wird. Er fand hier verschiedene
Bäche, welche sich in ein salziges Wasser ergießen,
das er für einen Fluß hielt. Es war mit Bäumen eingefaßt, deren Zweige so niedrig sind, daß
die Austern sich daran hängen und man sie wie
eine Frucht abpflücken kann. Tierra de Bray
bringt einen vortrefflichen Pech hervor, womit

die Engländer einen Versuch machten, nach welchem sie denselben für ungleich besser hielten, als
den man in den nördlichen Gegenden findet, da
jener nicht an der Sonne schmilzt; ein sehr großer
Vortheil für die Süd-Länder.

Bei der Dreieinigkeitsinsel gieng Raleigh
vor Anker. Hier kamen spanische Kaufleute bei
ihm am Bord, von denen er Nachrichten, besonders von Guiana, einzog, welches sie ihm selbst
als ein reiches Land rühmten, und ihm sogar die
besten Wege dahin zeigten. Er beschloß indessen,
vorher erst Rache an dem Gouverneur von St.
Joseph, Dom Antonio Berreo zu nehmen,
welcher das Jahr vorher 10 Engländer überfallen und gefangen genommen hatte. Raleigh
wußte, daß Berreo eine Reise auf den Oronoko
und zugleich einen Versuch gemacht hatte, Guiana
zu erobern. Da ihm aber dies fehlgeschlagen
war, so hatte er sich vorgenommen, es bald noch
einmal zu versuchen. Raleigh erfuhr ferner von
einem Caziken aus dem nördlichen Theile der Insel, daß dieser Feind der Engländer sich jetzt im
Fort St. Joseph befände, und daß er auf der
Insel Margaretha und an der Küste von
Cumana Soldaten werben lasse, um sie zu überfallen. Ferner habe er den Eingebohrnen bei
Todesstrafe verboten, sich mit den Engländern in

den geringsten Handel einzulassen, und um diese
unglücklichen Insulaner zu unterjochen, hatte er
verschiedene alte Caziken einziehen und in Ketten
legen lassen, welche von Zeit zu Zeit mit gebra-
tenem Speck bestrichen wurden. Ja der Barbar
ließ die Unglücklichen endlich sogar, zur Ehre der
heiligen Apostel, je 12 und 12, hängen. Diese
letztere Nachricht, nebst der, welche der englische
Befehlshaber bereits über die Lage des Forts eingezogen hatte, bestimmten ihn, seine Rache nicht
länger aufzuschieben. In der folgenden Nacht
ließ er einen Capitain mit 60 Mann dahin marschiren. Er selbst stellte sich an die Spitze eines
andern Corps, und beide griffen den Platz so hi-
tzig an, daß er sich noch vor Tages Anbruch er-
gab. Sie trafen hier fünf halbtodte Caziken in
Ketten und auf der Tortur, welchen sie, so wie
allen Einwohnern, die Freiheit gaben. Berreo
aber wurde mit seinen Leuten gefangen genommen
und an Bord gebracht.

Die Engländer führten ihren Gefangenen nach
Curiapan, und fanden, nachdem sie ihn weiter
ausgefragt hatten, keine Ursach, Mißtrauen in
seine Antworten zu setzen. Er hatte seinem Vor-
gänger, Gonzalez Ximenes de Caßada,
welcher vor ihm, aber mit eben so wenigem Glück,
versucht hatte, in Guiana vorzudringen, vor sei-

nem Ende mit einem Eide verſprechen müſſen,
dieſe Unternehmung fortzuſetzen. Berreo ſchwur
den Engländern, daß ſie ihm ſchon über 300,000
Ducaten koſte, und machte ihnen davon folgende
Erzählung:

„Er hatte zuerſt den Fluß Caßanar auf-
geſucht, welcher in den Pato, dieſer in den
Meta, und dieſer wieder in den Oronoko fällt,
der bis dahin Baraquan genannt wird, welchen Namen aber eigentlich nur ein Arm deſſelben
führt. Er hatte über 500 Meilen gemacht, ohne
irgend einen Weg zu finden, auf welchem er hätte
vordringen können, und weniger dadurch abge-
ſchreckt als ermüdet, einen Marſch nach Neu-
granada unternommen. Als er ſeinen Zug an-
trat, hatte er mehr als 700 Pferde und eine
große Anzahl Indianer beiderlei Geſchlechts als
Soldaten in ſeinem Gefolge, welche faſt alle durch
die Strapazen, Krankheiten, oder von den Pfeilen der Nazionen, welche ſie bekämpfen mußten,
umkamen.

Als er den Caßanar paſſirt war, kam er an
das Ufer des Meta. In dieſem reiſſenden Strome,
der voller Sandbänke und Klippen iſt, ſcheiterte
ein Theil ſeiner Barken, wobei viele von ſeinen
Leuten das Leben verloren. Er irrte dann noch
ein ganzes Jahr herum, ohne den Weg nach

Guiana zu finden. Endlich kam er an den Amapeja, welchen er nicht ohne Schwierigkeit paf-
firte. Der Carlsfluß setzte darauf seinen Streifereien ein Ziel.

Die Indianer vom Amapeja hatten ihm
Guiana sehr gerühmt. Die Provinz, welche er
Amapeja nannte, liegt am Oronoko. Er verlor
hier 60 seiner besten Soldaten und fast alle seine
Pferde. Nachdem er hier 3 Monate zugebracht
hatte, ohne diese Nazion bezwingen zu können,
machte er mit Mühe eine Art von Vertrag, wo-
durch er die Caziken, 5 Figuren von massivem
Golde und verschiedene andere sehr schöne rare
Sachen in seine Gewalt bekam. Der Kunstfleiß
dieses Volks, ohne irgend ein eisernes Instru-
ment, ohne alle die Hülfswerkzeuge, welche unsern
Goldarbeitern so sehr zu statten kommen, das
Gold zu bearbeiten, verdient Bewunderung. Die
Indianer von Amapeja, von welchen Berreo diese
Geschenke erhielt, heißen Anabas und leben 12
Meilen vom Oronoko. Sie haben bis zur Mün-
dung dieses Flusses nicht weniger als 800 Wohn-
plätze. Diese Provinz ist niedrig und sumpfig.
Die Moräste, welche die Ueberschwemmungen des
Flusses machen, enthalten ein röthliches ungesun-
des Wasser, voller Würmer, Schlangen und an-
dern Insekten. Die Spanier, welche das Schäd-

liche deſſelben nicht kannten, bekamen die rothe
Ruhr davon. Ihre meiſten Pferde wurden gleich
davon vergiftet, und die Menſchen, welche es
nicht beſſer vertragen konnten, ſchmolzen von 700
bis auf 26 zuſammen. Die Indianer, welchen
die ſchädlichen Eigenſchaften ihres Waſſers nicht
unbekannt ſind, gebrauchen es demohngeachtet beſtändig. Sie haben die Bemerkung und Erfahrung gemacht, bloß in der Mittagsſtunde ihr
Theil davon zu ſich zu nehmen, da die Hitze der
Sonne es dann trinkbar macht. Nachher wird
es aber wieder ſchädlich, und iſt nicht gefährlicher,
als um Mitternacht. Daſſelbe gilt von den Flüſ-
ſen des Landes.

Berreo verließ Amapeja zu Anfang des Som-
mers, um von der Südſeite einen Eingang in
Guiana zu ſuchen. Seine Bemühungen waren
aber vergeblich. Unzugängliche Berge, welche ſich
von Oronoko bis Quito hin erſtrecken, verſperrten
ihm den Weg. Ueberdem hatten dieſe von Stra-
patzen und Elend geſchwächten Leute unaufhörlich
wilde Völkerſchaften zu bekämpfen, welche ge-
ſchworne Feinde von allem waren, was Spanier
hieß. Er verſicherte die Engländer, daß er wohl
100 große Flüſſe paſſirt wäre, welche ſich alle in
den Oronoko ergießen, kannte aber weder die
Namen derſelben, noch die Richtung ihres Laufs.

Auch verstand er nichts von den Landessprachen, nachdem er seine Dollmetscher verloren hatte; überdem aber fehlte es ihm selbst durchaus an Kenntnissen und Kopf, so daß er Osten und Westen nicht zu unterscheiden wußte."

Raleigh verschaffte sich einen guten Dollmetscher, einen gebohrnen Guianer, welcher einen Theil der verschiedenen Sprachen dieser Völker verstand, und ihm die wichtigsten Dienste leistete. Auch ließ er die ältesten Indianer, und die, welche die Wege in diesen Gegenden am besten kannten, aufsuchen. Durch sein beständiges Fragen verschaffte er sich eine ziemlich ausgebreitete Kenntniß aller Ströme und Provinzen, vom Nordmeere bis zu den Gränzen von Peru, und von dem Oronoko bis zum Amazonenfluß. Auch lernte er ihre Regierungsverfassungen und Gebräuche kennen, welches sehr nothwendig ist; denn, da diese Völker unaufhörlich mit einander Krieg führen, so muß man Freunde und Feinde wohl zu unterscheiden wissen, um aus ihren Leidenschaften Vortheil zu ziehen, wie Cortez und Pizarro, welche ihre Siege dieser List verdankten.

Diese vielen Schwierigkeiten waren Ursach, daß Berreo alle Hoffnung zum Gelingen seiner Unternehmnung verlor. Inzwischen hatte er doch noch den Muth, bis zu der Provinz Emeria, an der Mündung

des Flusses, vorzudringen, wo er Völker von einem sanftern Charakter und Lebensmittel im Ueberfluß fand. Ihr vornehmster Cazike hieß Carapana, ein kluger und sehr erfahrner Greis von
100 Jahren und einem feurigen Temperamente.
Er war in seiner Jugend auf der Dreieinigkeitsinsel gewesen, wo die Spanier ihm den Unterschied der Nazionen und Menschen hatten kennen
lehren. Er liebte den Frieden, welches mehr als
die Fruchtbarkeit des Landes dazu beitrug, daß
vermittelst des Handels, welchen er mit seinen
Nachbarn unterhielt, Ueberfluß im Lande herrschte.
Berreo blieb länger als 5 Wochen in dem bewohnten Gebiet des Carapana, nicht sowohl um
sich zu erholen, als Hoffnungen zu schöpfen, welche
er noch immer nicht ganz aufgeben konnte. Es
blieben ihm aber so wenig Leute übrig, daß er
die Ausführung seines Projekts bis aufs folgende
Jahr verschob, in der Absicht, zweckmäßigere
Maaßregeln zu treffen, und erst eine Verstärkung
aus Spanien zu erwarten.

Er schiffte sich an der Mündung des Oronoko in einem kleinen Boote nach der Dreieinigkeitsinsel ein. Von da begab er sich nach der
Küste von Paria und nach der Insel Margaretha, wo er dem Gouverneur von seinen Entdeckungen erzählte. Dieser, erstaunt über die Reich-

thümer von Guiana, gab ihm 50 Mann mit, und
ließ sich das Versprechen von ihm geben, sogleich
zu Carapana zurückzukehren, um neue Entdeckungen zu machen. Berreo glaubte sich aber dazu
nicht stark genug, und begnügte sich, nach der
Dreieinigkeitsinsel zurückzukehren und seinen Lieutenant mit einigen Soldaten zum Caziken zu
schicken, mit dem Befehl, alles anzuwenden, um
die entfernteren Indianer zu gewinnen. Carapana nahm die Abgeordneten gut auf und ließ
sie, mit der Versicherung, daß Niemand ihnen
genauere Nachrichten von Guiana geben könne,
zu einem andern Caziken, Namens Morquito,
führen. Dieser, einer der mächtigsten Caziken
des Landes, hatte wirklich große Handelsverbin-
dungen. Auf einer Reise zu den Spaniern von
Cumana hatte er schon ein Freundschaftsbündniß
mit Vides, dem Gouverneur der Provinz, geschlossen, der darauf sogleich in Spanien um die
Erlaubniß und nöthige Unterstützung zu der Eroberung von Guiana nachgesucht hatte. Vides
wußte damals noch nichts von Berreos Unternehmung. Er erfuhr sie aber nicht so bald, als
er auch gleich alles anwandte, sie zu hintertrei-
ben, so daß beide einen wüthenden Haß auf einander warfen. Man weiß nicht, welchen Antheil
Vides an Morquitos Verfahren hatte, der, nach

der freundschaftlichsten Aufnahme der Soldaten
des Berreo, sie alle ermorden ließ, bis auf einen, welcher das Glück hatte, sich durch Schwimmen über einen Fluß zu retten. Berreo nahm
sogleich Rache. Er ließ alles, was er von Truppen zusammenraffen konnte, in Morquitos Provinz, Arojama, marschiren. Dieser setzte sogleich über den Oronoko, und kam, nachdem er
das Land der Saymas und Quikiris passirt
war, sehr bald nach Cumana, wo er sich unter
Vides Schutz sicher glaubte. Berreo verlangte
aber, im Namen des Königs, daß er als ein treu-
loser Verräther ausgeliefert und bestraft würde,
und Vides, der es nicht wagte, ihm dies zu ver-
weigern, ließ ihn hinrichten.

Die Truppen des Berreo verheerten nichts
desto weniger die Provinz Arojama und machten
eine Menge Gefangene, worunter sich Topiarari,
der Onkel des Morquito, ein 100jähriger Greis,
befand. Dieser wurde in Ketten gelegt, und in
diesem Zustande lange mit herum geschleppt, um
den Spaniern als Wegweiser zu dienen. Endlich
kaufte er sich für 100 Goldplatten los. Morquitos Bestrafung hatte die Indianer sehr erbit-
tert. Dies vereitelte auch das Bündniß, welches
Berreo mit Carapana geknüpft hatte; der er-
wünschte Vorfall mit Topiarari aber vermehrte

nur noch seine Begierde, in Guiana einzudringen.
Er beschloß daher nichts zu sparen, um sich in
Stand zu setzen, mit glücklichem Erfolge seine
Macht dahin zu führen. Alle die Reichthümer,
welche er entweder durch Plündern oder als Löse-
geld gesammelt hatte, wurden nach Spanien geschickt, in der Hoffnung, daß so viel Gold die
Begierden seiner Landsleute entflammen, und ihm
Soldaten genug zur Ausführung seiner großen
Pläne verschaffen würde. Er schickte dem Könige selbst verschiedene Geschenke, Figuren von
Menschen, Thieren, Vögeln und Fischen von massivem Golde. Sein Verlangen war um so schein-
barer, da die Schätze, welche er versprach und
wovon er gleichsam nur eine Probe schickte, wenig Mühe zu sammeln kosteten, statt daß in
andern Gegenden von America ungeheure Arbeiten und unermeßliche Kosten erforderlich waren,
um so viel Gold aus den Bergwerken zu gewinnen. Zugleich befahl er seinem Sohne, den er
in Neu-Granada zurückgelassen hatte, ihm Verstärkung nachzuschicken; auch vergaß er die Marsch-
route für dieselbe nicht. Sie sollte nemlich durch
die Provinz Emeria und längs den Ufern des
Oronoko marschiren. Dies waren seine Aussich-
ten und Hoffnungen, als er den Engländern in
die Hände fiel.

Als Raleigh diese Nachrichten von ihm eingezogen hatte, erklärte er ihm, daß er denselben Plan gemacht habe und entschlossen sey, in Guiana vorzudringen; auch sey er bloß in dieser Absicht nach der Dreieinigkeitsinsel gekommen. „Er mußte wohl glauben, fährt derselbe in seinem Berichte fort, daß dies mein Ernst war, weil ich das Jahr vorher, zu eben der Zeit, als jene Begebenheiten erfolgten, einen meiner Offiziere ausgeschickt hatte, um Kundschaft einzuziehen, bei welcher Gelegenheit die 10 Engländer waren aufgehoben worden. Jedoch schien ihm meine Erklärung sehr zu verdrießen. Er gab sich daher alle Mühe, mich davon abzubringen, indem er mir alle mit einer solchen Unternehmung verknüpften Gefahren umständlich auseinander setzte. Auch fand ich seine Gründe nicht unwichtig; aber, außer dem Mißtrauen, welches ich natürlich in den Rath eines Spaniers setzen mußte, war ich zugleich voller großer Ideen, die mich fest bei meinem Vorhaben erhielten.“

Folgende Gründe bestimmten ihn besonders: Erstlich war er im Allgemeinen überzeugt, daß, da dies Land mit Peru beinahe unter derselben Himmelsgegend liegt, Gold hier ebenfalls nicht selten seyn müsse. Zweitens hatte man ihm Wunderdinge von der angeblichen Stadt Manoa,

die

die bei den Spaniern unter dem Namen del
Dorado bekannt ist, gesagt, welche von einigen
Reisenden dieser Nazion besucht worden seyn
sollte. Er hatte ferner in Erfahrung gebracht,
daß Juan Martinez, Befehlshaber der Artil-
lerie zu Ordaco, Manoa, die Hauptstadt des
neuen Reichs der Incas, zuerst entdeckt und
7 Monate daselbst zugebracht habe; daß man
ihn, ohngeachtet er erkannt worden, doch daselbst
gut aufgenommen, ihm aber nicht erlaubt habe,
ohne Wache und mit unverbundenen Augen irgend
wohin zu gehen; daß er endlich, nach erhaltener
Freiheit, abreisen und viel Gold mitnehmen können, aber von den Indianern am Ausfluß des
Oronoko beraubt worden sey und nichts als zwei
Flaschen Goldstaub gerettet habe, welche die Indianer für ein Paar Flaschen Liqueur gehalten
hätten; darauf habe er sich nach Portoriko begeben, wo er gestorben sey. Vor seinem Tode hatte
man ihm noch sein Gold und seine Reiseberichte
bringen müssen, wovon er jenes der Kirche und
diese der Canzlei vermacht haben soll.

Raleigh nahm alle möglichen Vorsichtsmaaß-
regeln, damit es ihm besser als seinen Vorgän-
gern glücken möge. Er ließ verschiedene Flüsse
sondiren, und seine Leute begriffen endlich, daß
man in den Capuri an vier eben so sichern als

E

bequemen Stellen hereinfahren könne. Die Galeaße wurde noch mit drei Schaluppen, welche
für einen Monat Lebensmittel am Bord hatten,
versehen, und Raleigh schiffte sich nebst einigen
Offizieren und 100 Mann am Bord derselben
ein. Ihr Pilote war ein Indianer vom Fluß
Bajenua, zwischen dem Oronoko und Amazonenfluß. Er hatte versprochen, sie in den Oronoko zu bringen; wenn sie aber sonst keine Hülfe
gehabt hätten, so würden sie unaufhörlich in allen den vielen Flüssen, wie in einem Labirinthe,
herumgeirrt seyn. Als Raleigh nach dem Com-
paß und der Sonnenhöhe die rechte Richtung gefunden zu haben glaubte, so ließ er das Schiff
nur um eine zahllose Menge kleiner Inseln her-
umfahren, welche voll hoher und so dicker Bäume
standen, daß sie sowohl der Aussicht als auch der
Fahrt hinderlich waren. Er entdeckte ein kleines
Canot mit einigen Indianern, welches die Galeaße auch bald erreichte, ehe es ihr auf einem
Nebenwege entkommen konnte. Andere Indianer,
die sich am Ufer zeigten, schienen das Betragen
der Engländer zu beobachten, und da sie keine
Spur von Gewaltthätigkeit bemerkten, so kamen
sie an den Strand und verlangten zu unterhan-
deln. Raleigh ließ sogleich nach ihnen hin rudern; während er ihnen aber das anbot, was sie

gewünscht hatten, stieß sein Pilot, der sich, um
das Land auszukundschaften, etwas entfernt hatte,
auf einen Caziken, welcher ihn tödten wollte, weil
er Fremde nach ihrem Lande geführt habe. Mit
genauer Noth rettete jener sich noch durch die
Flucht.

Von 16 Armen, in welche der Oronoko sich
bei seinem Ausflusse zertheilt, laufen 9 nach Norden und 7 nach Süden. Wenn diese sich, wie
Raleigh bemerkt, vereinigen und eine Art Meer-
busen bilden, welcher 100 Meilen im Umfang hat;
so übertrifft die Mündung des Oronoko an Größe
die des Amazonenflusses. Die Bewohner der
zahlreichen Inseln, mit welchen derselbe bei seinem
Ausflusse gleichsam vollgestopft ist, machen, da
diese Inseln wegen häufiger Ueberschwemmungen
nicht bebauet werden können, ein Brod aus dem
Mark des Palmbaums. Außerdem nähren sie
sich auch noch vom Fischfange, von der Jagd und
verschiedenen Baumfrüchten. Einer ihrer Gebräuche, welcher die Achtung, so sie für die Todten haben, beweist, und worin sie den polizirten
Nazionen zum Muster dienen können, fiel Raleigh
besonders auf. Beim Tode ihrer Caziken erheben
sie laute Wehklagen. Sie lassen den Körper ver-
faulen, und wenn das Fleisch ganz davon ist,
schmücken sie das Skelett mit kostbarem Geschmeide

und Federn von verschiedenen Farben; sie hängen
es dann so in der Hütte auf, wo ihr Chef wohnte.
Die Arouacas, welche das nördliche Ufer des
Oronoko bewohnen, pulverisiren die Skelette ihrer
verstorbenen Verwandten und verschlucken sie in
ihren Getränken.

Raleigh kam endlich in das große Flußbette
des Oronoko, in welchem er herauf fahren wollte.
Allein nach einer viertägigen Fahrt strandete er
an einer so gefährlichen Stelle, daß beim Her-
auswerfen des Ballastes, um die Galeaße zu erleichtern, 60 Menschen umkamen. Nachdem er
sie wieder flott gemacht hatte, setzte er seine Reise
drei Tage lang glücklicher fort. Den vierten ließ
ihn sein Indianischer Pilot in den großen Fluß
Amana einlaufen, der ganz ruhig und ohne die
geringste Krümmung zu fließen schien; gleichwohl
aber konnte man nicht ohne Rudern darauf fortkommen. Die stärksten Aufmunterungen waren
bei den Matrosen nöthig, um eine so anhaltende
Arbeit zu ertragen. Die Hitze war auf den höchsten Grad gestiegen, und die Zweige der Bäume,
womit das Ufer an beiden Seiten besetzt war,
verursachten den Rudernden eine andere Beschwerde. Endlich fingen auch die Lebensmittel
an zu fehlen, und nun hielt es äußerst schwer,
die Leute zu besänftigen. Inzwischen stellte Raleigh

ihnen vor, daß, da der Pilot in wenig Tagen
eine leichtere Fahrt und Lebensmittel im Ueberfluß
versprochen habe, sie jetzt weniger Gefahr liefen,
wenn sie ihren Weg fortsetzten, als wenn sie zu-
rückkehrten. Uebrigens fehlte es an beiden Ufern
des Flusses weder an Früchten, noch an Fischen
und Geflügel, und die Pflanzen, mit welchen das
Land bedeckt war, schienen das Versprechen des
Piloten zu bestätigen.

Dieser ließ indessen oft Spuren der Verle-
genheit in seinem Gesichte blicken. Er schlug
Raleigh vor, mit den Canots in einen Fluß rechts
hinein zu fahren, welcher sie sehr bald nach einigen Wohnungen der Arouacas bringen würde,
wo man alle Arten von Erfrischungen finden könne,
die Galeaße aber unterdessen vor Anker gehen
zu lassen, indem er versicherte, daß man noch vor
Anbruch der Nacht wieder zurück kommen könne.
Dieser Vorschlag fand Beifall, so daß Raleigh
selbst die Führung der Canots übernahm. In
der festen Hoffnung, daß die Hülfe nicht weit
mehr entfernt seyn könne, wurden gar keine Lebensmittel mitgenommen. Da sie aber 3 Stunden gerudert hatten, ohne die geringste Spur von
menschlichen Wohnungen zu erblicken, so nahm
ihr Mißtrauen zu. Man ruderte noch 3 Stunden mit eben so wenigem Erfolg; und nun ver-

wandelte sich ihr Mißtrauen in Verdacht, so daß alle Engländer, welche in den Canots waren und sich verrathen glaubten, schon anfingen von Rache zu reden. Vergebens bemühete sich Raleigh, ihnen begreiflich zu machen, daß die Züchtigung des Verräthers jetzt nichts in ihrer Lage ändern und sie nur noch mißlicher machen würde. Zorn und Hunger ließen ihnen nur das gegenwärtige Uebel empfinden. Endlich wurden sie ein Licht in der Ferne gewahr; dies und ein Geräusch, welches sie zu hören glaubten, flößte ihnen wieder mildere Gesinnungen ein. Es war wirklich eine Wohnung der Arouacas, welche sie aber erst nach Mitternacht erreichten. Sie trafen hier wenig Menschen, da der Cazike des Fleckens mit einem großen Theil seiner Indianer nach der Mündung des Oronoko ausgezogen war. Die Hütten aber waren voller Lebensmittel, womit nun die Engländer ihre Böte beluden.

Sie kehrten darauf ohne Mühe nach ihrer Galeaße zurück. Die Ufer des Flusses, welchen ihr Leiden vorher alles Anmuthige benommen hatte, schienen ihnen jetzt entzückend schön. Sie entdeckten ein reizendes Thal, wohl 20 Meilen lang und mit verschiedenen Arten von Thieren angefüllt. Geflügel war in nicht geringerer Menge da, und der Fluß verschaffte ihnen fortdauernd

treffliche Fische. Sie glaubten in einer so reichen
Gegend vor Hunger gänzlich gesichert zu seyn;
die ungeheuren Schlangen aber, welche es hier
giebt, droheten ihnen neue Gefahr. Ein junger
Neger, welcher nach dem andern Ufer hinüber
schwimmen wollte, wurde, als er dasselbe erreicht
hatte, von einer solchen verschlungen.

Denselben Tag erblickten die Engländer vier
Canots, die eben den Fluß herunter kamen, in
welchen sie hineingefahren waren. Sogleich ließ
Raleigh auf sie zu rudern. Zwei nahmen die
Flucht nach dem Ufer hin, wo die, welche darin
waren, in die Wälder entwischten. Die beiden
andern aber überließen sich ganz dem Strome,
so daß es unmöglich war, an sie zu kommen.
Nicht genug aber, sich jener beiden Canots und
des darin befindlichen Vorraths zu bemächtigen,
ließ auch Raleigh die Flüchtlinge noch aufsuchen.
Einige derselben fing man nicht weit davon auf.
Es waren Arouacas, welche dreien glücklich entwischten Spaniern, worunter ein Goldschmidt war,
als Lootsen gedient hatten. Vergebens ließ Raleigh einen Theil seiner Leute aus Land setzen,
um ihnen auf die Spur zu kommen. Einen von
den Lootsen behielt er aber zurück, dessen Kennt-
nisse und Treue ihm sehr nützlich wurden. Unter
andern lernte er von demselben verschiedene Oerter

kennen, wohin die Spanier kamen, Gold zu suchen. Doch nützte ihm dies jetzt wenig, weil die
Ueberschwemmung ihm nicht erlaubte, daselbst
auch einen Versuch zu machen. Das Wasser
schwillt nemlich in diesem Lande so schnell und
ungestüm an, daß es des Abends da, wo man
des Morgens beinahe trocknes Fußes durchkom-
men konnte, Mannshoch steht. Dergleichen Ueberschwemmungen sind aber bei allen Flüssen, welche
in den Oronoko fallen, nichts ungewöhnliches.

Der Indianer, welchen Raleigh zurückbehalten
hatte, schien zu fürchten, daß er das Schicksal
haben würde, lebendig aufgefressen zu werden.
„Einen solchen Begriff machten die Spanier diesen Völkern von meiner Nazion, fährt Raleigh
fort. Jener ließ aber, so wie alle andere Indianer, mit welchen wir im Verkehr standen, diesen
falschen Wahn bald fahren, sobald er unsern Charakter, Sitten und Lebensart kennen lernte. Keiner meiner Leute berührte jemals eine Eingebohrne
nur mit einem Finger. Was die Lebensmittel
betraf, so nahm man davon nichts, ohne denen,
welche sie uns brachten, so viel dafür zu geben,
daß sie zufrieden waren. Und um mir durchaus
keinen Vorwurf machen zu dürfen, verließ ich keinen Wohnplatz, ohne die Indianer vorher zu fragen, ob sie sich etwa auch über meine Leute zu

beklagen hätten. Ich gab ihnen dann vor meiner Abfahrt alle Genugthuung und ließ den Schuldigen bestrafen. Selbst die beiden Canots, welche ich hatte wegnehmen lassen, wurden wieder herausgegeben und der Lootse nicht eher mitgenommen, als bis er sich von selbst geneigt gezeigt hatte, mir zu folgen."

Unter seiner Leitung setzten die Engländer ihre Fahrt fort. Nach 15 Tagen, während welchen sie keiner andern Gefahr, als der der Sandbänke, ausgesetzt waren, erblickten sie den Oronoko. Die Indianer dreier Canots, welchen Raleigh begegnete, kamen ohne Furcht auf ihn zu, als sie sahen, daß er kein Spanier war, und versprachen ihm, da er vor Anker gegangen war, den andern Morgen mit ihrem Caziken wieder zu kommen.

Es fanden sich hier eine unzählige Menge von Schildkröten-Eiern, welche für die Engländer eine sehr angenehme Erfrischung waren. Den folgenden Tag sahen sie den Caziken mit einem Gefolge von 40 Indianern ankommen. Er brachte den Engländern mancherlei Arten Lebensmittel, wofür sie ihm Spanischen Wein zu trinken gaben, dessen vortrefflichen Geschmack er nicht aufhörte zu bewundern. Da Raleigh ihn um den kürzesten und sichersten Weg nach Guiana gefragt

hatte, so erbot er sich sogleich, die Engländer nach
seinem Flecken zu führen, mit dem Versprechen,
ihnen etwas zu verschaffen, was ihnen gute Dienste
leisten würde, und, wie er hinzufügte, ein glückli-
ches Geschick für sie aufbewahrt habe. Als sie
daselbst ankamen, ließ er ihnen ein so starkes Getränk reichen, wovon sie fast alle berauscht wurden. Es besteht aus Amerikanischen Pfeffer und
dem Safte verschiedener Kräuter, welchen man in
großen Gefäßen sich abklären läßt. Der Cazike
sammt seinen Indianern betranken sich ebenfalls darin.

Nach diesem Trinkgelage ließ er die den
Engländern versprochene Unterstützung, wovon er
so viel Rühmens gemacht hatte, zum Vorschein
kommen. Es war ein sehr alter Indianer, dessen Figur ihnen eben keine sehr vortheilhafte Meinung von ihm beibrachte, der aber alle Stellen
des Oronokoflusses vollkommen kannte. Ohne ihn
würden sie nie alle die Sandbänke, Klippen
und kleinen Inseln, auf welche man unaufhörlich
stößt, vermieden haben. Raleigh empfing ihn als
ein Geschenk des Himmels.

Gleich den folgenden Tag erprobten die Engländer die Geschicklichkeit ihres neuen Führers
durch den Rath, welchen er ihnen gab, sich den
Ostwind zu Nutze zu machen, der ihnen die Arbeit des Ruderns ersparte.

Der Oronoko läuft, wie Raleigh bemerkt, von seiner Mündung an, bis nach der Gegend, wo er entspringt, ganz gerade von Osten nach Westen. Die Engländer hätten also, wenn sie seinen Lauf von Toparimaca an verfolgten, nach verschiedenen Gegenden von Popayan und Neu-Granada vordringen können. Den ersten Tag verfolgten sie einen Arm des Flusses, welcher auf der linken Seite die Insel Aßapana, 25 Meilen lang und über 5 Meilen breit, bildet. Rechts liegt eine andere Insel, Jouana genannt, die auch sehr groß ist, und vom festen Lande durch einen zweiten Arm des Flusses getrennt wird. Er kann allenthalben von den größten Schiffen befahren werden, und ist, mit Inbegriff der Inseln, hier nicht weniger als 30 Meilen breit. Raleigh setzte zwei Indianer von Guiana, welche er zu Toparimaca nebst seinem neuen Piloten mitgenommen hatte, ans Land, damit sie voraus-gehen und seine Ankunft dem Cajiken von Puti-mac, einen Vasallen von Topia-Ouari, Morqui-tos Nachfolger in der Provinz Arromaja, ankün-digen sollten. Da aber Putimac noch sehr weit entfernt war, so war es den beiden Indianern nicht möglich, noch denselben Tag wieder zurück zu kommen, so daß die Galeaße den Abend bei Putapayma, einer andern eben so großen In-

sel, als die vorhin erwähnte, sich vor Anker legen
mußte. Die Felsen, welche den Fluß umgeben,
sind größtentheils von bläulicher Farbe und scheinen Eisen zu enthalten, so wie alle Steine, welche
sich dort auf den Bergen finden.

„Am Morgen des folgenden Tages, fährt
Raleigh fort, war unsere Richtung ganz westlich,
so daß wir mit weniger Mühe gegen den Strom
an fahren konnten. Das Land öffnete sich auf
beiden Seiten, und die Ufer hatten eine hochrothe
Farbe. Ich schickte einige Leute in den Canots
aus, um das Land auszukundschaften. Sie brachten mir die Nachricht, daß, so weit ihr Auge
reiche, und von den Spitzen der Bäume, welche
sie erstiegen, sie bloß flaches Land, ohne die kleinste
Anhöhe, entdeckt hätten. Mein Pilot sagte mir,
daß diese schönen Fluren die Ebenen von Saymas wären, welche sich bis nach Cumana und
Caracas erstreckten, und von vier mächtigen Nazionen, den Saymas, Aßaouais, Aroras
und Wikiris bewohnt wären, welche den Her-
nando de Serpa, als er mit 300 Pferden von
Cumana nach dem Oronoko zog, um Guiana zu
erobern, in die Flucht schlugen. Die Aroras haben eine fast eben so schwarze Haut, als die Neger. Sie sind stark und sehr tapfer. Das Gift
ihrer Pfeile ist so durchdringend, daß ich mich,

nach den Erzählungen meiner Indianer davon,
mit den besten Gegengiften versah, um meine
Leute davor zu bewahren. Außer daß es fast immer tödtlich ist, verursacht es schreckliche Schmerzen und bringt die Verwundeten zu einer Art von
Raserei. Die Eingeweide treten ihnen aus dem
Leibe, sie werden schwarz, und der Gestank, welchen sie ausathmen, ist unerträglich.

Das gewöhnliche Gegengift der Indianer ist
der Saft der Wurzel Tupara, welcher auch alle
Arten Fieber heilt und Blutflüsse hemmt. Einige
Spanier gebrauchen auch mit gutem Erfolg den
Saft des Knoblauchs. Bei solchen ätzenden Giften muß man sich des Trinkens ganz enthalten,
weil alles Flüssige die Wirksamkeit des Giftes nur
noch vermehrt. Trinkt man besonders kurz nach
der Verwundung, so ist der Tod unvermeidlich."

Sie langten in dem Haven von Morquito
an, und einer von den Indianern wurde zu dem
Caziken geschickt, welcher den folgenden Tag kam,
um sie mit allen Ehrenbezeugungen in seinem Haven zu empfangen. Es war ein Greis von 110
Jahren, und dabei noch so rüstig, daß er noch
denselben Tag nach seinem Flecken wieder zurückkehrte, nachdem er schon 14 Stunden zu Fuß
gemacht hatte, um seine Gäste zu sehen. Die
Geschenke, welche er ihnen brachte, bestanden in

einer großen Menge Geflügel, Wurzeln und
Früchten.

Raleigh bat diesen alten Caziken, ihm einige
Anweisung, auf welche Art er in Guiana vordringen könne, zu geben. Er antwortete ihm, daß
das Land, worin sie sich jetzt befänden, und alles
das, was an den Ufern des Flusses bis zur Provinz Emerie, mit Inbegriff von Carapana,
liege, einen Theil von Guiana ausmache; daß man
die Nazionen aller dieser Länder mit einem ge-
meinschaftlichen Namen, Orinoccoponi nenne,
weil sie dem Oronoko nahe wohnen; daß die,
welche zwischen diesem Flusse und den Bergen
von Wacarimar lebten, unter demselben Namen begriffen wären, und daß es auf der andern
Seite dieser Berge ein großes Thal gebe, welches
auch von alten Guianischen Völkerschaften bewohnt werde.

Die Indianer am Fluß Caroli, (Carls-
fluß) besitzen ein sehr Goldreiches Land. Raleigh
erfuhr von ihnen, daß, wenn er die Berge von
Curca passirt sey, er viel Gold und Edelsteine
finden werde. Einer von den spanischen Offizieren, den er mit Berreo gefangen genommen hatte,
rühmte sich, auf seinen Reisen, nicht weit von
dem Flusse, eine sehr reiche Silbermine entdeckt
zu haben; da aber der Oronoko und alle benach-

barte Flüsse um 5 Fuß gestiegen waren, ohne die
Schwierigkeit des Stromaufahrens auf dem Caroli zu rechnen: so begnügte sich Raleigh, einige
seiner Leute zu Lande nach einem 20 Meilen
weit entfernten Flecken, Namens Annatapoi,
zu schicken. Sie fanden hier Wegweiser, welche
sie weiter nach der großen Stadt Capurepana
brachten, die am Fuß des Gebirges, im Gebiete
eines andern Caziken liegt. Capitain Whidon
erhielt inzwischen den Auftrag, mit einigen Soldaten das Ufer des Flusses, so weit es möglich
wäre, zu verfolgen, und genau Acht zu geben, ob
etwa Spuren einer Goldmine sich daselbst befänden.

Zu gleicher Zeit bestieg Raleigh, in Begleitung der Captains Gifford und Calfield, die benachbarten Anhöhen, von welchen er den ganzen
Lauf des Caroli entdeckte, der sich 20 Meilen
vom Oronoko in drei Arme theilt. Er bemerkte
ferner 10 bis 12 Wasserfälle in demselben, die
alle von einer solchen Höhe waren, daß die durch
den Fall getrennten Wassertheilchen wie ein Rauch
in die Höhe stiegen. Darauf näherte er sich den
Thälern, wo er mit Bewunderung das schönste
Land erblickte, was er je sah. Gras und Kräuter vom herrlichsten Grün, fester Boden, Wild-
pret im Ueberfluß, und endlich eine unzählbare

Menge der verschiedensten Vögel mit dem melo-
dischesten Gesange. „Wir bemerkten auch, fährt
Raleigh fort, Gold- und Silber-Adern in den
Steinen; da wir aber nur unsere Hände und
Degen hatten, so konnten wir der Sache nicht
ganz auf den Grund kommen. Inzwischen nahmen wir einige davon mit, welche ich nachher untersuchen ließ. Ein Spanier von Caracas nannte
sie in seiner Sprache Goldmutter und versicherte
mir, daß sich bei denselben eine Goldmine finden
müsse. Whidon und Milechap, unser Chirur-
gus, brachten mir, als die Früchte ihrer Untersuchungen, einige Steine, die dem Saphir sehr
ähnlich waren. Ich zeigte sie verschiedenen Einwohnern, welche mir viel von einem Gebirge sagten, wo sie sich in Menge befänden.“

Der See, aus welchem der Fluß Caroli
kömmt, heißt Cassipal. Er ist so groß, daß man
kaum in einem Tage mit einem Canot hinüber
fahren kann. Den Sand findet man hier gewöhnlich im Sommer mit Goldkörnern vermischt.

An den Ufern des Flusses Caora wohnt
eine Indianische Nazion, bei welcher, wenn man
dem Ritter Raleigh glauben darf, Kopf und
Schulter eins ausmacht, wodurch sie ein mon-
ströses Ansehn bekommen. Diese ungewöhnlichen
Menschen heißen Couaipanomas. Man sagt,
daß

daß sie die Augen auf den Schultern, den Mund
auf der Brust, und die Haare auf dem Rücken
haben. Es ist die furchtbarste Nazion dieses
Landes; ihre Bogen und Pfeile sind dreimal so
lang als die der andern Indianer. Man kann
nicht umhin, zu argwöhnen, daß wohl vieles davon übertrieben sey, obgleich der Erzähler das
Zeugniß glaubwürdiger Personen anführt, welche
verschiedene dieser so seltsam gestalteten Menschen
gesehen haben wollen.

Raleigh erwähnt noch eines Flusses Cas-
nero, welcher unterhalb des Caroli, gegen Westen, in den Oronoko fällt. Derselbe soll an
Größe, wie er sagt, die größten Europäischen
Flüsse noch übertreffen. Die Engländer würden
ihn hinauf gefahren seyn, wenn die Annäherung
des Winters sie nicht ihren Untergang hätte befürchten lassen. Nicht, als ob der Winter hier,
in einem Lande, wo die Bäume beständig Laub
und Früchte tragen, mit dem unsrigen zu verglei-
chen sey; sondern weil er von einem anhaltenden
heftigen Regen begleitet ist, der außerordentliche
Ueberschwemmungen verursacht. Alle Felder stehen dann unter Wasser, und dabei donnert es so
fürchterlich, als ob der Natur der Untergang drohete. Raleigh machte auf seiner Rückreise davon
eine traurige Erfahrung.

F

Die Ufer der Flüsse Cari und Limo, nordwärts vom Oronoko, sind von den Aouacaris,
einer Art Cannibalen, bewohnt, bei welchen der
Gebrauch herrscht, einen Markt zu halten, ihre
Weiber und Töchter für Aerte und Beile an ihre
Nachbaren zu verkaufen, welche sie dann wieder
an die Spanier verhandeln.

Da das Wasser von Tage zu Tage mehr
austrat, und den Engländern tausend Gefahren
drohete, so wünschten sie zurückzukehren. Raleigh
widersetzte sich auch ihrem Verlangen nicht. Er
hatte zwar viele gute Nachrichten eingezogen; die
Ueberschwemmung aber ließ ihm gar keine Hoffnung, die Früchte davon einzuärndten. Dabei
waren seine Leute von Kleidern fast ganz entblößt,
und die, welche ihnen etwa noch übrig blieben,
wurden täglich wohl zehnmal vom Regen durchnäßt, so daß sie nicht einmal Zeit hatten, sie wieder zu trocknen. Er entschloß sich daher, nach
Osten hin zurückzukehren, in der Absicht, um alle
Theile des Flusses gehörig kennen zu lernen; eine
Sache von Wichtigkeit, welche vernachlässigt zu
haben, er sich Vorwürfe machte.

Raleigh ließ, als er den Oronoko wieder
herunter fuhr, zwei junge Engländer mit vielen
europäischen Waaren bei dem weisen Caziken
Topia Ouari zurück. Er empfahl ihnen, so viel

als möglich sich von der Beschaffenheit des Landes zu unterrichten, und dasselbe genau kennen zu
lernen, besonders die Wege, welche nach der berühmten Stadt Manoa, die neue Residenz der
Ynkas von Peru im Innern von Guiana, führen, wohin sie ihr Reich nebst großen zahllosen
Schätzen verlegt haben. Er setzte dann seine
Fahrt den Fluß herunter, in Begleitung des Caziken von Putimac, fort. Dieser war bei Topia
Quari gewesen, und hatte die Engländer gebeten,
nach seinem Lande zu kommen, indem er sich zugleich erbot, sie nach einem Gebirge zu führen,
dessen Steine die Farbe des Goldes hätten.

Raleigh wollte eine so wichtige Entdeckung
Niemand anders überlassen. Er ging daher selbst
mit den vornehmsten von seinen Leuten, um ein
dem Anschein nach so reiches Gebirge zu besuchen. Nachdem sie verschiedene Flüsse und Thäler passirt waren, machten sie bei einem See
Halt. Sie waren sehr durchnäßt; einer von ihren Führern machte also Feuer an, indem er zwei
Stöcke an einander rieb, um ihre Kleider trocknen zu können. Während sie sich damit beschäf-
tigten, verursachte ihnen die plötzliche Erscheinung
einiger Seekühe, von der Größe einer Tonne,
welche sich im See blicken ließen, wegen ihres
ungewöhnlichen Anblicks, Furcht und Schrecken.

F 2

Sie gehören zu den Amphibien, sind wenigstens 16 Fuß lang und wiegen bis 1200 Pfund. — Die Engländer hatten nur eine halbe Tagereise zu machen, um an das Gebirge zu kommen, welches viel edle Metalle zu enthalten schien. Auch gingen sie am Fuß eines andern weg, dessen Felsen eine Goldfarbe hatten. Sie konnten aber keine Untersuchung anstellen, ob der Schein nicht etwa trüge.

Gegen Abend kamen sie ans Ufer des Flusses Winicapara, welcher sich mit dem Oronoko vereinigt. Hier erblickten sie in einiger Entfernung das gepriesene Gebirge, welches sie mit ungeduldiger Erwartung suchten. Gegen die Vermuthung des Caziken war die Ueberschwemmung in dieser Gegend schon so groß, daß es ihnen unmöglich wurde, sich demselben zu nähern. Sie mußten sich daher begnügen, aus der Ferne das herrliche Gebirge zu betrachten. Es schien ihnen sehr hoch, Thurmförmig, und mehr weiß als gelb, so daß es beinahe wie Diamanten glänzte. Ein reißender Strom, welcher ohne Zweifel von dem beständigen Regen in dieser Jahrszeit entsteht, stürzte sich von oben herunter und machte ein solches Geräusch, daß sie es schon einige Stunden weit ununterbrochen gehört hatten, und, ohn-

geachtet der Entfernung, sich kaum einander verstehen konnten.

Gezwungen, von diesem wahren oder schein-
baren Schatz sich zu entfernen, kehrte Raleigh an
die Mündung des Cumana zurück, wo alle benachbarte Caziken zu ihm kamen und ihm Lebensmittel brachten. Es waren Hühner, Wildprett
und verschiedene Getränke. Auch hatten sie einige
von den kostbaren Steinen, welche die Spanier
Piedras Fluadas (Flußspathe) nennen, mit bei-
gelegt.

Raleigh fuhr, nachdem er von den Caziken
Abschied genommen hatte, weiter, und legte den
Abend bei der Insel Aßipana an. Den andern
Morgen fand er seine Galeaße vor Anker. Er
legte, indem er den Fluß herunter fuhr, täglich
100 Meilen zurück, konnte aber nicht auf demselben Wege wieder zurück kehren, auf welchem
er den Strom hinauf gefahren war, weil die zwischen den Wendezirkeln gewöhnlichen Winde und
die Meeres-Strömung ihn gegen den Amana zu
trieben. Die Noth ließ ihn daher den Lauf des
Capuri verfolgen, welches einer von den Armen
des Oronoko ist, durch welchen derselbe sich ins
Meer ergießt. Er glaubte sich nun am Ende
aller Gefahren. Inzwischen nöthigte ihn die folgende Nacht, als er vor der Mündung des Ca-

puri, welche eine Meile breit ist, Anker geworfen
hatte, die Heftigkeit des Stroms, mit seinen Canots sich unterm Schutz des Ufers zu begeben,
und obgleich die Galeaße auch so nahe als möglich an dasselbe heran gezogen war, so konnte
man sie doch nur mit genauer Noth vom Schiffbruch retten. Der Sturm legte sich, und die
Engländer stießen bei der Dreieinigkeitsinsel wieder zu ihren übrigen Schiffen, von wo sie bald
darauf nach England unter Segel gingen.

Der Oronoko nimmt seinen Lauf zwischen
dem Aequator und dem 9ten Grad der Breite,
folglich durch die heißeste Himmelsgegend, woraus man schließen sollte, daß die Hitze hier außerordentlich seyn müsse. Dies ist sie in der That,
aber nur in den Gegenden, welche von den hohen, beständig mit Schnee bedeckten Gebirgen,
Paramos genannt, entfernt sind. Diese außerordentlich hohen Gebirge, auf deren Gipfel für
Menschen und Thiere beständig eine tödtliche
Kälte herrscht, machen die benachbarten Gegenden bewohnbar, welche sonst von der anhaltenden
unerträglichen Hitze verbrannt werden würden, so
daß man vermittelst jener Berge in diesen unter
dem Aequator liegenden Ländern beinahe alle vier
Jahreszeiten, wie in Europa, findet, je nachdem
man mehr oder weniger von denselben entfernt ist.

So haben z. B. die, welche am Fuß derselben
wohnen, das ganze Jahr hindurch eine so empfindliche Kälte auszustehen, daß sie vollkommen
den Namen des Winters verdient; auch findet
man hier keine von den Früchten, welche in warmen Ländern fortkommen. In einer verhältniß-
mäßigen Entfernung ist die Luft das ganze Jahr
hindurch mäßig erwärmt, die Bäume sind zu
gleicher Zeit mit Blüthen und Früchten bedeckt,
so daß man hier den Frühling und Herbst zusammen genießt. Die Länder endlich, welche noch
weiter von den Bergen entfernt sind, haben einen
immerwährenden so warmen Sommer, daß die
Hitze kaum durch den häufigen Regen etwas abgekühlt wird.

# Dritter Abschnitt.

Die merkwürdigsten Bäume, Pflanzen und Früchte der
Länder am Oronoko, und der Flüsse, welche sich in denselben ergleßen.

---

Die vielen Flüsse, welche dies Land bewässern,
machen dasselbe ungemein fruchtbar. Die Ebenen
sind mit Bäumen aller Art bedeckt, welche den
schönsten Anblick gewähren. Man findet hier
ganze Wälder von wilden Cacaobäumen, mit
Schoten voller Bohnen, welche sehr vielen Affen,
Eichhörnern, Papagaien und andern Thieren zur
Nahrung dienen, woraus man schließen kann, daß
ein schon von Natur so fruchtbarer Boden es
noch weit mehr seyn werde, wenn er angebaut
würde.

Der gemeinste, und für die Inselbewohner
an der Mündung des Oronoko dienlichste Baum
ist der Palmbaum, Mürichi genannt *), wel-

*) Wahrscheinlich Phoenix dactilifera, wovon die
Früchte, mit Zucker eingemacht, (Caryotae) auch in
den Europäischen Apotheken aufbewahrt werden.

cher alle ihre Bedürfnisse befriedigt. Erstlich ziehen sie durch Einschnitte einen weißlichen, süßen
und schmackhaften Saft aus demselben, welcher,
wenn er einige Tage gestanden hat, sehr kräftig
wird. Sie trinken davon bis zum Berauscht-
werden. In diesen Einschnitten erzeugen sich nach
einigen Tagen, so lange noch Saft im Baume
bleibt, zweitens eine große Menge weißer Würmer,
von der Größe eines Daums, welche wie Butter aussehen und eine angenehme und saftige Nahrung
gewähren, wenn man den Widerwillen, den sie
beim ersten Anblick gewähren, überwinden kann.
Wenn der Stamm nun keine Würmer mehr erzeugt, so ziehen sie drittens eine schwammige
Masse heraus, welche ein sehr feines Mehl enthält, woraus sie ein recht gutes, aber so schweres
Brod machen, daß es dem, der es nicht gewohnt
ist, den Magen beschwert. Die Frucht dieses
Baums, welche die Einwohner ebenfalls sorgfältig sammeln, besteht in einer schönen Art runder
Datteln, welche fast so groß als ein Hühnerey
sind, und ein sehr schmackhaftes Fleisch, nebst einem der Haselnuß ähnlichen Kern haben. Sie
machen ferner Bretter aus dem Stamme, wovon
sie ihre Hütten bauen, und diese mit den Blättern des Baums bedecken. Auch ziehen sie eine
Art Hanf aus diesen Blättern, woraus sie Stricke,

Netze und Hängematten machen, welche sie Chin-
coros nennen und in großer Menge verhandeln.
Endlich benutzen sie noch die Rinde, welche sie
von dem grünen Stamm dieser Bäume abschälen,
um Körbe und Büchsen daraus zu machen.

Der Cabima, welchen die Europäer hier
Palo de Aceyte nennen, ist der vorzüglichste
Baum, welchen man am Oronoko findet. Er ist
hoch und hat sehr dickes Laub; seine Blätter gleichen denen des Birnbaums; seine Rinde ist glatt
und dick. Er wächst an feuchten Oertern, nahe
an Flüssen und Seen. Durch einen Einschnitt
zieht man ein schätzbares Oel aus demselben,
welches Wunden aller Art heilt und von den Holländern sehr gesucht wird, die es sogar den Caraiben abkaufen.

In den Wäldern, wo es viele Steine und
Felsen giebt, findet man einen Baum von erstau-
nender Größe, welchen man Algarobos nennt.
An dem Stamm desselben hängen Stücke Harz
von 2 bis 3 Pfund herunter, welches so durchsichtig wie Cristall ist. Die Indianer bedienen
sich desselben, um ihre Wohnungen damit zu er-
hellen. Man legt nemlich ein Stück davon auf
die Erde und oben darauf Feuer, welches die
ganze Nacht mit einer sehr hellen Flamme brennt,
bis das Stück Harz gänzlich verzehrt ist.

Der Turumo ist ein Baum, welchen die Indianer anpflanzen, der aber auch ohne Cultur auf den Feldern wächst. Seine Frucht ist sehr groß, taugt aber nicht zum Essen. Er ist jedoch für sie sehr nutzbar; sie machen nemlich aus seiner Rinde, welche so hart ist, daß man sie nur durch wiederholte Schläge zerbrechen kann, Teller, Schalen, Tassen und Töpfe.

Aus der Frucht des Anoto oder Achote bereiten sich die Indianer einen dünnen Teig, mit welchem sie sich den ganzen Leib bestreichen, wodurch ihre Haut vor der großen Sonnenhitze geschützt wird. Diese Art Salbe ist ein wirksames Mittel gegen jeden Brandschaden. Wir werden an einem andern Orte noch umständlicher von diesem Baume und den Eigenschaften seiner Frucht reden.

In den Ebenen von Varinas, Guarari, Caracas und an den Ufern der Flüsse, welche sie durchschlängeln, findet man einen niedrigen Baum mit dickem Laube und einer Menge Früchte, die wie Rosinentrauben aussehen und einen starken gewürzhaften Geschmack haben. Diese Frucht ist ein treffliches Mittel gegen Schlangengift aller Art. Man hat bemerkt, daß Thiere, welche von Schlangen gestochen wurden, von dieser Frucht gefressen und sich damit geheilt haben. Die Spa-

nier nennen den Baum Arbor del barro, oder
Efelsbaum. Reifende verfehen fich mit diefen
Früchten, um fich im Nothfall derfelben zu bedienen, da Vipern und andere Schlangenarten in
diefen fumpfigten Einöden fehr häufig find.

Hier ift auch der Ort, um des Maniocs
zu erwähnen, deffen Wurzel die Hauptnahrung
der Bewohner der Neuen Welt ausmacht. Diefe
Pflanze erhebt fich ohngefähr 3 Fuß hoch von
der Erde. Man baut fie zu Cayenne, wenn das
Regenwetter anfängt. Es giebt dreierlei Arten
derfelben. Erftlich der Maillé, welcher feinen
Namen von der Indianifchen Nazion hat, bei
welcher man ihn zuerft gefunden. Nach 8 oder
9 Monaten kann man die Wurzel aus der Erde
herausreiffen. Sie fieht aus wie rothe Rüben,
auch die Farbe ift diefelbe, wenn man die erfte
Haut davon abgeftreift hat. Zweitens der rothe
Manioc, welcher fchmackhafter ift und ein Jahr
in der Erde bleiben muß. Drittens der Bac-
cacoua, welchen bloß die Indianer benutzen.
Sie bereiten ihn auf eine befondere Art. Wenn
die Wurzel zerquetfcht ift, fo laffen fie die darin
befindliche Flüffigkeit fo lange kochen, bis fie fo
dick als Sirop wird. Der weiße Manioc ift fel-
tener, wächft fchneller, giebt weniger Saft, und ver-
fault leicht in der Erde. Es ift nicht nöthig,

daß er, wie der andere, zerrieben und ausgepreßt
wird, ehe er gegeffen werden kann; man braucht
ihn bloß in glühender Afche zu braten.

Der rothe Manioc, welchen man am häufig-
ften gebraucht, und der eigentlich in Amerika die
Stelle des Getreides vertritt, läßt sich zu jeder
Zeit verpflanzen und erträgt die Veränderung
des Clima sehr gut. Er wächst vorzüglich in
leichtem Boden, aber in schwerem und fettem Erdreich kömmt er nicht so gut fort. Aus jenem
gräbt man ihn nach einem Jahre aus; in diesem
braucht er mehr Zeit und trägt weniger. Bei
zu vielem Regen fault er leicht; dagegen hält er
sich bei trocknem Wetter noch einige Monate,
nachdem er schon zur Reife gelangt ist, in der
Erde. Es giebt zweierlei Arten, die Wurzel zu
bereiten, um entweder feines Mehl oder Caßara
daraus zu erhalten. In beiden Fällen muß man
sie schälen, waschen, reiben und in eine Art Beu-
tel oder Filtrirsack thun, um allen Saft heraus-
laufen zu laffen, welcher eins der feinsten Gifte
ist. Dies ist allerdings sehr auffallend bei einer
so vortrefflichen und heilsamen Wurzel. Nach
dieser ersten Zubereitung muß die zerriebene Wurzel, wenn man feines Mehl daraus haben will,
am Feuer getrocknet werden, wobei man aber
durch öfteres Schütteln zu verhindern suchen muß,

daß sie sich nicht ansetze. Will man aber Caßara
davon haben, so breitet man auf einer eisernen
Platte die zerriebene Masse eines halben Fingers
dick aus. Das Feuer verbindet die einzelnen
Theile bald mit einander; man kehrt sie dann
um, und kurz nachher hat man einen dünnen
runden Kuchen, welchen man Caßara nennt.
Das Maniocmehl hat in so fern den Vorzug,
weil man es leichter in den Magazinen aufbe-
wahren, auch besser verschicken kann, und weil es
sich länger hält. Verschiedene Umstände verstat=
ten es aber nicht, aus diesem Nahrungsmittel ei=
nen sichern Unterhalt, besonders im Kriege, zu
ziehen. Diese Hindernisse sind: der langsame
Wachsthum dieser Wurzel, die erforderliche um-
ständliche Zubereitung derselben, die Schwierigkeit, sie trocken zu erhalten, sowohl als Mehl als
Caßara, der Widerwille, welchen die Europäer
gegen sie haben, und endlich die Eigenschaft, welche
sie besitzt, daß sie den Magen erschlafft.

Wir haben oben gesagt, daß der Saft des
Manioc ein sehr heftiges Gift ist. Um dessen
eigentliche Beschaffenheit zu bestimmen, that ein
Surinamischer Arzt etwas davon in ein Gefäß,
und kaum hatte eine Katze dasselbe verzehrt, als
sie alle Kräfte, aber vergebens anstrengte, um es
wieder von sich zu geben. Zwei Minuten nach-

her drehete sie sich immer ängstlich von beiden
Seiten herum, worauf Verzuckungen folgten und
nach 22 Minuten der Tod. Derselbe Arzt gab
einem Fleischerhunde 1½ Unze von diesem Safte;
das Thier fing sogleich an fürchterlich zu heulen,
und starb nach einer halben Stunde mit convulsivischen Bewegungen. Beim Oeffnen beider Körper fand man in jedem Magen noch eben so viel
von dem Safte, als die Thiere verschluckt hatten,
und ohne die geringste Veränderung der Farbe.
Die Eingeweide waren nirgends entzündet, noch
das Blut geronnen. Der Arzt schloß hieraus,
daß das Gift nur auf die Nerven gewürkt habe,
und daß, so bald es erst im Magen ist, der Tod
unvermeidlich sey, wenn man nicht sogleich zu einem bewährten Mittel seine Zuflucht nimmt, dessen wir nachher erwähnen wollen.

„Einer meiner Freunde, erzählt derselbe Arzt,
sagte mir, daß er einen seiner Sclaven mit dem
Tode bestrafen wolle. Da ich nun begierig war,
die Würkungen des Giftes näher kennen zu lernen, so entschloß ich mich, es anzuwenden, um
diesen unglücklichen Neger aus der Welt zu schaffen. Mein Freund mußte mir aber vorher versprechen, es als ein Geheimniß bei sich zu behalten, und daß ich selbst bei der Execution gegen-
wärtig seyn, auch nachher den Leichnam öffnen

könne. Ich gab dem Neger 35 Tropfen von diesem Safte, und kaum hatte er sie verschluckt, als er anfing, das Gesicht zu verzerren und fürchterlich zu brüllen. Hierauf folgten Ausleerungen nebst convulsivischen Bewegungen, und in 6 Minuten war der Unglückliche todt. Drei Stunden nachher öffnete ich ihn und fand keine innere Theile verletzt, auch keine Inflammation, außer daß sich der Magen mehr als um die Hälfte zusammengezogen hatte."

Wenn man 6 Pfund frischen Maniocsaft nach und nach über Feuer destillirt, so geht die Giftmaterie gleich in die ersten 3 oder 4 Unzen der spirituösen Flüssigkeit über, die man davon abzieht. Der Geruch davon ist unerträglich, und dieser fürchterlichen Essenz bediente sich der Surinamische Arzt. Warmes Rüböhl ist ein wirksames Gegengift, so wie auch der Roucou-Saft. Man muß aber beides gleich auf der Stelle nehmen, denn es würde keine Würkung thun, wenn man damit zögerte.

Der Maniocsaft, dieses tödtliche Gift, wird von den Creolen zu Cayenne in eine Appetit erregende, heilsame Brühe verwandelt. Nachdem die subtilsten Theilchen durchs Kochen verdampft sind, entsteht aus dem, was zurück bleibt, wenn es mit Salz und Piment gewürzt ist, ein angenehmer

nehmer Trank, welcher filtrirt Cabiou genannt
wird. Dieser hat, wenn er eben ausgepreßt ist,
die Farbe und den Geruch der Mandelmilch.
Wenn man ihn sich setzen läßt, so erhält man eine
nahrhafte Substanz, welche sich auf dem Boden
des Gefäßes findet. Sie sieht aus wie Stärke,
und man gebraucht sie auch wie diese zu einerlei
Behuf; auf die Länge der Zeit aber verbrennt
der davon gemachte Puder die Haare. Auch
macht man, mit Hinzufügung von Zucker, eine
Art Kuchen oder Zuckerbrodte daraus, welche
Cipipà heißen. Das, was man Langou
nennt, ist nichts anders als in kochendes Wasser
eingeweichte Caßarà. Mit Zucker oder Sirop
vermischt, wird eine Art Brei daraus.

## Vierter Abschnitt.

Die vorzüglichsten vierfüßigen Thiere am Oronoko und in den Ländern, durch welche er fließt, nebst einigen daselbst einheimischen Vögeln.

Die Tieger sind in den weitläuftigen Gegenden, welche der Oronoko durchströmt, sehr gemein. Reisende müssen daher unaufhörlich auf ihrer Hut seyn und des Nachts Feuer anmachen, um sie zu verscheuchen; denn so lange dies brennt, hat man nichts von ihnen zu fürchten. Auch wachen die Indianer wechselsweise, um es beständig zu unterhalten.

Man findet am Oronoko und den Flüssen, welche sich in denselben ergießen, eine große Menge Fischottern und ein Thier, welches die Indianer Guachi nennen. Es ist eine Art Wolf oder Wasserhund, von der Größe eines Hühnerhundes, welcher ein sehr dünnes Fell hat. Dies Thier schwimmt mit vieler Leichtigkeit, und nährt sich von Fischen. Es ist eine Amphibie, hält sich aber

mehr am Lande, als im Waſſer auf. Am Uſer
macht es Gräben, in welchen das Weibchen ſeine
Jungen legt, die es mit ſeiner Milch ernährt.

Der Higuanas iſt eine Art ſehr häßlicher
Eideren. Seine Farbe hält das Mittel zwiſchen
grün und gelb. Er nährt ſich von Baumblättern
und iſt ebenfalls ein Amphibium. Die Indianer
halten ſein Fleiſch für eine Delicateſſe. Im Oronoko und den ſich in denſelben ergießenden Flüſ-
ſen giebt es davon eine große Menge, ſo daß die
Indianer zuweilen in einer halben Stunde gegen
100 fangen.

In gewiſſen Gegenden findet man eine große
Menge Landſchildkröten, Icoteas oder Mor-
racoyes genannt. Sie nähern ſich nie dem
Waſſer, und haben ein roth-, weiß- und grau-
geflecktes Schild. Sie ſind leicht zu fangen, weil
ſie einen ſehr langſamen Gang haben. Wenn
die Sonnenhitze ihnen zur Laſt fällt, ſo ſetzen ſie
ſich in den Höhlen oder Felſenlöchern, welche ſie
antreffen, auf und über einander, ſo daß man in
Caracas oft 8 bis 10 Ladungen dieſer Thiere
aus einer einzigen Höhle ziehen kann. Es iſt
zu bewundern, daß dies Thier ſich ſo ſtark vermehrt, da es ſo wenig Vorſicht bei ſeiner Fort-
pflanzung gebraucht, indem es nemlich ſeine Eyer
nicht ſo wie andere Schildkröten verbirgt, ſondern

sie im Gehen legt, und sich nicht weiter darum bekümmert.

Das Antathier *), welches die Spanier vorzugsweise das große Thier nennen, hat gar keine Aehnlichkeit mit den Europäischen vierfüßigen Thieren. Es lebt eben sowohl in Flüssen oder Seen, als auf dem Lande, kommt aber o't ans Ufer, um ein gewisses Kraut, Gumalote, zu fressen, wonach es sehr begierig ist. Es ist ohngefähr so groß als ein Maulesel, hat aber, nach Verhältniß seiner Größe, sehr kurze Beine, welche sich in vier Klauen endigen, die sehr gesucht werden. Man nennt sie gewöhnlich nur die Klauen des großen Thiers. Einige wollen behaupten, daß man ihre Heilkraft gegen die Epilepsie bewährt gefunden habe, und sagen, daß man sie pulverisirt einnehmen, eine Klaue aber dem Kranken um den Hals hängen müsse.

Der Kopf des Antathiers sieht fast so aus wie ein Schweinskopf, nur mit dem Unterschiede, daß er zwischen den beiden Augenbraunen einen etwas hervorstehenden Knochen hat, mit welchem es alles stößt und niederwirft, was ihm im Walde nur den geringsten Widerstand leistet. Selbst der Tieger hält sich, wenn er es angreifen will, sorgfältig in der Gegend verborgen, wo es graset,

*) Man sehe das Titelkupfer.

schießt von hinten auf das erste vorbeikommende
Thier los, springt ihm auf den Kopf oder auf
den Rücken, und haut sich mit seinen vier Klauen
hinein. Geschieht dies in einer weiten offnen
Gegend, so wird das Antathier unfehlbar von
dem Tieger erwürgt; giebts aber Bäume und
Gesträuche an dem Orte, so ist auch der Tieger
ohne Rettung verloren, weil das Antathier dann
wüthend ins Dickigt hinein rennt, wo der Tieger zerschunden und zerrissen wird, ehe er sichs
versieht.

Unter den andern seltensten Thieren der Gegenden am Oronoko ist noch besonders das Cu-
sicusi zu bemerken, eine Art Katze ohne
Schwanz, deren wolliges Haar dem Castorhaar
nahe kommt. Es schläft den ganzen Tag, und
des Nachts geht es auf die Vögel- und Schlan-
genjagd. Es ist sehr zahm, und wenn man es
in ein Haus bringt, so geht es den ganzen Tag
nicht von der Stelle; sobald aber der Abend herankommt, fängt es seine nächtlichen Streifereien
an. Es steckt seine dünne, lange und spitze Zunge
in alle Löcher, und wenn es in ein Bette kommt,
in welchem Jemand mit offnen Munde schläft,
so unterläßt es nicht, auch diesen mit seiner Zunge
zu visitiren.

Affen sind hier zu Lande sehr gemein; thun

aber, aus Instinkt sowohl als zum Possen, vielen Schaden. Sie kommen z. B. in großer
Menge und ganz still auf die mit Mais besäeten
Felder, klettern auf die Bäume, um zu sehen, ob
Niemand in der Nähe ist, worauf sie einen von
sich an einem etwas hohen Orte Schildwach stehen lassen. Die andern verbreiten sich sodann
auf den Feldern, wo ein jeder fünf Aehren aus-
rauft, wovon sie eine in den Mund, eine unter
jedem Arm, und in jede Hand eine nehmen. Erscheint in diesem Augenblick ein Mensch, so fängt
der, welcher die Wache hat, an zu schreien, und
alle nehmen das Reisaus, ohne jedoch das Ge-
stohlene jemals im Stich zu lassen; lieber ließen
sie sich erwürgen, als dies entreißen. Wegen dieser Hartnäckigkeit hat man ein besonderes Mittel,
sie zu fangen, ausfindig gemacht. Man setzt irdene, mit Mais angefüllte, Flaschen mit einem
engen Halse aufs Feld. Es währet nicht lange,
so kommen die Affen dabei, sehen zu, was darin
ist, stecken den Arm hinein, um das darin befindliche zu erhaschen, und nehmen die Hand so voll,
daß sie sie nicht wieder herausziehen können, so
viel Mühe sie sich auch geben. Nun erheben sie
aus Verzweiflung ein Geschrei, lassen jedoch ihre
Prise noch immer nicht fahren. Dies Geschrei
dient den Indianern zur Nachricht, welche nun

mit Stöcken herbei kommen, und so-lassen sich dann diese gierigen Thiere lieber todt schlagen, als daß sie die Hand öffnen und ihre Beute fahren lassen sollten.

Die Indianer thun sich mit dem Fleische dieser Thiere gütlich; jede Nazion findet aber bloß an einer gewissen Gattung von Affen, mit Ausschluß aller übrigen, besondern Geschmack; die eine zieht die gelben, die andere die schwarzen vor; noch andere haben einen Eckel vor diesen beiden, und essen bloß weiße Affen. Ueberhaupt läßt sich ihr Fleisch wohl essen, bleibt aber, so viel es auch gekocht werden mag, immer hart.

Es giebt in diesen weitläuftigen Gegenden auch ein Thier, welches, wenn es verfolgt wird, der ihm drohenden Gefahr durch einen verpestenden Gestank entgeht. Dies ist eine Art kleiner, häßlicher, aber lebhafter und kühner Hunde, welche sich vor keinem Thiere fürchten, sey es auch noch so groß und wild. Dies sonderbare Thier verläßt sich auf die ungewöhnlichen Waffen, welche ihm die Natur gegeben hat. Sobald es einen Menschen, einen Tieger, oder sonst irgend ein anderes, ihm überlegenes, Thier sich ihm nähern sieht, so erwartet es dasselbe festen Fußes, und wenn sein Feind nicht weit mehr von ihm ist, so drehet es ihm den Rücken zu, und giebt

dann einen so widrigen Gestank von sich, dem
nichts widerstehen kann. Es setzt sodann ganz
ruhig seinen Weg fort, da es gewiß weiß, daß
Niemand es versuchen werde, ihm zu folgen.

Die Indianer haben in ihrem Lande auch
eine so große Menge Wachteln, daß sie ganze
Körbe voll davon mitbringen, wenn sie darauf
Jagd gemacht haben.

Auch besitzen sie einen außerordentlichen
Ueberfluß von wilden Hühnern, welche sie Pol-
las nennen. Diese sind eben so groß, aber wohl-
schmeckender, als die gewöhnlichen Hühner. Die
Eingebohrnen stellen ihnen an den Sümpfen, wohin sie gehen, wenn sie durstig sind, Netze, worin
sie viele fangen. Auch schießen sie mit Pfeilen
darnach.

Papagaien giebt es hier zu Lande in solcher
Menge, daß die Indianer sie mit Schlingen fangen. Ein einziger tödtet deren zuweilen allein
mehr als 200 Stück. Sie werden hier, wie in
Europa die Rebhühner, gegessen. Es giebt in
Guiana Schlemmer, die, um sich rühmen zu können, auf ihrer Tafel ein Gericht zu haben, welches in der alten Welt ungeheure Summen kosten würde, einigen Hunderten dieser Thiere die
Zunge ausreißen und davon eine Pastete machen
lassen. Gleichwohl ist es ein schlechter Lecker-

biſſen, welcher nur die lächerliche Eitelkeit gewiſ-
ſer reicher Bewohner dieſes Landes befriedigen
kann. Gebraten iſt das Fleiſch der Papagaien
dürre und unſchmackhaft. Zwanzig ſolcher, in einem eiſernen Topfe gekochter, Vögel geben eine
ſehr gute Suppe. Auch als Fricaſſee zubereitet,
ſchmecken ſie vortrefflich.

Da die Fledermäuſe gewiſſermaaßen auch
mit unter die Vögel gerechnet werden können, ſo
führen wir ſie hier mit an. Dies iſt ein in dieſen Gegenden ſehr gefährliches Thier. Es giebt
zweierlei Arten, kleine und große. Die kleinen
gleichen denen, welche man auch in Frankreich
hat; die andern aber ſind ſo groß wie eine Taube,
und ſehen ſehr häßlich aus. Die einen wie die
andern ſchwärmen die Nacht umher, ſtechen mit
der ſehr feinen Spitze ihrer Zunge ſchlafende
Menſchen und Thiere, und ſaugen ſie unmerklich
aus. Wenn man nicht die Vorſicht gebraucht,
ſich vom Kopf bis zu den Füßen zuzudecken, ſo
wird man gewiß geſtochen, und wenn ſie, wie das
ſehr oft der Fall iſt, eine Ader berühren, ſo ſinkt
man aus den Armen des Schlafs unmittelbar in
die Arme des Todes. Da die Oeffnung, welche
ſie mit ihrem Stich machen, kaum ſichtbar iſt,
ſo iſt es gar nicht zu verwundern, daß man dieſen nicht fühlt; beſonders da ſie zu gleicher Zeit

die Luft mit ihren Flügeln bewegen, welches den
Schlafenden erquickt und ihn in einen noch tie-
fern Schlaf wiegt. Zuweilen wird aber ihr
Stich auch wohlthätig. Ein Spanier, bei dem
man die Ader nicht hatte finden können, um
ihm dieselbe zu öffnen, wurde des Nachts von einer Fledermaus gestochen, worauf das Blut so
stark floß, daß, als er eben zur rechten Zeit er-
wachte, er von den Seitenschmerzen geheilt war,
welche vorher sein Leben in Gefahr setzten.

# Fünfter Abschnitt.

Amphibien, und besonders merkwürdige Fische des Oronoko
und der benachbarten Flüsse.

In den am Oronoko liegenden Provinzen giebt
es eine große Menge Landschildkröten; der Fluß
erzeugt aber noch eine ungeheure Menge Amphibien, welche ein Hauptnahrungsmittel aller in der
Nähe dieses Flusses wohnenden Nazionen aus-
machen. Sobald der Fluß anfängt zu fallen,
welches im Februar geschieht, kommen die Schildkröten zum Vorschein, um ihre Eier ans trockne
Ufer zu legen. Da die Schildkröten von der
Sonnenhitze sterben, so benutzen sie hiezu die Nacht,
kommen aber zuweilen in solcher Menge, daß sie
sich einander selbst hindern, so daß man eine zahllose Menge Köpfe außer dem Wasser hervorragen
sieht, welche schon warten, bis die ersten am Ufer
ihnen Platz machen. Es gibt zweierlei Arten
von Wasserschildkröten; die kleineren, welche Te-
recayas genannt werden, wiegen kaum 25 Pfund,

und legen 20 bis 24 Eyer. Die großen wiegen
gegen 500 Pfund und drüber, und legen bis auf
60 Eyer, welche größer als Hühnereyer sind.
Sie haben keine Schale, sondern sind in zwei
Häutchen eingewickelt, deren eine sehr dünne, die
andere aber dicker ist. Diese Thiere graben mit
vieler Mühe ein Loch, in welches sie ihre Eyer
legen, die sie sorgfältig bedecken. Nachher gehen
sie wieder ins Wasser. In weniger als vier Tagen werden ihre Eyer von der großen Sonnenhitze ausgebrütet. Die kleinen Schildkröten sind,
wenn sie aus dem Eye kriechen, nicht viel größer
als ein harter Thaler. Sie verlassen bei Tage
ihr Loch nicht; des Nachts aber begeben sie sich
auf dem kürzesten Wege nach dem Flusse, und
nie entfernen sie sich davon. Man hat zuweilen
wohl Eyer in einem verdeckten Korbe weit vom
Wasser weggetragen; wenn man ihnen aber auch
noch so viele Abwege gemacht hat, so haben sie
doch am Ende immer, ohne sich zu verirren, den
Weg nach dem Flusse genommen.

Die Schildkröten sind ein sehr gutes Essen;
ihr Fleisch schmeckt wie Kalbfleisch. Obgleich die
Indianer starke Esser seyn sollen, so ist doch eine
einzige für eine auch noch so zahlreiche Familie
hinreichend. Sie hauen der Schildkröte den Kopf,
Hals und die Beine ab, die sie in einen Topf

thun und Suppe davon kochen. Dann schneiden
sie das Thier mitten auf, und kochen sein Fleisch
in seinem eignen Schilde. In dem Körper finden sich gewöhnlich auch noch viele Eyer. Wenn
sie eine beträchtliche Anzahl derselben gesammelt
haben, so waschen sie sie, werfen sie in einen mit
Wasser angefüllten Nachen, und treten sie eben
so mit Füßen, als die Trauben gekeltert werden.
Wenn dann die Sonne einige Zeit darauf ge-
schienen hat, so kommt auf der Oberfläche eine
leichte Flüssigkeit zum Vorschein, welches das Oel
ist, das man aus den Eyern ziehen will. So
wie die Sonnenhitze dasselbe heraustreibt, schöpfen die Indianer es mit sehr dünnen Muschel-
schaalen ab und gießen es in die schon zu diesem
Behuf auf dem Feuer stehenden Kessel. Es wird
dann durchs Kochen gereinigt, und schöner, klarer
und feiner als das aus Oliven gepreßte Oel.

Der Curbinata ist ein mittelmäßiger
Fisch, der gewöhnlich nicht über 2 Pfund wiegt
und im Oronoko sich sehr häufig findet. Er hat
zwei Steine im Kopfe, von der Größe einer Man-
del ohne Schaale, welche durch ein Häutchen von
einander getrennt sind. Diese Curbinatasteine
werden wegen ihrer wahren oder eingebildeten
Wirksamkeit gegen die Harnstrenge für jeden
Preis gekauft. Man stößt sie zu Pulver und

nimmt 3 oder 4 Gran in einem Löffel voll Wasser oder warmen Wein. Man hat bemerkt, daß wenn die Dosis zu stark ist, sie so erschlafft, daß man den Urin nicht halten kann; man kann daher sich nicht genug vorsehen, um das vorgeschriebene Maaß nicht zu überschreiten.

Die Caymanns oder Crocodille sind Amphibien, welche sich im Oronoko in großer Menge befinden, und in verschiedenen Gegenden sich bloß von Fischen nähren. In reissenden Strömen aber, da, wo Wasserwirbel sind und an Felsen, wo oft Schiffe scheitern, wie auch an den Stellen, wo die Indianer sich baden und Wasser schöpfen, sind die Caymanns nach Menschenfleisch sehr begierig. Sie sind daher in den von menschlichen Wohnungen entfernten, und selten von Schiffen befahrenen, Flüssen nur zu gewissen Zeiten zu fürchten, nemlich in den Monaten September und October, wo ihre Brunstzeit ist. Wenn sie ihre Eyer in die zu dem Ende am Ufer gegrabenen Löcher gelegt haben, wo die Hitze der Sonne und des Sandes sie ausbrütet, so wacht sowohl das Männchen als auch das Weibchen dabei, aus Furcht, daß sie weggenommen werden möchten. Wenn dann die kleinen Caymanns ausgebrütet sind, so gehen sie alle, alt und jung zusammen, ins Wasser. Sie sind alsdann

ebenfalls sehr gefährlich, und greifen die Vorüber-
fahrenden wüthend an, so daß man sehr auf seiner Hut seyn muß, kein Raub derselben zu
werden.

Das Weibchen des Caymanns legt in Zeit
von ein oder zwei Tagen mehr als 100 Eyer auf
einmal.

Sobald es sie gelegt hat, bedeckt es sie mit
Sand und wälzt sich darüber her, um die Stelle,
wo sie liegen, unkenntlich zu machen. Darauf
stürzt es sich wieder ins Wasser und läßt sie so
lange bedeckt liegen, bis sein natürlicher Instinkt
ihm sagt, daß sie seiner Hülfe bedürfen. Dann
kommt es mit dem Männchen, räumt den Sand
von den Eyern weg, zerbricht die Schaale, worauf die jungen Caymanns sogleich herauskommen.
Die Mutter setzt sie alsdann auf ihren Hals und
Rücken, und sucht das Wasser mit ihnen zu gewinnen; der Vater aber frißt unterwegs so viel
davon auf, als er kann, ja selbst die Mutter frißt
die, welche von ihrem Rücken herunter gehen oder
nicht schwimmen können, so daß von einer so zahlreichen Brut kaum 5 oder 6 am Leben bleiben.

Die Indianer lieben die Eyer des Caymanns
sehr. Sie sind so groß als ein mittelmäßiges
Straußey, an den Enden rund, und haben eine
weiße aber viel dickere Schale als die Hühner-

eyer. Man hat verschiedene dieser beinahe aus-
gebrüteten Eyer geöffnet und bemerkt, daß der
Körper und Schwanz des jungen Caymanns, welcher über einen halben Fuß lang ist, ganz um
die innere Fläche des Eyes zusammengerollt sind,
und daß der Kopf in der Mitte steckt. Wenn
man die Schale zerschlägt, so kommen sie sogleich
daraus hervor und beissen mit Wuth in den
Stock, dessen man sich dazu bedient hat.

Der Caymann ist viel größer als der Crocodill, und über 20 Fuß lang. Troß seiner
Stärke und Wildheit aber greifen die Indianer
ihn furchtlos an und tödten ihn, sowohl auf dem
Lande als im Wasser. Diese Jagd macht ihnen
viel Vergnügen. Sie essen das Fleisch des Caymanns, welches so weiß wie Schnee, von gutem
Geschmack, aber zähe ist. Auch muß man dem
Thiere, ehe es vollends getödtet wird, das Schild
von der Brust abnehmen, damit das Fleisch den
unerträglichen Bisamgeschmack verliere, den es
ohne diese Vorsicht behalten würde, welcher selbst
die sonst so gefräßigen Indianer abschreckt, davon
zu essen. Die Zähne des Caymanns sollen die
Eigenschaft besißen, die Wirkung des Giftes zu verhindern; die besonders in der neuen Welt sehr aber-
gläubischen Spanier kaufen sie daher den Indianern
ab, um Ringe und Armbänder davon zu machen.

Zwi-

Zwischen dem Crocodill und Caymann ist
ein wesentlicher Unterschied. Letzterer hat einen
viel dickern Körper, einen in die Höhe gerichteten
Kopf, und ein kurz abgestumpftes Maul; der
Crocodill hingegen, besonders der am Nil, hat
einen schmalen Körper, ein längliches Maul und
einen sehr großen weiten Rachen. Sie sind beide
eine Art großer Eidexen, so wie überhaupt vielleicht das größte Thier, welches aus einem Ey,
und so klein zur Welt kommt, da es über 20 Fuß
groß wird, den Vogel Condor allein ausgenommen. Sein Kopf und der obere Theil seines
Körpers sind mit solchen harten Schilden bedeckt,
welche es fast unverwundbar machen; denn ein
Flintenschuß von mehrern an einander befestigten
Kugeln dringt nicht durch. Unter dem Bauche
aber hat es eine nichts weniger als harte Haut,
und wenn man es dahin trifft, so kann man es
leicht tödten. Auch kann man es an den Augen
schwer verwunden, die klein, rund und trübe sind,
über welchen auch das Gehör sitzt. Seine größte
Stärke hat es in einer doppelten Reihe starker,
spitzer Zähne, welche kreuzweis über einander liegen, so daß es mit leichter Mühe alles, was ihm
in Weg kommt, damit zerbrechen kann. Man
versichert, daß es ihm leicht sey, einen Menschen
mitten durchzuschneiden; einen Schenkel schneidet

er wenigstens oft rein ab. Sein Rachen geht
bis an die Ohren, und seine Klauen sind ebenfalls furchtbar genug. Er läuft sehr geschwind
in gerader Linie und auf ebenen Boden; da er
aber gleichsam nur aus einem Stücke besteht, so
kann er sich nicht drehen. Wird man daher von
ihm verfolgt, so muß man sich im Zickzack zu-
rückziehen, um ihn leichter zu vermeiden. Er
haucht einen so starken Bisamgeruch aus, daß er
das Wasser, wo er sich befindet, davon riechen
macht, und verbreitet diesen Geruch mehr als
100 Fuß weit in der Runde. Die Caymanns,
welche sich im Meere aufhalten, haben gar keinen
Geruch. Die in den Flüssen bedienen sich einer
List, um ihre Beute zu erhaschen. Sie verschließen die Augen halb, überlassen sich dem
Strom des Wassers, ohne sich im mindesten zu
bewegen, wie ein Stück Holz, welches im Flusse
schwimmt, und überfallen auf diese Art dann die
Thiere, welche ans Ufer der Flüsse oder Seen
kommen, um zu saufen, selbst Menschen, die sich
hier baden. Sobald der Caymann Gelegenheit
findet, einem Ochsen oder einer Kuh nahe zu
kommen, fährt er aus dem Wasser auf sie zu,
packt sie beim Maule an und zieht sie herunter
bis auf den Grund des Wassers, um sie zu er-
säufen und begierig zu verschlingen.

Die Guaricotos sind äußerst gefräßige, und nach Menschenfleisch begierige Fische. Die Indianer nennen sie Maodes und die Spanier Cariben. Man versichert, daß sie nur der Geruch des Blutes anlockt, und daß ein gesunder Mensch, der sich die Haut nirgends verwundet hat, auch nichts von ihnen zu fürchten habe, wenn er mitten unter ihnen schwimmt; nur muß er die Sardinas-Braras, eine Art kleiner Fische, welche sich beständig in Gesellschaft jener befinden, vermeiden. Dies sind kleine Sardellen mit einem rothen Schwanze, welche so kühn und gefräßig sind, daß sie, wenn man kaum den Fuß ins Wasser gesetzt hat, auch sogleich anfangen zu beißen. Beim ersten Tropfen Blut aber fallen dann die Guaricotos gleich über einen solchen Unglücklichen her und fressen ihn auf. Diese Fische sind im Oronoko sehr gewöhnlich; sie befinden sich aber auch in kleinern Flüssen und Seen.

Man findet hier auch Rochen von außerordentlicher Größe, die sich im Sande verbergen. Das Maul, welches sie in der Mitte des Bauchs haben, liegt beständig dicht an der Erde. Sie sind platt und werden erstaunend groß. Ihr breiter Schwanz ist mit 3 oder 4 sehr harten und spitzen Stacheln bewaffnet. Die Indianer bedienen sich derselben als Spitzen an ihre Pfeile.

Eine Wunde davon ist giftig und schwer zu heilen. Wenn man einen Fluß durchwaten will, so muß man vorher mit einem Stocke die Stellen sondiren, wohin man den Fuß setzt. Vermittelst dieser Vorsicht hat man nichts von ihnen zu fürchten, weil sie sich dann entfernen. Wenn man aber aus Versehen, da sie beständig im Sande verborgen liegen, auf sie träte, dann erheben sie ihren Schwanz, krümmen ihn und verwunden gefährlich damit. Um sich wieder zu heilen, sagt man, sey es hinreichend, auf die Wunde ein Stück Fleisch von demselben Thiere zu legen, oder die Asche von einer gewissen Staude (dardillon) mit Weinessig vermischt. Man fand beim Zergliedern dieser Rochen keine Eyer, wie bei andern Fischen, sondern lebendige Junge, ohngefähr so groß wie ein Zweigroschenstück, deren Schwanz ebenfalls schon mit Stacheln bewaffnet war, so daß sie bei der Geburt den Bauch der Mutter leicht verletzen konnten.

Die Tamborette ist ein kleiner Fisch, wovon der größte noch kein Pfund wiegt. Er hat kein Schild, aber eine sehr dicke Haut; der Rücken ist schwarz und der Bauch weiß. Man muß sich wohl hüten, ihn nicht zu essen; die, welche es aus Unbesonnenheit thaten, schwollen auf einmal auf, und starben, ohne daß man ihnen hätte helfen können.

# Sechster Abschnitt.

Besondere Merkwürdigkeiten von einigen Schlangen, Würmern und Insekten.

Unter den verschiedenen Arten von Schlangen, womit die wüsten Einöden dieses Landes angefüllt sind, ist der Buio die größte. Die Indianer nennen sie Aviosa, und die Spanier Madre del Aqua, Wassermutter, weil sie sich gewöhnlich im Wasser und an sumpfigen Oertern aufhält. Diese Schlange sieht aus wie ein Baumstamm. Sie hat um den Leib eine Art von Bart oder Moos, so wie man es an wildwachsenden Bäumen findet, welches wahrscheinlich vom Staube oder Schmuz kömmt, welcher sich an ihren Körper ansetzt, den das Wasser anfeuchtet und die Sonne nachher wieder trocknet. Sie ist gewöhnlich 15 bis 20 Fuß lang und verhältnißmäßig dick, bewegt sich aber nur sehr unmerklich, und würde in einem ganzen Tage kaum eine halbe Meile zurücklegen. Ihr Körper drückt sich eben so tief in den Boden ein, als es ein Schiffsmast oder ein anderer großer Baum thun würde, den man

auf dem Boden herzöge. Sobald sie Geräusch
hört, richtet sie den Kopf in die Höhe, verlängert
sich um 4 oder 5 Fuß, geht auf den Tieger,
den Dammhirsch und jedes Thier, es sey welches
es wolle, selbst auf Menschen los. Wenn sie ihren Rachen öffnet, so haucht sie einen sehr giftigen Athem aus, der sowohl Menschen als Thiere
betäubt und eine gewisse anziehende Kraft hat,
welche vermittelst einer unwillführlichen Bewegung
die Gegenstände ihr so nahe bringt, daß sie dieselben leicht verschlingen kann. Das einzige Mittel, die Wirkung dieses giftigen Hauchs zu ver-
eiteln, ist, mit einem Hute oder auf eine andere
Art die damit geschwängerte Luftsäule zu durch-
brechen. Sobald dies geschehen ist, wird jene
Zauberkraft vernichtet, und man behält seine Freiheit, sich zu wenden, wohin man will. Um sich
vor diesem gefährlichen Thiere in Acht zu nehmen, jagen die Indianer niemals allein. Der
Buio hat keine Zähne, und gebraucht daher
viele Zeit, um seine Beute ganz zu verschlingen;
indessen wird er vermittelst seines weiten Schlun-
des doch damit fertig, wenn sie auch noch so
groß ist. Man trifft diese ungeheuern Schlangen
oft an der Sonne liegend an; zuweilen vertritt
dann ein Hirschgeweih, welches sie nicht gleich mit
verschlingen konnten, bei ihnen die Stelle eines

Knebelbarts. Wenn diese Riesenschlange ausge-
schlafen und ihren Fang zum Theil verdauet hat,
so geht sie gleich wieder auf neue Beute aus,
die ihr auch sicher genug ist, sobald sie dieselbe
nur in einer gewissen Entfernung mit ihrem Hauche
berühren kann. Sie finden sich sehr häufig an
feuchten und sumpfigen, besonders an unbewohn-
ten Oertern, und es vergeht kein Jahr, daß nicht
einige unvorsichtige Menschen auf der Jagd oder
beim Fischen durch sie umkommen *).

Die Cocadores oder Jagdschlangen sind
eben so dick wie jene, und noch länger. Die
Leichtigkeit, mit welcher sie ihre Beute verfolgen,
die ihnen nicht entgehen kann, ist zu bewundern.
Ihr Biß muß fürchterlich seyn, da ihre Zähne
eben so stark sind, wie die eines großen Hundes.

Die Schlange Sibuca ist erdfarbig, weswegen man sie kaum bemerkt, selbst wenn sie ganz
ausgestreckt liegt. Noch unkennbarer ist sie aber,
wenn sie sich zusammengerollt hat, wo sie dann
wie ein Haufen trockner Kuhmist aussieht. Sie
ist sehr flink und gelenkig, und schießt an den ihr
in den Weg kommenden Wanderer hoch hinauf.

*) Dies ist wahrscheinlich dieselbe Riesenschlange, welche
auch in Surinam gefunden wird. Ich verweise deshalb auf Stedmanns Nachrichten, wo sich auch eine
Abbildung derselben befindet.
                                        A. d. U.

Ihr Biß ist giftig. Sie hält sich nur in ge-
mäßigten, weder in kalten noch warmen Ländern
auf.

In den erstern, besonders da, wo es viel
Ameisen giebt, findet man eine Art Schlangen
mit zwei Köpfen, die gewöhnlich einen Daumen
dick und etwas über einen Fuß lang sind. Ihre
Farbe ist ein weißgeflecktes Grau. Sie bewegen
sich sehr langsam, welches sie weniger furchtbar
macht, obgleich ihr Biß sehr giftig seyn soll. Da
sie die Wärme scheuen, so verbergen sie sich in
Ameisenhaufen, und kommen nicht anders, als
wenn es geregnet hat, aus ihren Schlupfwinkeln
zum Vorschein. Diese Schlange besitzt die besondere Eigenschaft, abgeschnittene Theile ihres
Körpers wieder mit einander zu verbinden. Getrocknet und zu Pulver zerrieben, soll sie ein vortreffliches Mittel seyn, zerbrochene Knochen wieder zu heilen.

Das allgemeine spezifische Mittel der Völker
am Oronoko gegen jeden Schlangenbiß, ist: To-
backsblätter zu kauen, wovon man die eine Hälfte
verschlucken, die andere Hälfte aber drei bis vier
Tage lang auf die Wunde legen muß. Man hat
den Versuch gemacht, einer durch einen Schlag
auf den Kopf betäubten Schlange gekaueten Toback ins Maul zu stopfen, worauf sie sogleich ein

starkes Zittern bekam, welches nur mit ihrem Tode aufhörte.

Ein anderes Mittel gegen den Biß aller Arten von Schlangen, ist, wenn man an dem Orte, wo man sich eben befindet, Gelegenheit dazu hat, vier trockne Schröpfköpfe nach einander auf die Wunde zu setzen. Der erste fügt Fleisch und Haut wieder zusammen; der zweite zieht eine gelbe Flüssigkeit aus der Wunde; der dritte dieselbe, aber schon mit Blut gefärbt; der vierte endlich bloßes Blut. Nach dieser Operation bleibt nicht das mindeste Gift in der Wunde.

Außer diesen giftigen Thieren ist das feste Land noch mit einer ungeheuren Menge sehr beschwerlicher und selbst gefährlicher Insekten angefüllt. Die unerträglichsten sind die Muskitos. Es giebt deren drei Arten: dicke, welche Zancudos heißen, oder die weißgefleckten langbeinigen, und bei Tage die Luft verdunkeln. Die zweite ist nicht viel größer als ein Pulverkorn; diese werden Jejenes genannt. Die Rodadores endlich, fast eben so klein, fallen, wenn sie sich voll Blut gesogen haben und dann ihrer Flügel nicht mehr bedienen können, zur Erde und sterben. Diese drei Arten von Fliegen oder Mücken setzen sich ins Gesicht, auf die Hände und andere unbedeckte Theile des Leibes, saugen sich

Blut aus und verurfachen ein fehr unangenehmes
Jucken.

Einige fumfen unaufhörlich; andere ftechen,
ohne das mindefte Geräufch zu machen. Jene
laffen wegen ihres Sumfen nicht fchlafen, und
fcheinen dadurch anzufündigen, daß man auf feiner Hut feyn folle. Diefe aber greifen unvermu-
thet an, und find deshalb fchwerer zu vermeiden.
Inzwifchen ift doch jene fumfende Art Mücken,
nach dem Geftändniß aller Einwohner, verhaßter
als die andern; fey es nun, weil das beftändige
Sumfen ermüdet, oder weil man fich nicht immer
von ihnen drohen laffen will.

Diefe Mücken, etwas größer als die bei uns
gewöhnlichen, finden fich zuweilen in folcher Menge, daß man, um eine Mahlzeit zu halten, fich
in einen dunkeln Winkel begeben, oder im Gehen
effen muß. Die Indianer haben, um fich des
Nachts vor diefen zudringlichen Infekten zu fchü-
tzen, eine abgelegene Hütte im Holze, wohin fie
fich gegen Abend ganz in der Stille begeben, aus
Furcht, daß diefe Thierchen fie fonft verfolgen
möchten; denn ihr Inftinkt treibt fie dahin, wo
fie Geräufch hören. In einer folchen Hütte,
welche unfern Eiskellern nicht unähnlich find, befinden fich zuweilen 30 bis 40 Perfonen, und
dann wird es freilich oft unerträglich heiß darin.

Eine Art Pechschwarzer Fliegen, so groß als die unsrigen, Galofas genannt, stechen im schnellsten Fluge. Sie fliegen bei Haufen von Tausenden, besonders in den feuchten und sumpfigen Gegenden.

Hornissen und Wespen sind daselbst nicht weniger zahlreich und beschwerlich. Die gefährlichsten von allen diesen Insekten aber sind die grünen Fliegen oder Gusanos, welche man in großer Menge an den Flüssen Apure, Uru, und vorzüglich in den sehr heißen Landstrichen findet. Diese saugen, so wie alle übrigen Insekten, das Blut aus und legen ein kleines, kaum bemerkbares, Ey in die Haut, aus welchem dann ein rauher, haariger Gusano entsteht, wodurch die Stelle entzündet wird und aufschwillt. Dazu gesellt sich gewöhnlich noch ein starkes Fieber. Die Häute, in welche das Thierchen eingehüllt ist, sind so steif, daß es bei jeder Bewegung einen sehr empfindlichen Schmerz verursacht. Wer die Ursach davon nicht kennt, es nur für eine gewöhnliche Geschwulst hält und als solche behandelt, ist ohne Rettung verloren, indem dies Insekt nach acht Tagen schon 10 bis 12 Junge erzeugt, welche, jedes nach seiner Seite hin, sich ins Fleisch hineinarbeiten, um sich eine eigne Wohnung darin zuzubereiten und wieder eine junge Brut hinein zu setzen. In den Ländern, wo diese Insekten sich in sehr großer Menge befinden, tödten sie auf diese Art Hunde, Ziegen und noch größere Thiere, die oft in- und auswendig ganz voll von ihnen sitzen.

Das Mittel, um den Folgen des von dem Gusano verursachten Geschwulstes vorzubeugen, ist Tobacksjauche, oder in deren Ermangelung, gekaueter Toback. Das dadurch betäubte Insekt fängt dann an, sich heftig zu bewegen, wodurch die Schmerzen vermehrt werden. Man drückt alsdann mit beiden Fingern das Fleisch in einiger Entfernung von der Stelle, wo das Insekt sitzt, um es nicht zu zerdrücken, und wenn man damit allmählig stärker fortfährt, so kommt es endlich heraus. Man hat dann nichts weiter zu thun, als die Wunde zu verbinden.

In allen jenen warmen Ländern, besonders in der Nähe der Flüsse, schwärmen eine ungeheure Menge kleiner, kaum zu bemerkender, Insekten umher, welche die Spanier Coquitos nennen. Sie verursachen lauter Blasen auf dem Leibe, und man wird sie nicht eher gewahr, als bis sie sich voll Blut gesogen haben, und selbst dann sind sie noch so klein, daß man sie kaum mit der Spitze der Finger fassen kann. Wenn man sie los seyn will, so muß man sich mit ge-

kauetem Toback reiben, welcher sie tödtet und abfallen macht.

Die Coyas oder Coybas sind etwas größere Insekten. Sie sehen scharlachroth und wie
Motten aus. Man läßt sie auf den Theilen des
Leibes, auf welche sie sich gesetzt haben, ruhig
herumspazieren und wagt es nicht, sie weder zu
tödten noch zu berühren. Denn die Feuchtigkeit,
welche dies Insekt in seinem kleinen Körper enthält, ist so bösartig, daß wenn man das Thierchen auf der Haut zerdrückt, dieselbe in die Po-
ren eindringt, sich mit dem Blute vermischt und
eine Geschwulst am ganzen Körper verursacht,
worauf sehr bald der Tod erfolgt. Das einzige
Mittel gegen dies Uebel ist, den Kranken, sobald
er zu schwillen anfängt, über die Flamme von einer gewissen Art Stroh, Guaycan, welches
man in der Gegend findet, zu halten. Vier oder
fünf Indianer fassen den Kranken, wenn das
Stroh angezündet ist, bei den Händen und Füßen, und ziehen ihn mit vieler Geschicklichkeit
schnell durch die Flamme. Nach dieser Operation ist
man sicher, daß der Kranke nicht stirbt. Dies Mittel
scheint freilich etwas grausam, allein es ist das einzige, welches man bis jezt noch hat ausfindig machen
können. Glücklicherweise findet sich dies Insekt nicht
allenthalben, sondern nur in einigen Provinzen.

## Siebenter Abschnitt.

Lebensart, Sitten, Gewohnheiten und Gebräuche der Indianer am Oronoko und Amazonenfluß.

Man nennt gewöhnlich die Eingebohrnen von Amerika Indianer, aber mit Unrecht; denn eigentlich sollte man sie doch nach dem Namen des Landes, Amerikaner nennen. Die ältern Bewohner von Amerika nennen sich selbst unter einander Calinas. Auch sind sie weit entfernt, sich gegen uns für Wilde und Barbaren zu halten, wie wir sie gewöhnlich auch zu nennen pflegen; und wenn sie frei von den Lastern, welche die sie besuchenden Europäer ihnen kennen lehrten, erst alle Untugenden, Thorheiten und Lächerlichkeiten dieser sogenannten polizirten Nazionen kennten, so würde ihr guter natürlicher Verstand, und zwar nicht ganz mit Unrecht, uns wahrscheinlich selbst jene Beinamen geben.

Die Völkerschaften, welche die Ufer des Oronoko und die benachbarten Länder bewohnen, sind sowohl im Physischen als Moralischen sehr von einander verschieden. Einige sind groß, andere von mittlerm Wuchs; einige stark und dick, andere mager und dürr. Es giebt Nazionen unter ihnen, wo die Männer überhaupt gut gebildet und gewachsen, und wieder andere, wo sie ungestaltet sind und eine widrige, ungefällige Gesichtsbildung haben. Einige zeigen viel Feuer in den Augen, und in allem, was sie thun; andere besitzen dagegen wieder sehr viel Phlegma, und sind äußerst träge. Trunkenheit ist nicht das einzige Laster, welches man ihnen vorwerfen kann; sie sind auch fast alle große Lügner. Wenn man sie auf Lügen ertappt, so kommen sie aus der Fassung, und entfernen sich verwirrt und beschämt; sehr bald darauf verfallen sie aber gleichwohl wieder in denselben Fehler. Das Stehlen scheinen sie zwar zu verabscheuen, sind aber nichts desto weniger sehr geneigt und geschickt dazu.

Alle diese Völker haben, ohne Ausnahme, dickes langes Haar, welches erst im hohen Alter anfängt weiß zu werden. Sie tragen keinen Bart, und scheinen sehr froh zu seyn, keinen zu haben; denn, sobald ein Härchen am Kinn zum Vorschein kommt, reißen sie es sorgfältig aus. Die Augenbraunen lassen sie aber wachsen. Die Guamos und Othomacos machen eine Ausnahme, und tragen einen sehr langen Bart. Sie bedienen sich der Muschelschalen zum Rasiren,

welche dieselben Dienste thun, als die kleinen Kneip-
zangen, deren man sich in Europa wohl zuweilen
zu diesem Behuf bedient.

Ihre Physiognomie hat im Ganzen nichts
Angenehmes. Die Augen sind schwarz, nicht zu
groß, und haben einen sehr schönen weißen Cristall. Ihre Nasen sind sehr besonders geformt.
Sie haben nemlich auf beiden Seiten zwei runde,
außerordentlich knorpliche Callus. Oben sind sie
sehr platt, unten aber breit und dick, und die
Nasenlöcher groß und weit. Ihre Lippen sind etwas aufgeworfen, doch aber noch ziemlich verhältnißmäßig; die Zähne blendend weiß und bis ins
späteste Alter, ja bis zum Tode, völlig gesund.
So weiß sie aber von Natur auch sind, so ver-
ändern sie doch sehr bald ihre Farbe und bekommen einen röthlichen Anstrich, da man sie täglich
mit Roncou färbt. Aeußerst selten findet man
einen Lahmen, Bucklichen oder Verwachsenen unter ihnen; die wenigen ausgenommen, welche es
etwa durch irgend einen unglücklichen Zufall geworden sind.

Die Weiber dieser Indianer sind fast eben
so groß als die Männer, und sehr schön. Sie
haben große schwarze Augen, sehr regelmäßige
Gesichtszüge und Pechschwarzes Haar, welches
auf ihren Schultern spielt. Es fehlt ihnen nichts
als

als die weiße Farbe der Europäerinnen, um, wenigstens nach unsern Begriffen, eben so schön als
diese zu seyn. Ob sie gleich schwach zu seyn scheinen, so haben sie doch einen festen Körperbau.
Ihre Haut ist, so wie die der Männer, mit Roucou überzogen; allein die besondere Reinlichkeit,
durch welche sie sich vor diesen auszeichnen, erhö-
het ihre Reize.

Uebrigens sind diese Völker eigentlich doch
noch Wilde, ob sie gleich einen guten natürlichen
Verstand besitzen. Die Männer überlassen sich
ganz der Trägheit und dem Müßiggange; alle
häuslichen und Feld-Arbeiten fallen daher den
Weibern zu. Diese bauen, warten und sammeln
die nahrhaften Pflanzen, bereiten die übrigen Lebensmittel und den Chica, das Lieblingsgetränk
der Männer, welche sie auch bedienen müssen.
Diese bekümmern sich um nichts weiter als um
den Fischfang und die Jagd, geben sich aber nicht
die Mühe, Fisch und Wildprett nach Hause zu
tragen, sondern schicken ihre Weiber hin, um dasselbe aufzusuchen, und berauschen sich oder schlafen, während ihre unglücklichen Gefährtinnen mit
Arbeiten überhäuft sind. Es hält sehr schwer,
sie zu einem thätigen Leben zu gewöhnen, selbst
nicht in Rücksicht ihrer unentbehrlichsten Bedürfnisse.

J

Unter den Caraiben, der zahlreichsten und kriegerischesten Nazion, sind die Männer groß und wohlgebaut. Sie bewohnen einen großen Strich Landes, welchen der Cauca bewässert, und der zwischen dem Oronoko und der nach Süden zu laufenden Bergkette eingeschlossen ist. Diese Nazion ist noch die grausamste von allen andern. Doch fängt sie jezt an, etwas civilisirter zu werden, und im guten Vernehmen mit den den Spaniern unterworfenen Völkerschaften zu leben.

Die Völker, welche jenseits der Gebirge wohnen, kennt man noch sehr wenig, da man bis jezt noch nicht bis zu ihnen gekommen ist. Auch hält es schwer, den Ursprung aller dieser Völker zu erforschen, von denen einige sich durch Gestalt, Ansehn, Bildung und eine sanftere Sprache sehr vortheilhaft auszeichnen sollen. Man findet weder Mahlereien, noch Schriftzüge, oder irgend eine andere Art Denkmähler, welche das geringste Licht über ihre Geschichte verbreiten könnten. Wenn man von den Caraiben durch Fragen einige Nachrichten hierüber einziehen will, so antworten sie sehr hochtrabend: Wir sind Männer, die andern aber nur Sclaven. Anders erlaubt ihnen ihr Stolz nicht, sich zu erklären. Zufolge ihrer Tradition soll das höchste Wesen seinen Sohn vom Himmel herunter gesandt haben, um

eine ungeheure Schlange zu tödten. *) Nachdem er diese besiegt hatte, entstanden in den Eingeweiden des Thiers Würmer, wovon jeder einen
Caraiben mit seinem Weibe erzeugte. Da das
Ungeheuer vorher einen blutigen Krieg mit den
benachbarten Nazionen geführt haben soll, so betrachten die Caraiben, welche ihm ihr Daseyn zu
verdanken glauben, alle diese Völker als Feinde. —
Die Saliras geben einen nicht weniger abge-
schmackten Ursprung vor. Sie glauben nemlich,
die Erde habe ehemals auch Männer und Weiber erzeugt, so wie sie jezt Pflanzen und Blumen
hervorbringt, und daß auf gewissen Bäumen, statt
der Früchte, Menschen gewachsen wären. Ihre
Gedanken erstrecken sich nicht über das Land, welches sie bewohnen; auch haben sie keine andere
Begriffe, als welche sie mit den Thieren gemein
haben.

Diese Völker können überhaupt weder rechnen noch schreiben. Dafür haben sie aber ein
vortreffliches Gedächtniß, welches ihnen, vermittelst der Tradition, die Gebräuche ihrer Vorfahren, die Jahrbücher ihrer Geschichte, von den ent-
ferntesten Zeiten an, und die Begebenheiten in

*) Die Aehnlichkeit dieser Tradition mit der christlichen
läßt vermuthen, daß sie den ersten Missionarien ihren
Ursprung verdanke. A. d. U.

J 2

den Kriegen, die sie sowohl unter sich, als mit
den Europäern geführt haben, treulich aufbewahrt.
Wer sich die Mühe geben wollte und Geduld genug besäße, der könnte durch vieles Fragen, und
wenn er ihre Erzählungen sammelte, eine Geschichte dieser Völker zusammensetzen, welche sehr
interessant werden würde.

Um eine einfache oder größere Zahl auszu-
drücken, bedienen sie sich der Finger und Zehen;
wollen sie aber eine Zahl über 20 anzeigen, so
fassen sie eine Handvoll von ihren Haaren, zeigen
diese und sagen dabei in ihrer Sprache: Soviel
Eine Anzahl, welche sie nicht deutlich angeben
können, nennen sie Tapoiné.

Wenn sie aber Zusammenkünfte halten wollen, so bedienen sie sich sehr bestimmter Zeichen.
Sie drücken die Anzahl der Tage, welche bis dahin verfließen sollen, durch Knoten aus, welche
sie in einen dünnen Strick schlagen, so wie es
die Peruaner machen, von welchen sie vielleicht
abstammen. Jeden Tag machen sie einen Knoten
auf, und wenn sie dann an den letzten kommen,
so sehen sie, daß die bestimmte Zeit da ist.

Da die Saliras sich beständig in Wäldern
aufhalten, so haben sie erst durch die Missionarien erfahren, daß es auch Menschen giebt, die
Kleider tragen. Das erstemal, als sie einen sol-

chen bekleideten Menschen erblickten, wurden sie
von Furcht ergriffen, liefen fort und versteckten
sich ins Holz, mit einem fürchterlichen Geheul.
Anfangs staunten die Europäer nicht wenig über
die gänzliche Blöße der Weiber und Töchter des
Landes, welche keinen ihrer Reize verhüllen. Auch
erröthen sie deshalb gar nicht, und werfen die
Tücher, welche man ihnen giebt, um gewisse Theile
ihres Körpers zu bedecken, in den Fluß, um sich
derselben nur nicht bedienen zu dürfen. Wenn
man sie um die Ursache fragt, so antworten sie,
daß eine solche Bekleidung sie nur erst schaamhaft
machen würde, gleichsam als ob sie wüßten, daß
verhüllte Reize weit leichter die Begierden erre-
gen, als ein ganz entblößter Leib. Aus diesem
Gefühl von Schaam trägt auch bei andern Indianischen Nazionen Niemand Kleider, als die
Buhlerinnen, denen es an Schaamhaftigkeit fehlt,
und welche dadurch die Begierden reizen wollen.

Alle Nazionen am Oronoko und in Guiana
überhaupt besalben sich vom Kopf bis zu den
Füßen mit Oel und Roucou. Die Mütter thun
ein Gleiches mit ihren Kindern, selbst die Säug-
linge nicht ausgenommen. Dies geschieht wenigstens zweimal des Tages, Morgens und Abends.
Sie salben auch ihre Männer, und bedienen sich
dazu eines großen Haarpinsels. An Festtagen

bemahlen sie sich mit vielen Figuren von verschiedenen Farben, und jedesmal, wenn der Mann
vom Fischen oder einer andern Verrichtung zurück-
kömmt, so wischt eine seiner Weiber oder Töchter ihm sorgfältig die vom Staube verdorbene
Salbe ab, und reibt ihm wieder frische ein. Diese
Salbung dient ihnen zum Schmuck und schützt
sie zugleich vor den Muskitos. Auch macht die
dicke Salbe sie weniger empfindlich gegen die bren-
nende Sonnenhitze, und verhindert die zu starke
Ausdünstung. Außerdies schmücken die Männer
sich noch mit auserlesenen Federn, und tragen an
den Knieen und Fersen vier große Büschel Baumwolle. Sie verzieren Nasen und Ohren mit verschiedenen lächerlichen Kostbarkeiten, und stecken
Federn in die durchlöcherten Backen. Andere bedienen sich zu diesem Behuf dünner Gold- und
Silber-Bleche, welche sie sich selbst auf ihre Art
bearbeiten. Die Saliras lassen sich auch von
ihren Weibern Morgens und Abends kämmen,
und das Haar in Ordnung bringen. Ist der
Mann dann einmal gekämmt und gesalbt, so kratzt
er sich gewiß den Kopf und Leib nicht mehr, aus
Furcht, seinen Putz zu verderben. Eher würde
er jedes Uebel ertragen, als seinen Kopfputz und
seine Federn in Unordnung bringen lassen.

Die Caberes und die Caraiben schmü-

cken sich an festliche Tagen mit Halsbändern
von den Zähnen der Verstorbenen, z. B. wenn
sie sich verheirathen, wenn sie die Geburtstage
ihrer Caziken und Anführer feiern, oder auch
wenn sie von einer langen Reise zurückkommen.
An diesen Tagen erscheinen sie ganz nackt, wohl-
gesalbt und bemahlt. Erst beschmieren sie sich
wie gewöhnlich, nachher überziehen sie den Leib
mit einer Art Leim oder Harz, und bekleiden sich
sehr künstlich mit einer Art kleiner dünner Matten von verschiedenen Farben, welche in einer gewissen gleichförmigen Entfernung von einander so
angelegt werden, daß ein Fremder, der es nicht
vorher weiß, glauben würde, sie wären in kostbare Stoffe gekleidet. Dieser Schmuck ist nicht
bloß für einen Tag; sie sind genöthigt, ihn so
lange zu tragen, als das Harz seine Klebrigkeit
behält, welche es sobald nicht verliert. Einige
kleben Federn von verschiedenen Farben, symme-
trisch geordnet, auf die Figuren, welche der Leim
auf ihrem Leibe zurückläßt, welches sonderbar genug aussieht. Dieser Verzierung bedienen sich
besonders die Tänzer. Andere, vorzüglich die
Krieger, tragen auf dem Kopfe ein Barett mit
großen Federn, in Form einer Krone oder eines
Diadems. Auch bedecken sie sich den Kopf mit
einer Art Perucken von besondern Federn und

sehr lebhaften Farben. Diese tragen sie auf der
Jagd und beim Fischen, da eine solche Perucke,
außer dem Zierrath, sie auch vor den brennenden
Sonnenstrahlen und dem Regen schützt. Nichts
ist aber lächerlicher, als einen übrigens ganz nackten Indianer mit einer sehr reich ausgeschmückten
Perücke auf dem Kopfe, stolz auf diesen Schmuck,
rudern oder nach dem Holze laufen zu sehen.

Die ersten, welche dies Land beschifften, na-
mentlich die Spanier, sprachen von Guiana und
dem südlichen Amerika überhaupt nicht anders,
als mit Enthusiasmus und den lächerlichsten
Uebertreibungen. So erzählten sie z. B., daß
es in Guiana eine Provinz gäbe, wo die Einwohner, wenn sie sich die Haut mit dem Safte
gewisser Kräuter gerieben hätten, nachher den ganzen Leib mit Goldstaub bestreueten.

Sobald ein Mädchen zur Welt kommt, so
bindet ihm die Mutter das Bein unter dem Knie
und oberhalb der Knöchel am Fuß mit dicken breiten Binden, wodurch die Waden außerordentlich
stark werden, welches bei ihnen für eine ganz besondere Schönheit gehalten wird.

Außer den gewöhnlichen Verzierungen in
Nasen und Ohren, welche auch die Männer haben, tragen die Weiber noch an den Armen, Beinen, um den Hals und als Gürtel, verschiedene

Bänder mit allerlei kleinen Zierrathen, welche sie sehr geschickt zu ordnen wissen. Auch behängen sie sich mit Schnüren von Affenzähnen und den Zähnen anderer Thiere. Die, welche sich Glascorallen zu verschaffen wissen, tragen diese fast an allen Theilen des Leibes, so daß sie oft ganz damit behangen sind; und um diesen seltsamen Schmuck noch zu heben, stecken sie in jedes Ohr, nachdem sie vorher ein großes Loch hineingebohrt haben, einen dicken Caymannszahn.

Unter den Nazionen, welche den Spaniern in Guiana am nächsten wohnen, oder mit den getauften Indianern in Verbindung stehen, bedecken die Männer sich größtentheils mit einem Stück Leinwand. Die Weiber tragen eine kurze Schürze, welche mit kleinen Glasstücken, in Form eines Fächers, besetzt ist. Einige bedecken die Schaamtheile auch mit den Fasern der Mürichi-Palme, welche dieselben Dienste thun, als gehechelter Hanf.

Die Indianer nehmen oft zwei, drei und vier Weiber, je nachdem sie, vermittelst der Jagd und Fischerei, ein reichliches Auskommen haben. Als ein Zeichen des Uebermuths und des Stolzes betrachten sie es aber, noch mehrere, und wie dies zuweilen der Fall ist, 10 bis 12 zu besitzen. Es ist indessen zu bemerken, daß sie erst immer

nach Verlauf eines Jahrs noch ein Weib nehmen dürfen. Da es aber fast unter allen diesen
Völkern Sitte ist, daß der Bräutigam seine Braut
kauft, indem er seinem künftigen Schwiegervater
ein Geschenk von Früchten, Wildprett, Fischen u.
s. w. machen muß, oft aber nicht im Stande ist,
so viel anzuschaffen, als die Väter für ihre Töchter fordern: so begnügen sich viele mit einem
Weibe. Hat einer aber mehrere Weiber, so leben diese nie in gutem Vernehmen mit einander.
Jede hat deshalb ihre eigene Hütte, wo sie mit
ihren Kindern für sich lebt. Nach Verhältniß
der Anzahl derselben vertheilt der Mann Fisch
und Wildprett unter sie. Wenn ihr Magen sie
erinnert, daß es Zeit zum Essen ist, so wird eine
Art von Matte auf der Erde ausgebreitet, welche
die Stelle des Tisches vertritt. Der Mann nimmt
dann allein Platz, und jedes seiner Weiber bedient ihn mit einem Gericht Fleisch oder Fisch,
mit etwas Gebackenem von Caßara, oder auch
nur mit einem Brodte von Mais. Darauf entfernen sie sich wieder, ohne ein Wort mit ihm zu
sprechen, und ohne sich darum zu bekümmern, ob
er etwas ißt oder nicht. Nachher bringt ihm
jede noch ein Maaß Chika, welches sie vor ihm
hinsetzen. Wenn er nun seine Mahlzeit gethan
hat, so schließen sie sich wieder in ihre Hütten

ein, und jede ißt alsdann mit ihren Kindern für
sich. Auch arbeitet jede allein auf dem ihr ange-
wiesenen Felde. Der Mann theilt nemlich das
urbar gemachte Land genau unter sie, und jede
besäet und bestellt den ihr zugefallenen Theil, ohne
sich im mindesten um den ihrer Nachbarin zu bekümmern. Demohngeachtet wird der Hausfriede
doch oft gestört.

Die Guayquiries und Palenques sper-
ren ihre Töchter 40 Tage vorher, ehe sie dieselben verheirathen, ein, und unterwerfen sie einem
strengen Fasten. Ihre tägliche Portion besteht
in drei Datteln des Murichibaums, drei Unzen
Caßara und einem Krug Wasser. Daher sehen
sie dann auch am Hochzeittage Skeletten ähnlicher
als Bräuten. Zur Rechtfertigung einer so seltsamen Behandlung führen sie den sonderbaren Grund
an, daß die Mädchen in dieser kritischen Periode
alles verdürben, was ihnen zu nahe käme; so daß,
wenn z. B. ein Mann nur einen Fuß dahin setze,
wo sie hergegangen wären, seine Beine so auf-
schwöllen, daß er zuweilen daran sterben müsse.
Um dies nun zu verhüten, und ihre Töchter zugleich ganz rein den Händen ihrer künftigen Gat-
ten zu überliefern, seyen sie genöthigt, dieselben so
strenge zu behandeln.

Die ganze Nacht vor der Hochzeit wird dazu

angewandt, die durch das Fasten den Mumien
ähnlich gewordenen Leiber der Bräute zu bemahlen und mit Federn zu schmücken. Diese Toilette
erfordert so viel Zeit, daß man zuweilen am andern Morgen noch nicht fertig damit ist. Inzwischen kommen mit Sonnenaufgang ein Haufen
Tänzer, ebenfalls mit Federn geschmückt, mit
Trommeln und Flöten aus dem Walde, und tanzen einigemale um das Haus der Braut herum.
Eine alte Frau tritt heraus und reicht ihnen eine
Schüssel mit Fleisch, welches sie annehmen, ins
Holz zurückeilen und es auf die Erde werfen, indem sie ausrufen: „Da nimm das, gieriger Teufel, und laß uns heute in Ruhe.“ Sie kommen
hernach mit Blumenkränzen wieder zurück, indem
sie in der rechten Hand ebenfalls einen Blumen-
strauß, in der linken aber Schellen haben, womit
sie die Flöten begleiten. Sie begeben sich dann
wieder vor die Thür der Braut, wo sie einen andern Haufen Tänzer finden, welche mit bunten
Federn geschmückt sind. Tänze und Musik beginnen dann von neuem. Endlich erscheint die
Braut, nach einem vierzigtägigen Fasten und einer schlaflosen Nacht aber in einem Mitleid er-
regenden Zustande. Der ganze Zug geht sodann
in Prozession ums Dorf. Dicht bei der Braut
gehen zwei alte häßliche Weiber, welche bald

weinen, bald lachen, und wechselsweise Verse, sowohl auf die Beschwerden als auf die Annehm-
lichkeiten des Ehestandes, in ihrer Sprache absin-
gen. Ach, meine Tochter! fängt die, welche weint,
an, wenn Du die Schmerzen des Gebährens
kenntest, Du würdest gewiß nicht heirathen! —
O, erwiedert die andere, wie wirst Du Dich
freuen, verheirathet zu seyn, wenn Du erst das
Vergnügen, Mutter zu werden, empfinden wirst!
— Wie viel Schmerz und Verdruß verursacht
dem unglücklichen Weibe die schlechte Begegnung
des Mannes! fährt jene fort. — Wie leicht ver-
gißt man in den Armen eines jungen zärtlichen
Mannes allen Kummer und Beschwerde! entgeg-
net die andere. — Ach, meine Tochter, fängt die
Klagende wieder an, wie werden Deine Tage unter dem Druck der Last, welche man Dir auf-
bürden wird, so langsam dahin schleichen! — Wie
kurz, erwiedert die Lachende, werden die Nächte
Dir dünken, an der Seite eines jungen Mannes!
— Indem nun so die einen lachen, die andern
weinen, die Musicanten einen abscheulichen Lerm
machen, die Kinder aus Leibeskräften schreien,
und die jungen Eheleute nicht wissen, wie sie sich
bei diesem tumultuarischen Feste nehmen sollen,
setzt man sich an einen mit Fischen, Schildkröten,
Wildprett und Früchten wohlbesetzten Tisch, und

ißt, trinkt, tanzt, fingt und lärmt bis an den andern Morgen.

Die Othomacos haben eine sehr sonderbare Gewohnheit. Die Jünglinge müssen bei ihnen die ältesten Wittwen, und die jungen Mädchen alte abgelebte Greise heirathen. Auf diese
Art, sagen sie, erfüllt jedes die eheliche Pflichten.
Die jungen Leute werden schon von Natur selbst
dazu angetrieben, und die Greise durch die Reize
der jungen Mädchen gelockt. Sie finden die
Freuden der Liebe so süß, daß sie dieselben bis
zum Grabe zu genießen wünschen. Ein anderer
Grund, welchen sie für diesen Gebrauch anführen,
ist der, daß, wenn man, wie sie sagen, einen Jüngling mit einem jungen Mädchen verheirathet, man
zwei Thoren mit einander verbindet, welche sich
selbst noch nicht zu beherrschen wissen; statt daß
eine alte Frau ihren jungen Gemahl haushälte-
risch zu Werke gehen lehrt, und ihm gute, auf
eine lange Erfahrung gegründete Lehren giebt.
Diese Gewohnheit mißfällt zwar den jungen Leuten sehr; sie finden aber Mittel, sich zu rächen
und die Alten zu ärgern. Diese machen sich
durch ihre Eifersucht verhaßt, und die jungen
Weiber werden deshalb nur desto geneigter, sie
zu betrügen.

In Rücksicht des Ehebruchs haben die In-

dianer gewiſſe Geſetze; einige laſſen die Schuldigen von der Hand des Volks mitten auf dem
öffentlichen Platze des Dorfs ſterben; bei andern
Völkerſchaften begnügt ſich der beleidigte Mann,
zur Wiedervergeltung, bloß eben ſo oft bei dem
Weibe des Ehebrechers zu ſchlafen, als dieſer bei
dem ſeinigen, womit denn beide Theile zufrieden
geſtellt ſind. Noch andere wechſeln auf beſtimmte
Zeit mit ihren Weibern, und wenn dieſe verfloſ-
ſen iſt, kehrt jede zu ihrem Mann zurück, und
wird dann von demſelben nicht weniger geliebt,
als vorher. Zuweilen brechen ſie auch noch vor
Ablauf der beſtimmten Zeit, mit gegenſeitiger Einwilligung, den gemachten Vertrag.

Verſchiedene dieſer Indianer betrachten es
als eine Schande für den Mann, wenn ihre Weiber zwei Kinder auf einmal zur Welt bringen.
Dieſe Grille geht ſo weit, daß die andern Weiber, ohne zu bedenken, daß ihnen daſſelbe begegnen kann, eine ſolche Zwillingsgebährerin ausſpot-
ten. Wir ſehen, ſagen ſie zu ihr, daß Du wie
die Mäuſe gebierſt, die auch immer mehr Junge
auf einmal werfen. Das Abſcheulichſte dabei iſt,
daß eine Mutter, welche von einem Kinde ent-
bunden iſt und noch ein zweites erwartet, ſobald
als möglich das erſte verſcharret, um ſich nicht
dem Spotte ihrer Nachbarinnen und den Vor-

würfen ihres Mannes, der nicht glauben kann,
daß er Vater beider Kinder sey, Preis zu geben.
Denn nur eins erkennt er für das Seine, und
betrachtet das andere als eine Frucht der Untreue
seines Weibes. Er läßt sie dann, sobald sie wieder aufstehen kann, vor die Thür seiner Hütte
kommen, nimmt, nachdem er ihr öffentlich ihre
schlechte Aufführung vorgeworfen hat, ein Bündel
Ruthen, peitscht sie bis aufs Blut, und ermahnt
alle Ehemänner, in einem ähnlichen Falle ein
Gleiches zu thun.

Das Bette einiger dieser Völker besteht aus
weiter nichts, als einem Haufen Sand, welchen
sie vom Ufer der Flüsse holen, und worin sich
Männer, Weiber und Kinder bis an die Mitte
des Leibes, wie die Schweine, hineinwühlen.

Sie beweinen von Tagesanbruch bis Son-
nenuntergang ihre Verwandten, welche der Tod
ihnen geraubt hat, und begleiten mit lautem Seuf-
zen und Wehklagen den Gesang der Vögel.

Ohngeachtet ihrer Unbeständigkeit und Gering-
schätzung der Weiber, halten sich die Indianer
doch mehr an die, welche sie zu Vätern machen,
als an die, welche unfruchtbar sind. Kinder sind
ihr Reichthum, weil diese für sie arbeiten müssen,
und weil eine Anzahl derselben sie stärker und
furchtbarer macht. Sie geben ihren Kindern aber
nicht

nicht den geringsten Unterricht, und diese sind
auch zu keinem Gehorsam verpflichtet. So lange
sie klein sind, werden sie von ihren Vätern sehr
zärtlich geliebt; wenn sie aber älter werden, so
scheint es, als ob sie sich einander nie gekannt
hätten; ja man hat Beispiele, daß Söhne sich
an den Urhebern ihres Lebens vergriffen haben.
Einst, als verschiedene Caraiben mit Errichtung
des Bauholzes zu einer Kirche beschäftigt waren,
sagte ein junger Mensch zu seinem Vater: die
Stelle, wo Du arbeitest, kommt mir zu, es ist
der mir angewiesene Platz. Du irrst, erwiederte
der Vater, diese Arbeit ist mir aufgetragen. Der
Sohn wurde zornig, und gab dem Alten, in Ge-
genwart aller andern Arbeiter, eine Maulschelle.
Er bekam dafür, auf Befehl des Missionairs, einige Prügel, und damit war die Sache abge-
than. Ein anderer dabei befindlicher Europäer,
über diesen Vorfall aufgebracht, tadelte den alten Caraiben wegen der Gleichgültigkeit, welche
er dabei bezeigte. Glaubst Du, antwortete er
ihm, daß unsere Kinder wie die Eurigen sind?
Wenn ich meinen Sohn für das, was er that,
züchtigen wollte, so würde er mich tödten, wenn
er älter wird. So leidet die Verblendung dieses
Volks, daß das erste Naturgesetz, welches uns
tief ins Herz eingeprägt ist, Liebe und Achtung

K

gegen die Eltern, so gröblich bei ihnen beleidigt
wird.

Bei denselben Indianern stellt man die jungen Leute, sobald die Jahrszeit der meisten Arbeiten herankommt, in Reihen, und die Alten lassen, mit Ruthen bewaffnet, auf ihre nackten Schultern so viel Hiebe regnen, daß die Haut davon
abgeht. Ein Fremder, welcher Zeuge von dieser
grausamen Behandlung war, fragte, was die Unglücklichen verbrochen hätten. Nichts, antwortete
ein Alter; da aber jetzt die Zeit da ist, wo das
Land begossen und gereinigt werden muß, um
Mais darauf zu säen, so wollen wir mit den Ruthen den jungen Leuten die Faulheit austreiben,
weil sie sich sonst um nichts bekümmern würden.

Die Liebe, welche diese Völker für ihre Kinder haben, wenn sie noch jung sind, verleitet sie
oft, zu glauben, daß es die größte Wohlthat sey,
welche eine Mutter ihrer Tochter erzeigen könne,
wenn sie sie gleich nach der Geburt tödte. Ein
Missionair warf einer Indianerin diese Unmensch-
lichkeit vor. Diese hörte ihn an, ohne die Augen aufzuschlagen, und als er geendigt hatte, gab
sie ihm folgende Antwort: „Mein Vater, wenn
Du es erlaubst, so will ich Dir offenherzig meine
Meinung hierüber sagen. Wollte Gott, meine
Mutter hätte bei meiner Geburt so viel Liebe

und Mitleiden für mich gehabt, um mir die Müh=
seligkeiten zu ersparen, welche ich bis jetzt erdul=
det habe, und die ich noch bis ans Ende meines
Lebens zu erdulden haben werde. Wenn sie mich
gleich nach der Geburt eingescharrt hätte, so wür=
de ich den Tod damals nicht sehr empfunden ha=
ben; sie hätte mich dann von dem mir doch ein=
mal unvermeidlich bevorstehenden Tode sowohl,
als von den vielen Mühseligkeiten und Leiden,
die für mich eben so schrecklich als der Tod selbst
sind, zugleich befreiet. Ach, wer weiß, wie vieler
Kummer meiner noch wartet, ehe ich sterbe. —
Stelle Dir einmal recht lebhaft alle die Beschwer=
lichkeiten vor, welchen eine Frau bei uns unter=
worfen ist. Unsere Männer gehen auf die Jagd,
mit ihren Bogen und Pfeilen, und dies ist auch
ihre ganze Arbeit; wir hingegen müssen mit ei=
nem Korbe, worin ein Kind liegt, und mit einem an=
dern Kinde an der Brust, dahin gehen. Unsere
Männer schießen einen Vogel, oder fangen einen
Fisch; wir müssen das Land umgraben, und zu=
gleich alle häuslichen Arbeiten verrichten. Jene
kommen des Abends ohne die geringste Last zu=
rück; wir aber müssen, außer den Kindern, auch
noch Wurzeln und Mais mitbringen. Wenn die
Männer zu Hause kommen, so verplaudern sie
die übrige Zeit mit ihren Freunden, und wir

müssen dann noch Holz und Waffer holen, und
ihnen ein Abendeffen bereiten. Wenn sie gegessen haben, so legen sie sich schlafen, statt daß wir
fast noch die ganze Nacht damit zubringen müssen, ihnen ein Getränk zu bereiten. Und was ist
am Ende unser Lohn dafür? Daß sie sich betrinken, uns im Rausch zerprügeln, uns bei den
Haaren herumziehen und mit Füßen stoßen. O
mein Vater, wollte Gott, meine Mutter hätte
mich im Augenblick der Geburt getödtet! Du
weißt selbst, daß wir uns mit Recht beklagen,
da Du Dich alle Tage von der Wahrheit meiner
Aussage selbst überzeugst; aber unsere größte
Schmach kennst Du noch nicht. Ist es nicht
doppelt traurig, daß eine arme Indianerin ihrem
Manne auf dem Felde im Schweiß ihres Ange-
sichts, und im Hause, des nöthigen Schlafs beraubt, als eine Sclavin dienen muß, da derselbe
doch, nach Verlauf von 20 Jahren, seine erste
Frau verstößt und eine andere jüngere nimmt,
welche unsere Kinder schlägt und uns selbst miß-
handelt? Und wagen wir es, uns hierüber zu
beklagen, so bringt man uns mit der Peitsche
zum Stillschweigen. Kann also wohl eine Mutter ihrer Tochter eine größere Wohlthat erweisen,
als sie von allen diesen Uebeln durch den Tod zu

befreien, und sie einer Sclaverei zu entreißen, welche ärger als der Tod selbst ist?" —

Wenn die Kinder krank sind, so durchstechen sich die Mütter die Zunge mit Fischgräten. Mit dem Blute, welches aus diesen Wunden kommt, benetzen sie alle Morgen den Leib der Kinder, bis sie entweder sterben oder wieder gesund werden. Tritt aber der Fall ein, daß eine ganze Völkerschaft mit einer epidemischen Krankheit befallen wird, so muß das Oberhaupt derselben jedem Einwohner dieselbe Hülfe leisten. Er reibt ihnen den Magen mit seinem Blute, nachdem er sich den ganzen Leib mit solchen Lanzetten von Fischgräten durchstochen hat. Eins dieser Häupter, welches sehr blaß, mager und hinfällig war, wurde von einem Reisenden gefragt: ob er krank sey? Ich würde mich ganz wohl befinden, antwortete er, wenn meine Kranken mich nur nicht so mitnähmen. Diese Pflicht, deren Erfüllung oft den Tod nach sich zieht, vermag gleichwohl den falschen Ehrgeiz, an der Spitze einer Völkerschaft zu stehen, nicht zu schwächen, so viel dies ihnen auch oft kosten mag.

Um zu dieser Ehrenstelle zu gelangen, muß man besonders auffallende Beweise von Muth und Klugheit gegeben haben. Der, welcher nach der Stelle eines Anführers strebt, giebt seine Ab-

sichten dadurch zu erkennen, wenn er mit einem
großen runden Schilde in seine Hütte kommt,
die Augen vor sich niederschlägt und ein tiefes
Stillschweigen beobachtet. Selbst seiner Frau
und seinen Kindern entdeckt er seinen Plan nicht.
Er zieht sich in einen Winkel der Hütte zurück,
und läßt sich da einen kleinen Verschlag machen,
in welchem er sich kaum bewegen kann. Ueber
demselben wird seine Hängematte aufgehangen,
damit er gar keine Gelegenheit habe, mit jemand
zu reden. Er geht aus diesem Winkel nicht anders heraus, als um seine natürlichen Bedürfnisse
zu befriedigen, und um sich den harten Proben
zu unterziehen, welche die andern Oberhäupter
ihm nach einander auferlegen. Zuerst läßt man
ihm sechs Wochen lang ein sehr strenges Fasten
beobachten. Seine ganze Nahrung besteht dann
in ein wenig gekochter Hirse und Caßara, wovon
er aber nur das Mittelste essen darf. Die benachbarten Hauptleute besuchen ihn des Morgens
und Abends. Sie stellen ihm sehr nachdrücklich
vor, daß er, um sich dem ehrenvollen Grade,
nach welchem er strebt, würdig zu machen, keine
Gefahr fürchten dürfe; daß er nicht allein die
Ehre der Nazion aufrecht erhalten, sondern auch
Rache an denen nehmen müsse, welche im Kriege
ihre Freunde und Verwandten gefangen genom-

men, und dieselben eines grausamen Todes haben
sterben lassen; daß Arbeiten und Beschwerden
künftighin allein sein Loos seyn werden, und daß
er auf keinem andern Wege sich Ehre werde erwerben können. Nach dieser Anrede, welche er
bescheiden anhört, giebt man ihm tausend Streiche,
um ihn fühlen zu lassen, was er zu erdulden haben werde, wenn er den Feinden seiner Nazion
in die Hände falle. Während dieser liebreichen
Behandlung muß er ganz gerade stehen, und die
Arme kreuzweis über den Kopf halten. Jeder
von den Anführern giebt ihm drei derbe Hiebe
mit einer aus den Wurzeln des Palmbaums geflochtenen Peitsche. Dergleichen zu drehen sind
dann alle jungen Leute beschäftigt; und da der
Candidat nur drei Hiebe mit einer jeden bekommt,
so sind sehr viel solcher Peitschen nöthig, indem
gewöhnlich eine große Menge Anführer gegenwär-
tig sind. Diese Geißelung wird in einem Zeit-
raum von sechs Wochen zweimal des Tages wiederholt. Man peitscht den Unglücklichen an drei
Stellen des Körpers, auf der Brust, auf dem
Bauch und an den Schenkeln. Das Blut strömt
herunter; er darf aber, selbst bei dem heftigsten
Schmerz, auch nicht einmal zucken, noch das geringste Zeichen von Ungeduld blicken lassen. Nachher wird er wieder in sein Gefängniß gebracht,

und darf sich nun in sein Bette legen, über welches man als Siegeszeichen alle die Peitschen aufhängt, die ihn zerfleischt haben. Wenn er diese sechs Wochen überstanden hat, so stellt man ihn auf eine andere Probe, um seine Standhaftigkeit zu prüfen. Alle Oberhäupter der Nazion versammeln sich, festlich geschmückt, und verbergen sich in der Gegend der Hütte ins Gesträuch, aus welchem sie erst ein fürchterliches Geschrei erheben; dann kommen sie alle mit gespanntem Bogen und Pfeil hervor, dringen mit Ungestüm in die Hütte, ergreifen den vom Fasten und Peitschen schon sehr Geschwächten und tragen ihn in seiner Hängematte fort, welche sie an zwei Bäumen befestigen, und ihm dann darin aufstehen lassen. Man spricht ihm, wie das erstemal, durch eine vorbereitete Rede Muth ein; und, um ihn abermals auf die Probe zu stellen, giebt ihm jeder einen Peitschenhieb, welcher mehr als alle vorhergehenden durchdringt. Darauf legt er sich wieder nieder. Alsdann häuft man eine Menge stark und übelriechender Kräuter um ihn herum an, welche man anzündet, doch so, daß die Flamme ihn nicht berühren kann, sondern daß er bloß die Hize davon ausstehen muß. Von dem Rauch, der ihn von allen Seiten durchdringt, hat er besonders viel zu erdulden, so daß er in seiner

Hängematte oft halb närrisch wird. Hält ers
darin aus, so fällt er in eine so tiefe Ohnmacht,
daß man ihn für todt halten könnte. Man giebt
ihm einige geistige Getränke, um ihn wieder zu
sich selbst zu bringen; dies geschieht aber nicht
eher, als bis man das Feuer verdoppelt. Indeß
er nun so leidet, vertreiben sich die Andern die
Zeit mit Trinken um ihn herum. Endlich, wenn
er beinahe schon bis auf den äußersten Grad ge-
schwächt ist, legen sie ihm noch ein Halsband und
einen Gürtel von Blättern, voller großer schwarzer Ameisen an, deren Stich äußerst heftig ist,
und ihn bald durch neue Schmerzen weckt. Er
richtet sich auf, und wenn er Kräfte genug hat,
sich aufrecht zu erhalten, so gießt man ihm, durch
eine Art von Sieb, eine geistige Flüssigkeit über
den Kopf, worauf er sich im nächsten Fluß oder
Quell abwäscht, und, wenn er seine Hütte wieder
erreicht, dann endlich etwas Ruhe genießt. Man
läßt ihn aber noch ferner fasten, doch nicht mehr
so streng. Er bekommt Geflügel zu essen, welches von den Oberhäuptern selbst geschossen seyn
muß. Die üble Behandlung hört auf, und nach
und nach erhält er auch mehrere Nahrungsmittel,
bis er ganz wieder zu Kräften gekommen ist.
Dann wird er zum Anführer erklärt. Man giebt
ihm einen neuen Bogen, und alles, was seiner

neuen Würde gebührt. Inzwischen werden in
dieser harten Schule doch nur Unteranführer gebildet. Um zur ersten Stufe zu gelangen, muß
man sich auch noch selbst ein Canot allein verfer-
tigt haben, welches eine lange und mühsame Arbeit ist.

Wenn es in allen Ländern den Ehrgeizigen
so viel Quaal und Mühe kostete, um zu den ersten Stellen zu gelangen, so würden sich gewiß
Wenigere darum bewerben! —

Dies strenge Noviziat, welches mit dem
Grade eines Capitains oder Chefs verknüpft ist,
beweist, daß die Indianer sich auf die, welche sie
über sich erheben, ganz wollen verlassen können,
und wie sehr sie sich hüten, Intriganten zu be-
günstigen. Auch sieht man hieraus, daß sie nicht
ganz so wild sind, als man sie sonst wohl geschildert hat. Sie fürchten nichts so sehr, als Ab-
hängigkeit. Die Knechtschaft, welchen Namen
man ihr auch geben mag, ist ihnen verhaßt, und
es giebt nichts, was sie nicht unternehmen sollten,
um sich davon zu befreien. Sie haben Anführer,
um gute Ordnung in ihren Flecken zu erhalten;
sie folgen aber dem guten Rath derselben mehr
als ihren Befehlen. Diese letztern hüten sich
auch wohl, die Gewalt zu mißbrauchen, welche
ihnen anvertraut ist. Sie betrachten sich als die

Väter, nicht aber als die Herrn des Volks, welches ihrer Sorge anvertraut ist.

Das Oberhaupt jedes Fleckens weiset denen,
welche denselben bewohnen, ihre Beschäftigungen
an. Des Morgens schickt er einige auf den Fischfang, andere auf die Jagd, und noch andere aufs
Feld; denn alles unter ihnen ist gemeinschaftlich.
Die Weiber, welche nicht etwa säen oder jäten,
sind mit verschiedenen häuslichen Arbeiten beschäftigt; des Mittags aber schlagen die letztern gewöhnlich Ball. Sie halten das Ballholz mit beiden Händen, und schlagen den Ball mit solcher
Kraft und Schnelle, daß kein Indianer, ohne
Gefahr zu laufen, sich die Schulter auszusetzen,
den Schlag auszupariren vermag. Dies geschieht
zuweilen, und belustigt die Spielenden sehr. Es
sind immer Haufen von 12 bis 20 gegen einander. Die Männer sind bloße Zuschauer und pa-
riren für ihre Weiber, bedienen sich aber, wenn
sie selbst Ball spielen, keines Ballholzes. Bloß
mit der rechten Schulter dürfen sie den Ball zu-
rückschicken; und wenn derselbe einen andern Theil
des Körpers berührt, so verlieren sie einen Point
oder Strich. Man kann nicht umhin, die Geschicklichkeit zu bewundern, mit welcher sie den
Ball 10 bis 12mal hinter einander zurück schlagen, ohne ihn auf die Erde fallen zu lassen; noch

mehr aber muß man darüber erstaunen, daß sie,
wenn der Ball auf die Erde fällt, sich platt auf
den Bauch niederwerfen und ihn mit einer außerordentlicher Gewandtheit auf der Schulter wieder
in die Höhe bringen. Erhitzt von dieser Leibes-
übung sowohl als von der brennenden Sonne,
machen sie sich dann Einschnitte in die Schenkel,
Beine und Arme, und wenn sie glauben, Blut
genug vergossen zu haben, so werfen sie sich in
den Fluß, oder wälzen sich auf dem Sande herum, wobei beständig Männer und Weiber, mit
ungemeinem Vergnügen, an einer Handvoll Erde
lecken, welche mit dem Fett der Schildkröten oder
Caymanns getränkt ist, wonach sie sehr begierig
sind. Sogar geben die Mütter, wenn sie ihre
Kinder zum Schweigen bringen wollen, ihnen etwas von dieser Erde; woran sie, wie an Zucker-
brodt, saugen.

Wenn die Fischer und Jäger Nachmittags
zurückgekommen sind, so bringen die Weiber und
Kinder Fische und Wildprett ihrem Oberhaupte,
der alles zu gleichen Theilen unter alle Familien
vertheilt, welche es dann zum Abendessen verzehren, sich wieder baden, und bis Schlafengehn
tanzen. Die Männer fassen sich einander an und
machen einen Kreis; die Weiber thun dasselbe,

und die Kinder schließen einen dritten Kreis um beide herum.

Die Indianer am Oronoko betrachten die Mondfinsternisse als ein großes Unglück. Einige glauben, daß der Mond dann mit dem Tode kämpfe; andere, daß er gegen sie aufgebracht sey, und daß er sich verstecke, um ihnen nicht mehr zu leuchten; alle aber überlassen sich tausenderlei Thorheiten. Diese gehen aus ihren Hütten und erheben ein fürchterliches Geschrei; jene laufen trostlos und mit Feuerbränden in der Hand umher, welche sie in der Erde oder im Sande zu verstecken suchen, indem sie in dem Wahne stehen, daß, wenn der Mond stürbe, kein Feuer weiter übrig bleiben würde, als das, welches man seinem Blick entzogen habe. Einige versammeln sich nach der Trommel oder dem Geräusch anderer kriegerischer Instrumente, stellen sich in Reihe und Glied, erheben ihre Waffen gegen den vermeintlich kranken Mond, und erbieten sich, ihn gegen seine Feinde zu vertheidigen, während daß ihre Kinder sich ebenfalls in zwei Reihen stellen, und von den Greisen mit ledernen Riemen gepeitscht werden. Andere nehmen ihre Arbeitswerkzeuge, in der Absicht, ein Stück Land umzugraben und mit Mais für den Mond zu besäen, um ihn zu verpflichten, sie nicht zu verlassen.

Wenn sie aber sehen, daß alle ihre Bemühungen
vergebens sind, und daß er nach und nach sein
Licht verliert, so kehren sie wieder in ihre Hütten
zurück und fangen mit ihren Weibern an zu zan-
ken, daß sie so gefühllos bei seiner Krankheit
sind. Diese stellen sich, als ob sie sie nicht ver-
ständen und antworten ihnen nicht. Wenn sie
sehen, daß sie auf diese Art nichts ausrichten, so
nehmen sie einen sanftern Ton an, und bitten ihre
Weiber inständigst, daß sie doch weinen und den
Mond anflehen möchten, daß er seine Kräfte wieder sammle und nicht sterbe. Sie richten aber
mit Bitten eben so wenig bei ihnen aus als mit
Drohungen. Um diese Hartnäckigkeit zu besiegen,
überhäufen sie ihre Weiber endlich mit Liebko-
sungen und Geschenken. Sobald diese alsdann
alles von ihnen erhalten haben, was sie wünschen,
so bieten sie dem Monde erst Armbänder von
Glascorallen, Halsbänder von Affenzähnen und
dergleichen an, und gehen nachher heraus, um
ihn zu begrüßen, schicken dann auch mit klagen-
der Stimme eine große Menge Gebete zu ihm
hinauf. Da sie gewöhnlich erst anfangen, wenn
die Mondfinsterniß bald zu Ende ist, und der
Mond wieder in seinem völligen Glanze erscheint;
so sehen die Männer ihre Weiber alsdann als
die Vermittlerinnen an, und danken ihnen sehr

dafür, daß sie den Mond durch ihre Bitten bewogen haben, sich ihnen zu erhalten.

Die Indianer theilen das Jahr nach dem
Mondswechsel, oder auch nach den verschiedenen
Bewegungen des Siebengestirns ein. — Sie haben keine andere Religion, als die natürliche, und
verehren auf gewisse Art auch den Teufel, als einen bösen Geist, der beständig geneigt sey, ihnen
alles mögliche Unheil zu thun. Daher suchen sie
durch ihre Dienstbezeugungen seine Bösartigkeit
für sie unschädlich zu machen. Doch haben die
Einwohner von Guiana und der angränzenden
Länder, so weit man bis jezt gekommen ist, kein
Bild von diesem bösen Geiste, und machen auch
selbst ein Geheimniß aus der erzwungenen Art
der Verehrung, welche sie ihm erweisen. Von
der Gottheit haben sie einen sehr richtigen Begriff. Sie glauben, daß dies höchste Wesen,
welches ihnen alles giebt, was sie nöthig haben,
ihrer Verehrung nicht bedürfe, da es zu gut sey,
um es ihnen jemals an irgend etwas fehlen zu
lassen, und viel zu sehr über sie erhaben, als daß
es ihre Bitten und Gebete fordern sollte. —
Die, welche von diesen Völkern an die Unsterb-
lichkeit der Seele glauben, bilden sich ein, daß
diese beständig die Gräber der entseelten Leichname
umschwebe.

Die zum Christenthum bekehrten Indianer
sind aber schlechte Christen. Ein Missionair taufte
einen derselben, welcher schon mit dem Tode rang,
und rief ihm zu: Sey getrost, mein Sohn, bald
wirst Du im Himmel von allen Leiden ausruhen.
Die Verwandten, welche diese Worte hörten, fingen an, am Fuß des Krankenbettes eine Grube
zu machen, und wollten ihn, auf sein Verlangen,
darin begraben. Der Jesuit kam darauf zu, und
fragte: was sie da machten? Du hast, antwor-
teten sie, gesagt, daß Ignaz in den Himmel käme; wir eilen daher, ihn zu begraben, damit er
desto geschwinder dahin komme. — Gemach, erwiederte der Geistliche, wenn er todt ist, so wollen wir ihn bei den übrigen Christen unterm
Kreuze begraben. — Das geht nicht, erwiederten
jene, denn wenn wir ihn dahin legten, so würde
der arme Ignaz ja naß werden, da dieser Platz
noch fast ganz unbedeckt ist.

Ein anderer alter Indianer, welcher schon
lange bettlägerig gewesen war, bat seine Söhne,
ihn aufs Feld zu bringen, um frische Luft zu
schöpfen. Sobald er hier war, sagte er zu ihnen: Kinder, ich mache euch zu viel Last auf der
Welt; ich habe als ein guter Christ gelebt, und
will mich in den Himmel zur Ruhe begeben;
grabt mir mein Grab. Seine Söhne gehorchten,
mach-

machten eine Grube und legten den Kranken
hinein, welcher ihnen befahl, ihn, das Gesicht
ausgenommen, ganz mit Erde zu bedecken. Sie
hatten schon eine große Menge Erde auf ihn geworfen, als er zu ihnen sagte: Haltet mal ein,
die Erde ist sehr schwer, laßt mich erst einen
Augenblick Luft schöpfen. Er legte sich aber bald
wieder ruhig nieder, und sagte darauf zu seinen
Söhnen: Seyd auch so gute Christen, wie Euer
Vater, und bedeckt ihn jetzt vollends mit Erde.
Sein Verlangen wurde erfüllt, und unglücklicher-
weise kam der Missionair zu spät dazu, um diesen frommen Vatermord zu verhindern.

Die Missionairs haben es so weit gebracht,
daß sie alle die verschiedenen Sprachen dieser
Völker verstehen, wovon jedes seine eigne hat,
welches die Ueberreste mehrerer großer Nazionen
anzukündigen scheint, zugleich aber auch an den
Thurm zu Babel erinnert. Oft verstehen sich die
nächsten Völkerschaften nicht; glücklicherweise aber
giebt es drei Hauptsprachen, welche weit und breit
im Lande gesprochen werden, und wenigstens den
Häuptern der verschiedenen Stämme bekannt sind.
Die erste ist die der Galibis, welche von
Cayenne bis zum Oronoko geredet wird. Die
zweite ist die der Ouayes, welche man auch
von Cayenne bis Ouyapok und Majakare

versteht. Die dritte ist die der Omaguias,
welche man an beiden Ufern des Amazonenflusses
spricht.

Die Sprache der Nouraguas ist außerordentlich schwer. Sie hat eine Menge Wörter,
welche man mit sehr rauhen Aspirationen aussprechen muß, und andere, welche man nicht anders als mit geschlossenen Zähnen artikuliren
kann, und noch andere, welche man durch die
Nase aussprechen muß. Die Indianer gurgeln
alle Wörter heraus, und sprechen so außerordentlich schnell, daß sie ein Wort von acht bis zehn
Silben geschwinder herausstoßen, als wir eins
von drei oder vier Buchstaben.

Ihre Aerzte sind bloße Charlatans; ihre
Vorbereitung und Aufnahme sind aber außerordentlich schmerzhaft, und geben zu erkennen, daß
diese sogenannten Wilden nicht sehr freigebig mit
der Doctorwürde sind, und diese nur mit den
größten Schmerzen erkaufen lassen, gleichsam als
ob sie diejenigen, denen die Sorge obliegt, Krankheiten zu heilen, empfindlicher für diese Uebel
machen wollten.

Die Leiden, welche die künftigen Aerzte erdulden müssen, gleichen zum wenigsten denen,
welche diejenigen ertragen müssen, die auf den
Titel und die Macht eines Anführers oder Ober-

hauptes Anspruch machen. Der, welcher nach der Würde eines Arztes strebt, muß 25 Jahr alt seyn, und erst 4 Jahre bei einem alten Arzte zubringen und dessen Unterricht genießen, welcher in der Kenntniß der Pflanzen überhaupt, besonders der medicinischen, und in der Kunst besteht, gewisse unterirrdische Kräfte hervorzurufen, welches als die Hauptsache bei der Kunst des Arztes betrachtet wird. Dies erlangt man aber nicht, ohne sich sehr harten Prüfungen zu unterwerfen, deren kleinste Unannehmlichkeit ein strenges Fasten während aller vier auf einander folgenden Jahre, und die gänzliche Beraubung aller starken Getränke ist. Ließe man sich nur im geringsten das Gegentheil hievon zu Schulden kommen, so würde alles bereits geschehene vergebens seyn, und man ohne Barmherzigkeit von vorn wieder anfangen müssen, selbst wenn die Vorbereitungszeit beinahe zu Ende wäre.

Das Fasten besteht darin, daß man während der beiden ersten Jahre nichts als Hirse und Caßara essen darf; im dritten fristet der Candidat sein Leben nur mit Krabben und einer Art Brod; im vierten aber ernährt er sich bloß von Vögeln und kleinen Fischen, und auch davon bekommt er nicht mehr, als eben hinreicht, um ihn nicht Hungers sterben zu lassen. Scheint es

nicht, daß man ihn dadurch lehren wolle, wie
nachtheilig oft eine zu strenge Diät dem Kranken
seyn könne? Auch erfährt er die Unbequemlichkeit der ausleerenden Arzneimittel. Einmal in jedem Monate nöthigt man ihn, einen Aufguß von
Tobacksblättern, ein sehr bitteres Getränk, zu verschlucken, wonach er abführen und sehr heftig
brechen muß. Kurz vor dem letzten veränderten
Stand des Siebengestirns, oder zu Ende des
vierten Prüfungsjahres, versammeln sich die alten
Aerzte. Der Candidat begiebt sich ganz nackend,
und ohne sich mit Roucou eingerieben zu haben,
in ihre Mitte; der, welcher ihn unterrichtet hat,
oder einer der ehrwürdigsten unter 'ihnen, zieht
ihm mit einem spitzen Fischgräten- oder einem
andern scharfen schneidenden Instrumente, eine
tiefe Linie über den ganzen Leib, vom Halse bis
zu den Füßen, und zwar auf die Art, daß die
ganze äußere Haut rautenförmig durchschnitten
wird, so daß das Blut herunter strömt. Wenn
diese Operation geendigt, und der Unglückliche mit
Wunden ganz bedeckt ist, so führt man ihn an
das Ufer eines Flusses, um ihn abzuwaschen.
Einer von ihnen gießt ihm aus der Hälfte einer
ausgehölten Kürbisflasche Wasser über den Kopf,
während ihn ein anderer mit einer Hand voll
Colomboblätter stark reibt. Dies heftige Rei-

ben öffnet aufs Neue alle Wunden, und macht,
daß Blut in Menge herausfließt. Hierauf be-
streicht man ihn mit einem gewissen Oel, um zu
verhindern, daß die Wunden nicht in Geschwüre
übergehen, färbt ihn mit Roucou, und alle die
Aerzte, welche diese ganze befremdende Procedur
mit beigewohnt haben, geben ihm jeder nun noch
60 derbe Peitschenhiebe. Alles dies soll ihm die
chirurgischen Operationen fühlbar machen. Alsdann läßt man ihm einige Tage Ruhe, damit
seine Wunden sich schließen und heilen können.
Die Narben davon aber behält er, welche ihm
das Ansehn geben, als ob er ein Kleid von dün-
nem rautenförmigen Zeuge trüge. Sobald das
Siebengestirn in seinen letzten Stand tritt, welches anzeigt, daß die bestimmte Zeit verflossen ist,
so führt man ihn in ein dickes Holz und sucht
ein Nest von gewissen Fliegen auf, welche unsern
Wespen sehr ähnlich, aber dicker, giftiger und so
bösartig sind, daß die Franzosen sie nur die un-
barmherzigen Fliegen (mouches sans raison) nennen. Man verbindet dem Leidenscandidaten dann
die Augen mit seinem Latz oder Schurzfell, um
ihm das Gesicht zu erhalten, welches er unfehlbar verlieren würde, wenn eine dieser Fliegen ihm
ins Auge stäche. Man ermahnt ihn, standhaft
zu seyn, und diese letzte Probe, welche seinen Lei-

den ein Ziel setzt, männlich zu ertragen. Dann
wirft man einen Stock auf das Nest, worauf die
gereizten Fliegen sogleich herauskommen, sich mit
Ungestüm auf den Unglücklichen setzen, der dicht
vor ihnen steht, und ihm, indem sie ihren Sta-
chel in sein Fleisch senken, unerhörte Schmerzen
verursachen. Die alten Aerzte laufen alsdann
herbei, begrüßen und umarmen ihn als ihren Collegen, und gehen mit ihm zum Schmause, der
ihnen von demselben bereitet ist. Erst nach diesen langen Entbehrungen und schmerzhaften Proben erhält er das Recht, Kranke besuchen zu
dürfen.

Nun hält er sich aber auch für alle seine
erduldeten Qualen und Unkosten schadlos, und
plündert die Kranken oft rein aus. Er erklärt
sie in desto größere Todesgefahr, je reicher sie
sind; d. h. wenn er weiß, daß sie Halsbänder,
grüne Steine, Beile, Messer, Nägel, Hängematten, eine Flinte und Baumwollene Zeuge besitzen.
Er examinirt den Kranken, befühlt alle Theile
seines Körpers, drückt sie, bläßt darauf, macht
endlich eine besondere Stelle neben der Hängematte für ihn zurecht, und bedeckt ihn mit Blättern. Er führt immer alle seine Geräthschaften
in einer Art Jagdtasche bei sich; auch hat er gewöhnlich eine dicke Kürbisflasche in der Hand,

welche gewisse getrocknete harte Körner enthält,
die unserm Pfeffer sehr ähnlich sind. Dies ist
zugleich der Talisman, dessen er sich bedient, um
den Teufel zu bannen, den man immer für die
Ursache der Krankheiten hält. Er schüttelt den
Flaschenkürbis, und macht alles nur mögliche Geräusch; er singt, schreiet, ruft diesen und jenen
Geist um Hülfe an, und macht zwei oder drei
Stunden lang einen so betäubenden Lerm, daß
ein gesunder Mensch davon krank werden sollte.
Endlich verstellt er seine Stimme dadurch, daß
er einige Kerne in den Mund nimmt, oder in
eine kleine Kürbisschale hineinspricht. Man hört
ihn sodann mit einem fürchterlichen Ton folgende
Worte aussprechen: Der Teufel ist schrecklich aufgebracht gegen den Kranken, und wird ihn, wenn
er ihn lange genug gequält hat, sterben lassen.
Die Anwesenden, welche dieser Ausspruch eben so
sehr als den Kranken selbst erschreckt, erheben ein
fürchterliches Geheul und beschwören den Arzt,
den bösen Geist zu besänftigen, sollte es auch ihr
ganzes Vermögen kosten. Jener läßt sich bald
erbitten und beschwört den Dämon, sich doch er-
weichen zu lassen. Mit donnernder Stimme for-
dert derselbe dann dieses oder jenes, welches man
ihm auch auf der Stelle herbeischafft. Dann
giebt er erst vor, den eigentlichen Sitz des Uebels

und die Mittel dagegen ausfindig machen zu müssen. Neue Anrufungen, neue Fragen, und — neue Geschenke. Wenn der arme Betrogene auf diese Art nun fast ganz rein ausgeplündert ist, so fängt der verschmitzte Charlatan an, auf der Stelle des Körpers, über welche der Kranke am meisten klagt, zu saugen, und indem er kleine Knochen oder Kerne, die er zu dem Ende vorher in den Mund genommen hat, ausspeiet, ruft er aus: Seht da die Ursach des Uebels; verbrennts geschwind und seyd versichert, daß der Kranke bald wieder hergestellt seyn wird.

Zuweilen trifft diese Vorherverkündigung ein, denn man kann oft Wunderkuren verrichten, wenn man nur stark auf die Einbildungskraft zu würken versteht. Oft aber erfolgt auch das Gegentheil, und wenn nun der Kranke stirbt, und man dem unverschämten Betrüger deshalb Vorwürfe macht, so weiß er sich sehr gut zu entschuldigen. So sagt er dann z. B.: Ihr habt dem Teufel Eure Geschenke nicht gern gegeben, und seinen Zorn aufs Neue gereizt. Einer dieser Aerzte, welcher mehr verliebt als eigennützig war, ließ seine Patienten an gänzlicher Entkräftung sterben, und machte nachher ihren Wittwen einen Heiraths-Antrag. Auf diese Art bekam er drei Weiber.

Unter diesen Völkern befolgen einige die Vorschriften ihrer Aerzte, so lächerlich sie auch seyn mögen, buchstäblich. Beim ersten Besuch verordnen sie gewöhnlich dem Kranken und der ganzen Verwandtschaft ein strenges Fasten. Die Aerzte der Othomakos benetzen die Kranken beständig mit sehr kaltem Wasser, ein Mittel, welches sie bald in eine andere Welt befördert. Die Aerzte der Guaybas und Chiricoas tauchen die Kranken in weichen Thon oder auch bis an den Hals ins Wasser, um ihnen das Fieber zu vertreiben; und ob man diese gleich beim Herausziehen gewöhnlich todt findet, so bleiben sie doch bei diesem so seltsamen als gefährlichen Gebrauch.

Die meisten Indianer würden sich leicht selbst kuriren können, wenn sie weniger von Vorurtheilen eingenommen wären. Ihre meisten Krankheiten verdanken sie der bösen Gewohnheit, sich beständig in starken Getränken, welche sie sich selbst zu bereiten wissen, zu berauschen. Sehr viele unter ihnen werden gleichwohl 100 Jahr alt. Ihre Kenntniß verschiedener medicinischer Kräuter setzt sie in Stand, zuweilen bewundernswürdige Curen zu verrichten. Sie haben Wurzeln, welche die vergiftetesten Wunden heilen und auch die Kraft haben, die darin zerbrochenen

Pfeile wieder herauszuziehen. Ein gelehrter Reisender, Anton Biet, versichert, daß er sich selbst
mit seinen Augen davon überzeugt habe. Er
pflanzte einige dieser Wurzeln im Jahr 1652
auf der Insel Barbados. Es ist sehr zu be-
dauern, daß die Franzosen zu Cayenne diese treffliche Wurzel nicht wieder aufgesucht haben.

Tanz und Musik sind die vorzüglichsten Be-
lustigungen der Indianer. Sie tanzen, wie wir
bereits gehört haben, in mehrern Kreisen um einander herum, und springen und drehen sich oft
10 bis 12 Stunden lang hinter einander fort.
Zuweilen marschiren sie ordentlich dabei, dann werfen sie die Füße wieder von einer Seite zur andern, hinken auch wohl herum. Ihre Musik besteht aus Flöten, welche drei Fuß lang sind und
nur ein Loch haben. Das Mundstück derselben
ist so wie an unsern Hautbois. Jede Flöte hat
nur einen Ton; sie haben daher immer wenigstens 8 Flöten beisammen, welche für die acht
Töne ihrer Musik hinreichend sind, oft aber auch
noch mehr, und zuweilen über 50. Da indessen
der Ton einiger dieser Flöten dem Brüllen des
Stiers sehr ähnlich ist, so gewähren sie eben nicht
die angenehmste Musik.

Die Einwohner verschiedener Dorfschaften
haben die Gewohnheit, sich wechselsweise zu öffent-

lichen Tänzen aufzufordern, welche dann gewöhnlich mit einem Schmause beschlossen werden, wobei tapfer gezecht wird. Sie schicken die Flöten
mit vielem Gepränge an die, welche sie spielen
sollen. Wenn diese mit den Tänzern an dem bestimmten Ort angekommen sind, so verstecken sie
sich auf 200 Schritt vom großen Carbet oder
dem Hauptgebäude des Dorfs, ins Holz. Sobald die Einwohner dann das Vorspiel der Flöten hören, verstecken sie sich gleichfalls, denn sie
haben den Aberglauben, daß der erste, welcher
die Tänzer und Flötenspieler erblickt, wenn sie aus
dem Holze kommen, gewiß noch in demselben
Jahre sterben werde. Sie kommen daher von
beiden Seiten zugleich alle auf einmal hervor, und
begeben sich dann gemeinschaftlich nach der großen
Hütte, wo sie einen Haufen formiren und anfangen zu tanzen. Wenn einige müde werden und
sich nicht mehr auf den Beinen halten können, so
setzt man sich, ißt und trinkt, bis alle Schüsseln
und Krüge leer sind, die, wenn sie auch alle wieder gefüllt würden, noch einmal würden geleert
werden, da sie das, was sie zu viel zu sich genommen haben, leicht wieder von sich geben können,
worauf sie denn gleich von neuem anfangen zu
zechen. Bekommen sie einen Rausch, so fallen

sie gewöhnlich einer über den andern in einen tie-
fen Schlaf.

Diese Feste dauern mehrere Tage lang. Gewöhnlich werden sie beim Tode eines Anführers,
bei Einführung eines andern, bei einem Friedensschluß, oder auch nur, um das gute Vernehmen
mit den benachbarten Völkerschaften zu erhalten,
gefeiert. Vor dem Abzuge der Gäste wird der
Ort und die Zeit der nächsten Versammlung be-
stimmt; man scheidet als gute Freunde von einander, und schickt denen Flöten zu, die man zu
Spielern und Tänzern am nächsten Fest erkoh-
ren hat.

Die Vielweiberei veranlaßt zuweilen unter
den Indianern blutige Kriege. Der Streit fängt
gewöhnlich unter den Weibern an, die gezwungen, zusammen zu leben, sich als Nebenbuhlerin-
nen herzlich einander verwünschen. Es dauert
nicht lange, so mischen sich auch die Männer mit
hinein, und das, was anfangs nur ein häuslicher
Zwist war, bringt oft mehrere Nazionen unter
Waffen, die sie dann nicht eher, als nach der
gänzlichen Vernichtung einer von den beiden Par-
theien, wieder aus den Händen legen. Obgleich
sie übrigens von Natur sanft und friedfertig sind,
so vergessen sie doch empfangene Beleidigungen

nicht leicht, und rächen sich gewiß, wenn sie Gelegenheit dazu finden.

Um sie unter Waffen zu bringen, bedarf es
nur eines Trommelschlags, oder der Ausforderung
eines Einzelnen, der im Vorbeizehen, durch das
Einstecken eines Pfeils an einem öffentlichen Platze,
den Krieg ohne weiteres erklärt, welches völlig
hinreichend ist, um einer ganzen Nazion die Waffen in die Hände zu geben. Dies nennen sie,
dem Pfeile folgen, und gilt bei ihnen für eine
förmliche Kriegserklärung.

Unter andern Umständen ladet der Cazike,
wenn er glaubt gerechte Ursachen zu haben, Krieg
anzufangen, alle Anführer seiner Nazion zu einem
großen Schmause ein. Wenn diese nun einen
kleinen Rausch haben, so legt er ihnen alle Beschwerden vor, welche er gegen die Nazion hat,
die er bekriegen will. Ohne weitere Berathschla-
gung fängt nun der Wirth sammt seinen Gästen
sogleich an, sich mit Genipa zu bestreichen, welches sie schwarz färbt. Auch schmücken sie sich
noch mit den rothen Federn des Vogels Flamans, wovon sie sich eine Art Krone und Gürtel machen. In diesem krieger:schen Aufzuge begeben sie sich dann nach dem großen Carbet, wo
sie ihre Kriegstänze beginnen, und den Ruhm ihrer Vorfahren, nebst dem, welchen sie sich selbst

bereits erworben haben oder noch zu erwerben hoffen, besingen. Ihre gereizte Leidenschaft vergrößert dann die Beleidigungen ihrer Feinde, indem sie sich gegenseitig aufmuntern, diese nachdrücklich zu rächen. Doch sind dies bloß leere Worte, wie man bald sehen wird. Ihre Angriffswaffen sind Pfeile, welche zuweilen mehrere Spitzen haben. Zum Schutz ist ihr nackter Leib bloß mit einem kleinen leichten Schilde bedeckt.

Nur bei Nacht, in der tiefsten Stille, ziehen sie gegen ihre Feinde aus, und wagen es oft kaum, Athem zu holen, aus Furcht, entdeckt zu werden. Begegnen sie zufälligerweise ihren Feinden, so kommts darauf an, wer zuerst und am schnellsten entflieht. Ueberhaupt haben diese Völker nie eine regelmäßige Schlacht geliefert; auch kennen sie weder Zweikampf, noch irgend eine Art Gefecht. Ihre ganze Bravour besteht darin, den Feind zu überfallen. Wenn sie vor einem feindlichen Angriff sicher sind und an ein Dorf kommen, welches sie zerstören wollen, so umringen sie dasselbe ganz in der Stille, und lassen auf die von trocknem Rohr zusammengesetzten Dächer einen Hagel Pfeile regnen, welche an der Spitze mit einer brennbaren Materie entzündet sind. In einem Augenblick bricht sodann das Feuer von allen Seiten aus, und nöthigt die, welche in den Hütten sind, sich eiligst, sehr oft mit Zurücklassung ihrer Waffen, herauszubegeben. Die Angreifer schlagen oder stechen dann die, welche Widerstand thun, todt, und binden die übrigen mit starken Binsen oder schlanken Ruthen.

Ehe die Europäer in diese Gegenden kamen, gaben die Einwohner im Kriege nie Quartier; jetzt sind sie aber weniger grausam. Sie verkaufen jenen ihre Gefangenen, welches gewöhnlich nur Weiber, Kinder und Greise sind. Doch haben sie ihre alte rohe Gewohnheit, die todten Körper ihrer Feinde zu braten und gleich auf der Brandstätte zu verzehren, wenn sie etwa nicht selbst überfallen zu werden fürchten, noch beibehalten.

Haben ihre Feinde nur einen unbedeutenden Verlust erlitten, so müssen sie allerdings auch eines solchen Ueberfalls gewärtig seyn. Sind aber im Kampfe und durch die Verheerung zu viele Menschen umgekommen, als daß es den Uebriggebliebenen möglich wäre, sich zu rächen, so schicken diese einige alte Greise mit Friedensvorschlägen an die Sieger ab, welche sie freundlich empfangen und anhören. Der Friede wird alsdann gegenseitig beschworen, dauert aber gewöhnlich nur so lange, bis man sich wieder im Stande fühlt, ihn zu brechen. Auf solche Art reiben sich diese

Völker einander selbst auf. In gewissen Distrik-
ten lassen sich die Cazifen, zur Bestätigung eines Freundschaftsbündnisses, in die rechte Hand
spucken.

Das Gift, worin sie ihre Pfeile tauchen, und
welches sie selbst bereiten, ist so fein, stark und
wirksam, daß unsere geschicktesten Chemisten darüber erstaunen würden. Die Caverren, die
roheste und wildeste aller am Oronoko wohnenden
Nazionen, bereiten ein schreckliches Gift, wovon
sie das Geheimniß allein besitzen. Sie verkaufen
auch ihren Nachbaren davon, welches ihnen viel
einträgt. Dies Gift ist gewöhnlich in kleinen irdenen Töpfen, und gleicht, der Farbe nach, dem
Sirop. Es hat keine besondere Schärfe, denn
man kann es ohne alle Gefahr in den Mund
nehmen, und sogar hinunter schlucken, wenn man
nur am Gaumen oder am Zahnfleisch keine
Wunde hat, indem es bloß aufs Blut würkt und
die ganze Masse sogleich gerinnen macht, wenn
nur ein Tropfen dasselbe berührt. Das Blut des
mit einem in dies Gift getauchten Pfeiles Verwundeten erstarrt augenblicklich, sollte die Wunde
auch nur so groß als ein Nadelstich seyn, und
der Unglückliche stirbt, ehe er nur noch ein Paar
Worte hervorzubringen im Stande ist. Eben so
schnell würkt es bei Affen und Büffeln, auch bei
Tie-

Tiegern, Löwen und andern wilden Thieren, welche
auf der Stelle sterben, sobald sie mit einem solchen vergifteten Pfeile verwundet, auch nur ein
Paar Tropfen Bluts vergießen. Dies wissen die
Indianer auch schon. Man hat indessen entdeckt,
daß dies Gift denen nicht schadet, welche Salz
in den Mund nehmen; allein gewöhnlich hat es
schon seine Würkung gethan, ehe man noch dies
Mittel anwenden kann.

Dies schreckliche Gift wird aus einer Wurzel gezogen, welche, wie die Trüffeln, weder Blätter noch Sprößlinge treibt. Sie hält sich immer
versteckt, gleich als ob sie fürchtete, ihre Bösartigkeit öffentlich zu zeigen. Sie wächst nicht,
wie die meisten Pflanzen, in der Erde, sondern im
Schlamm und an Sümpfen. Die Indianer sammeln, waschen, zerschneiden und kochen sie in großen eisernen Kesseln. Da dies ganze Geschäft
aber außerordentlich gefährlich, ja tödtlich ist, so
übertragen sie dasselbe gewöhnlich den alten Frauen,
welche, wie sie sagen, doch zu weiter nichts nütze
mehr auf der Welt sind. Selten überleben dieselben diese gefährliche Arbeit; noch seltener aber
weigern sie sich, derselben zu unterziehen, ob sie
gleich wohl wissen, daß sie ihr Leben dabei aufs
Spiel setzen. Es wird immer nur eine bei dem
Kessel gestellt, und wenn diese durch die starken

M

Dämpfe erstickt ist, ihre Stelle wieder durch eine
andere ersetzt, welcher gewöhnlich ein gleiches
Schicksal wartet, ohne daß irgend eine sich dies
sollte befremden lassen, oder daß Verwandte und
Nachbaren etwas dagegen einwendeten. Sie halten dies vielmehr einmal für die Bestimmung der
Weiber von diesem Alter, und diese glauben sich
selbst sehr dadurch geehrt, daß sie sterbend ihrer
Nazion noch einen Dienst leisten können.

Wenn das aufgekochte Wasser sich etwas
abgekühlt hat, so drücken sie allen Saft aus der
Wurzel heraus, und lassen es damit noch einmal
so lange wieder kochen, bis es die Consistenz und
Farbe des Sirops bekommt. War das erste
Geschäft schon im Stande, ihnen das Herz ab-
zustoßen, so tödtet das zweite sie vollends, noch
ehe sie das Ende davon absehen. Nicht weniger
als 3 oder 4 jener unglücklichen Geschöpfe müssen sich aufopfern, ehe das Gift den vollkommen-
sten Grad seiner Wurksamkeit erlangt. Wenn
die flüssige Masse etwa um ein Drittheil eingekocht ist, so fühlt auch schon die letzte dabei an-
gestellte Alte ihr herannahendes Ende, und giebt
solches durch einen Schrei zu erkennen. Alsdann
versammeln sich sogleich die Oberhäupter, um eine
Probe mit dem Gifte zu machen. Sie tauchen
die Spitze einer Ruthe hinein; ein Kind muß

sich eine kleine Wunde am Arme oder Beine machen, und sobald das Blut hervorkommt, nähert man demselben die Spitze der Ruthe, doch ohne es damit zu berühren. Tritt dann das Blut, welches im Begriff war herauszuschließen, wieder zurück, so hält man das Gift für stark genug; fließt aber das Blut, wie es natürlicherweise sollte, heraus, so muß das Gift noch gekocht werden. Man befiehlt sodann noch einer andern unglücklichen Alten, ihr Leben daran zu wagen, und mit Kochen fortzufahren. — Hätten geschickte Chemiker nach vielen angestellten Versuchen dies schreckliche schnell tödtende Gift ausgemittelt, so würde man sich weniger darüber wundern; kaum aber begreift man, wie eine noch so dumme und rohe Nazion dasselbe ausfindig gemacht habe.

Dies furchtbare Vertilgungsmittel war indessen diesen Flußbewohnern noch nicht einmal genug. Sogar in den Eingeweiden der Thiere haben sie noch nach andern, von der Natur sorgfältig verborgenen, Giften gespürt. Sie fangen, mit Baumwolle, schwarze sehr dicke Ameisen vorsichtig genug, setzen sie an den Rand eines mit Wasser angefüllten Gefäßes, schneiden sie in der Mitte von einander und lassen den untern Theil des Insekts hineinfallen. Wenn viele solcher

Hälften eine Zeitlang bei einem gelinden Feuer gekocht haben, so wirft man sie heraus, und wenn dann das Wasser kalt geworden, so sammelt sich auf demselben eine dicke fette Materie, welche das Gift ist.

Es giebt in diesen Gegenden eine, wegen der Verschiedenheit ihrer Farben und der Schnelligkeit ihrer Bewegungen gleich merkwürdige, Schlange, welche sich, wenn sie alt wird, besonders durch einen Büschel Haare auf dem Kopfe auszeichnet. Wer mag den Völkern am Oronoko nun aber wohl gesagt haben, daß diese Haare einen so scharfen ätzenden Reiz verursachen, dessen fürchterliche Würkung kein Gegenmittel zu hemmen im Stande ist? Kaum hat man nemlich ein solches Haar, ganz oder zerschnitten, im Getränk oder mit den Nahrungsmitteln verschluckt, so stürzt das Blut auch schon aus dem Halse, und dieser heftige Blutsturz endigt sich nur mit dem Leben.

Einige dieser Völker vernachlässigen ihre Kranken sehr, und behandeln sie mit der äußersten Härte. Es ist ihnen sehr gleichgültig, ob sie einige Nahrung zu sich nehmen können, oder ob sie außer Stande sind, etwas hinunterzuschlucken. Sie begnügen sich, wenn die Zeit zum Essen da ist, neben der Hängematte, in welcher der

Kranke liegt, eine Porzion von ihren Gerichten
hinzusetzen, ohne weiter ein Wort mit ihm zu reden, und ohne sich darum zu bekümmern, ob er
ißt oder nicht. Und doch hört man nie den Kranken sich beklagen, oder seinen Schmerz, sey dieser
auch noch so groß, auf irgend eine Art zu erkennen geben. Auch stirbt er mit einer bewunderns-
würdigen Gemüthsruhe, indem er ein künftiges
Leben weder fürchtet noch hofft.

Die Anabali und einige andere Nazionen
haben einen solchen Abscheu vor dem Tode, daß
alle Bewohner aus dem Orte, wo jemand von
ihnen gestorben ist, nach Beerdigung desselben,
oft sogar mit Zurücklassung ihrer ganzen Ernte,
fortziehen und sich, 12 bis 15 Meilen weit von
jenem Orte entfernt, neue Wohnungen bauen.
Frägt man sie um die Ursach, weswegen sie ihre
alten Häuser verlassen, und sich der Gefahr aussetzen, an den nothwendigsten Bedürnissen Mangel zu leiden; so antworten sie, daß sie, sobald
der Tod sich einmal bei ihnen eingefunden habe,
alle nicht sicher vor ihm zu seyn glaubten. Andere Völkerschaften verlassen ihr Dorf nicht; kaum
ist der Kranke aber gestorben, so räumen sie die
Hütte desselben aus, verbrennen sie nebst den
Matten und Waffen des Verstorbenen, und wähnen,
mit diesen den Tod zugleich selbst mit zu vernichten.

Ungeachtet der Gleichgültigkeit, welche sie gegen ihre Kranken beweisen, so lassen sie doch viele Zeichen des Schmerzes blicken, wenn einer stirbt. Sey es nun ein Oberhaupt, ein Anführer oder irgend ein anderer, Weib oder Kind, die ganze Sterbehütte ist in tiefe Trauer gehüllt, und jeder geht aus Furcht aus derselben heraus. Sie entfernen sich in die Wälder und erheben ein Geschrei, oder vielmehr ein abscheuliches Geheul. Es gehört Zeit dazu, um ihren Schmerz zu stillen, welcher nicht bloße Verstellung ist. Nach einigen Tagen kehren sie nach der Hütte zurück. Man reibt den Leichnam dann sorgfältig mit Roucou ein, hängt ihm Halsbänder von grünen Steinen um, wenn er dergleichen im Leben gehabt hat, gräbt eine tiefe runde Grube, wickelt ihn in seine Hängematte und stellt ihn ganz aufrecht hinein. Zur Seite legt man ihm seine Waffen und einiges Hausgeräthe; denn sie glauben, daß man dessen in jener Welt noch bedürfe. Sodann füllt man die Grube vollends mit Erde aus und errichtet über derselben einen kleinen Grabhügel, weniger, um die Stelle daran einst wieder zu erkennen, als um die wilden Thiere abzuhalten, daß sie den todten Körper nicht wieder ausgraben und auffressen. Während sie mit dieser letzten Pflicht beschäftigt sind, erheben sie von neuem ihr Geschrey, und die ganze Ceremonie endigt sich mit einem Trinkgelage, wobei der Verstorbene denn bald vergessen wird.

Die Ehrenbezeugungen, welche diese Völker ihren Oberhäuptern und Verwandten nach dem Tode erweisen, sind bei allen nicht dieselben. Die Guaraunos binden den todten Körper mit Stricken von Binsen, und nachdem sie das eine Ende derselben an einen Baum befestigt haben, werfen sie ihn in den Fluß, so daß der Strom ihn nicht mit fortreißen kann. Kaum ist er im Wasser, so kommen sogleich gewisse sehr gefräßige Fische herbei und fressen ihm alles Fleisch ab, so daß am andern Morgen nur noch das bloße Gerippe übrig ist. Dies ziehen die Indianer dann wieder aus dem Wasser heraus und legen dasselbe in einen, mit allerlei farbigen Glasstücken ausgeschmückten, Korb, doch so, daß der Kopf oben unter dem Deckel zu liegen kommt. Diesen Korb hängen sie nachher an die Decke ihrer Hütten.

Die Aruacas begraben ihre Todten mit vielen Umständen. Besonders sehen sie darauf, daß die Waffen derselben mit ins Grab kommen, und daß nicht unmittelbar auf die Leiche Erde geworfen werde. Zu dem Ende flechten sie etwa einen Fuß hoch über dem todten Körper eine

starke Hürde, welche sie mit Ahornblättern bedecken und auf diese dann Erde werfen.

Die Achaguas beobachten dasselbe beim
Tode ihrer Anführer und Caziken, nur muß die
Unterlage der Gruben auch von fester Thonerde
seyn. Da diese, wenn sie trocken wird, von einander spaltet, so stopfen sie vorher sorgfältig die
entstehenden Ritzen aus, um zu verhindern, daß
die Ameisen den Todten nicht beunruhigen.

Sobald bei den Caraiben das Oberhaupt
eines Stammes gestorben ist, legt man den Leichnam in eine baumwollene Hängematte, und hängt
diese an beiden Enden auf. Die Weiber des
Entseelten legen und stellen sich dann abwechselnd
um ihn herum. Da es in der dortigen Gegend
sehr heiß ist, so geht der todte Körper in weniger
als 24 Stunden in Fäulniß über, wodurch dann
eine zahllose Menge Fliegen und dergleichen Geschmeiß herbeigelockt wird. Die unglücklichen
Weiber sind aber verpflichtet, 40 Tage lang diese
Thierchen von dem verwesenden Körper zu verscheuchen, und dürfen nicht zugeben, daß eins sich
auf demselben setze.

Wenn endlich die zum Leichenbegängniß bestimmte Zeit herankommt, so legen die Kinder
und Verwandte des Verweseten ihm noch seinen
Bozen, sein Schwerdt und Schild mit ins Grab.

und nöthigen, zum besondern Vorzuge, die älteste
von seinen Weibern, die ihm den ersten Sohn
gebahr, sich lebendig mit ihm verbrennen zu lassen. Wenn dies geschehen, nimmt jener von der
ganzen hinterlassenen Erbschaft seines Vaters Be-
siz und heirathet zugleich alle übrigen Weiber
desselben. Nach Verlauf eines Jahrs sammeln
sie die Knochen der Verbrannten und schließen sie
in einen kleinen Kasten ein, den sie an der am
meisten in die Augen fallenden Stelle ihrer Wohnungen, zur Erinnerung an den Verstorbenen,
aufhängen.

Verschiedene Nazionen begleiten den Leichen-
zug noch mit einer besondern Trauermusik, welche
aus größern und kleinen Fagots, nebst Flöten
von Schilfrohr, besteht. Alle Männer, welche zu
einem solchen Leichenbegängniß eingeladen werden,
versehen sich mit diesen Instrumenten, und wenn
der ganze Zug beim Begräbnißplatze angekommen
ist, setzen die Jünglinge sich auf die eine und die
Mädchen auf die andere Seite. Die Männer
nehmen ihren Plaz hinter jenen und die Weiber
hinter diesen. Die Wittwe oder der Wittwer
fängt dann in einem kläglichen Tone und mit
Thränen an, auszurufen: O wir Unglücklichen! er
(sie) ist dahin! — Alle Anwesende wiederholen im
Chor dieselben Worte und in demselben Tone,

welches, nebst dem Schall der Instrumente und
dem Geschrei der Weiber und Kinder, die trau-
rigste Musik ausmacht, welche man sich nur denken kann. Billig sollte man also Völker, welche
eine so gewissenhafte Ehrfurcht gegen ihre Todten
beweisen, nicht Wilde und Barbaren nennen.
Diese beleidigenden Beinamen verdienten weit
eher die sogenannten polizirten Nazionen, welche
ihre nächsten Verwandte und Freunde, wenn sie
kaum todt sind, auf eine schimpfliche Art durch
erkaufte Miethlinge, ohne alle Umstände begraben,
und zwar oft in einem sehr engen Bezirk fast
auf einander verscharren lassen, nicht viel besser,
als würfen sie sie auf den Schindanger.

Es giebt auch verschiedene Indianische Nazionen, welche um ihre Verwandte Trauer anlegen. Die Jiraras, Ayricas und einige andere, reiben den Leib mit einer schwarzen Flüssigkeit ein, welche durch den Aufguß auf eine gewisse Frucht, welche sie Jagua nennen, entsteht,
und von so eindringender und haltsamer Farbe
ist, daß man sie in langer Zeit nicht wieder aus-
zulöschen vermag. Weiber, Kinder und Geschwi-
ster des Verstorbenen färben sich damit vom Kopf
bis zu den Füßen, so daß sie so schwarz als
Mohren werden. Was nicht gerade Blutsver-
wandte sind, bemahlen sich nur die Füße, Beine,

Arme und einen Theil des Gesichts; die weitläuf-
tigern aber lassen es bei dem Einreiben der
Hände und Füße mit dieser Farbe, und einzelnen
schwarzen Flecken im Gesicht, bewenden. Ihre
tiefe Trauer dauert ein Jahr, während welcher
Zeit sie sich nicht wieder verheirathen dürfen.

# Achter Abschnitt.

Beschreibung von Guiana überhaupt; nebst einem kurzen Abriß der spanischen, portugiesischen und holländischen Besitzungen in diesem Lande.

Guiana ist der Theil des südlichen Amerika, zwischen dem Amazonenfluß und Oronoko. Es liegt östlich von Peru unter dem Aequator, zwischen dem 2ten Grade südlicher und 8ten Grade nördlicher Breite, und dem 52sten Grade westlicher Länge. Seine Gränzen sind: gegen Norden der Oronoko; gegen Süden der Amazonenfluß, welcher es von Brasilien trennt; gegen Osten das Weltmeer und in Westen der Rio Negro, ein großer schöner Strom, welcher den Amazonenfluß und Oronoko mit einander verbindet, so daß folglich Guiana eigentlich eine große Insel ist, welche wenigstens 200 Meilen von Norden nach Süden, und über 300 Meilen von Osten nach Westen enthält. Die Geographen geben seine Länge zu 450 und die Breite zu 3000 Meilen an. Das Innere desselben ist noch wenig bekannt und wird von Europäern, wegen seiner Wildnisse und sei-

ner dicken undurchdringlichen Wälder, welche zum
Theil gegen 100 Meilen im Umfang haben, fast
gar nicht besucht. Nichts desto weniger ist dasselbe im Ganzen schön und fruchtbar, einige wenige Striche ausgenommen, und wird von zahlreichen Indianischen Nazionen bewohnt, die man
bis jetzt kaum den Namen nach kennt, und welche
nur mit den an den Ufern der benachbarten
Flüsse wohnenden Völkerschaften in Verbindung
stehen. Die Küsten dieses Landes kennt man
aber desto besser. Diese erstrecken sich vom Nord-
cap bis zu der großen Mündung des Oronoko,
in einer Länge von mehr als 250 Meilen.

Dies ganze Land scheint vulkanischen Ur-
sprungs, oder aus dem Auswurf mehrerer Vul-
kane zu bestehen, welche in den ältesten Zeiten
diese Gegend sowohl als die der Cordilleras verheerten. Man hat bemerkt, daß die verschiedenen Erdarten nicht schichtweise übereinander, sondern durcheinander gemischt liegen; auch passen
die vorspringenden Winkel der Hügel nicht in die
einwärts laufenden Winkel der Anhöhen, mit welchen jene zusammenhängen. Man findet hier
keine Kiesel und überhaupt keine Steine, sondern
bloß Lavastücke, welche schon anfangen zu verwit-
tern; lauter Anzeigen eines unterirdischen Feuers,
welches dies Land vor Zeiten einmal umgewälzt

hat. Der in einigen Gegenden unfruchtbare Boden wird oft von den vielen Strömen und Flüf-
sen überschwemmt, wodurch an manchen Orten
Seen und Sümpfe entstehen. An den Ufern ist
das Land sehr fruchtbar, und der üppige Anblick
derselben läßt mit Grund vermuthen, daß, wenn
man den unter Wasser stehenden Boden austrock-
nete, und auch das übrige Land urbar machte,
diese Mühe dem Anbauer reichlich belohnt werden
würde. Der fette Schlamm, welchen die großen
Flüsse beständig an ihren Ufern absetzen, erzeugt
in wenigen Jahren die schönsten Bäume, besonders Paleturiers (Ficus indica, *Linn.*), welche in
kurzer Zeit ganze Wälder bilden, die bei Ueberschwemmungen gegen 5 Fuß tief unter Wasser
stehen, und wenn das Wasser wieder fällt, mit
unzugänglichem Schlamm angefüllt sind. Zuweilen werden diese Wälder aber auch von den unaufhörlich anprallenden Wogen mit fortgerissen.
Eine Strecke von 400 Meilen, vom Oronoko bis
zum Amazonenfluß, ist mit solchen Bäumen eingefaßt, welche durch Wasser, Schlamm und Sand
zuweilen ausgerottet, immer von neuen wieder
darin wachsen. Hinter dieser Einfassung von
Bäumen giebt es Wiesen und Felder am Ufer,
welche während der Regenzeit unter Wasser stehen und oft auch in der schönsten Jahrszeit sumpfig

bleiben. Das faule stinkende Wasser erzeugt dann viel schädliches und giftiges Ungeziefer; so wie aber die Cultur des Bodens sich weiter verbreitet, verschwindet dies Geschmeiß, und auch die Luft wird reiner und besser.

Ohnweit der französischen Küste, 4 Meilen von der Mündung des Flusses Kourou, liegen drei kleine Inseln, welche die Teufelsinseln heißen, da es ganz unfruchtbare und sehr gefährliche Klippen sind, auf welchen sich eine Menge verschiedener Seevögel aufhalten.

Hin und wieder sind die Küsten sehr niedrig, und werden, besonders nach der Mündung des Oronoko zu, oft vom Seewasser überströmt. Sie sind daher nur von Indianern bewohnt, welche ihre Hütten, bei dem Mangel eines hohen trocknen Bodens, auf Bäumen bauen, wo sie mehr großen Vogelnestern als menschlichen Wohnungen gleichen. Dieser sonderbaren Wohnplätze ist bereits im Vorigen erwähnt.

In Guiana haben jetzt vier Europäische Nazionen Besitzungen; die Spanier, Portugiesen, Holländer und Franzosen. Man kann dasselbe also, nach der Größe des Antheils jeder dieser Nazionen, in vier Theile abtheilen. Die Engländer haben auch oft Versuche gemacht, sich hier

festzusetzen; wurden aber bis jetzt noch immer
wieder vertrieben.

Die erste Niederlassung der Spanier am
östlichen Ufer des Oronoko, 60 Meilen von seiner Mündung, da wo der Fluß Carony in ihm
fällt, war eben nicht von Bedeutung. In ihrem
blühendsten Zustande enthielt sie nicht über 150
Wohnungen. Gleichwohl war diese kleine Stadt,
welche die Spanier St. Thomas von Guiana
nannten, für sie von großer Wichtigkeit. Sie
wußten das Land sowohl zum Tobacksbau, der
hier vortrefflich fortkommt, als auch zur Viehzucht
zu benutzen. Wegen der Güte und des Ueber-
flusses an Futter wird es hier sehr leicht, Thiere
groß zu ziehen, und diese vermehren sich aus
eben dem Grunde hier auch außerordentlich stark.
Diese und mehrere andere sehr vortheilhafte Hand-
lungsgegenstände erregten bald den Neid der übrigen europäischen Nazionen.

Engländer und Holländer griffen die Spanische Colonie zu verschiedenen malen an, und ver-
wüsteten sie auch mehrmals. So verbrannten
die Holländer sie z. B. im Jahr 1579 gänzlich.
Ein Theil der Einwohner zog sich damals nach
Cumana. Die Zurückgebliebenen baueten die
Stadt zwar an dem Ufer des Flusses, aber 10
Meilen oberhalb der Stelle, wo sie vorher gestanden
hatte,

hatte, wieder auf, und errichteten zugleich ein kleines Fort zum Schutz derselben.

Diese Stadt, welche sie Neu-Guiana
nannten, war anfangs nur schwach bevölkert.
Indessen mehrte sich mit der Zeit auch die Zahl
der Einwohner. Diese wußten sich aus Cumana
allerlei Vieh, auch trächtige Stuten zu verschaffen, die sich nachher sehr vermehrt haben, so daß
die Einwohner einen beträchtlichen Nutzen davon
zogen. Auch pflanzten sie daselbst wieder Toback
und allerlei Fruchtbäume an. Endlich trägt auch
der neue Weg, welchen man von der Stadt nach
Cumana angelegt hat, nicht wenig dazu bei, den
Aufenthalt in ersterer ganz angenehm zu machen.
— Außer dieser haben die Spanier noch verschiedene andere Niederlassungen, weiter hinauf an
derselben Seite des Flusses, wo sie Missionen,
eine Art Kirchspiele oder Dörfer angelegt haben,
welche von Indianern der benachbarten Nazionen
bewohnt werden, die von den Spaniern dahin
gelockt worden sind.

Das Spanische Guiana begreift die Ufer
des Oronoko und einen Theil vom Innern des
Landes, bis an die Bergkette, ohngefähr 24 Meilen gegen Süden vom Oronoko. Es erstreckt
sich 40 Meilen weit an der Nordküste. Auf jenen Bergen entspringen eine Menge Flüsse, welche

N

ſich in den Oronoko ergießen und die ſchönen
Thäler und weitläuftigen Waldungen bewäſſern,
welche man zwiſchen jenen findet. Dieſe Berge
nähern ſich an einigen Orten dem Oronoko ſehr,
entfernen ſich aber wieder von demſelben, je näher ſie ſeiner Mündung kommen, und laufen dann
am Fluß Poumaron bis an die Meeresküſte hin,
ſo daß ſie die natürliche Gränze zwiſchen dem
Spaniſchen und Holländiſchen Guiana bilden.

Die Portugieſen begnügten ſich lange Zeit
mit ihren Beſitzungen in Braſilien, welches im
Jahr 1500 von Alvarez Cabral, einem Portugie-
ſiſchen Admiral, entdeckt wurde. Erſt im Jahr
1654 legten ſie auch eine Colonie an den Ufern
des Amazonenfluſſes an. Die Jeſuiten drangen
nachher tiefer ins Land hinein, und hatten im
Jahr 1766 eine Anzahl von 10000 Indianern
auf ihre Seite gebracht, welche in 36 Dorfſchaf-
ten, wovon 12 am Napa und 24 am Amazonenfluß lagen, vertheilt waren. Einige dieſer Dörfer waren aber 150 bis 180 Meilen von einander entfernt; auch konnte die Bevölkerung derſelben eben nicht groß ſeyn, da die Männer ſchwach
und die Weiber nicht ſehr fruchtbar ſind, weil
ferner das Clima ungeſund iſt und das Land oft
überſchwemmt wird. Die zu weit entfernten Dorf-
ſchaften können ſich auch einander nicht die ge-

ringste Hülfe leisten. Alles dies ist den Portugiesen sehr nachtheilig. Im Ganzen ist das Küstenland niedrig, doch aber allenthalben sehr angenehm; weite fruchtbare Fluren und unermeßliche stets grünende Wälder wechseln mit einander ab. Nach Westen zu erblickt man im Innern des Landes Berge, auf welchen unzählige
Bäche entspringen, die nachher Seen und mehrere ansehnliche Flüsse bilden, welche in den Amazonenfluß oder dem Rio de la Plata fallen; andere, die ihren Lauf von Westen nach Osten zu
nehmen, ergießen sich unmittelbar in den Ocean.
Der letztern giebts eine große Menge, welche für
die Portugiesen von großem Nutzen sind, denn
sie treiben ihre Zuckermühlen, wässern das Land
und machen es sehr fruchtbar. Der nördliche
Theil von Brasilien, welcher fast gerade unter
der Linie liegt, ist von Guiana umschlossen, und
vielem Regen und den regelmäßigen periodischen
Winden unterworfen. Letztere nehmen im März
und September ihren Anfang. Wirbelwinde und
Orkane, mit heftigen Regen begleitet, sind ihre
Vorläufer. Der südliche Theil genießt ein ge-
mäßigteres Clima und eine gesündere Luft, als
irgend ein Land unter der heißen Zone, ein Vortheil, welchen es den erfrischenden Seewinden, und

den von den hohen, Schneebedeckten Bergen
herabwehenden noch kühlern Winden verdankt.

Das Portugiesische Guiana begreift die Ländereien und Gegenden am westlichen und nördlichen Ufer des Amazonenflusses, vom Nordcap bis
Rio Negro, welcher die letzte äußerste Gränze
macht. Erst im Jahr 1688 näherten sich die
Portugiesen dem Nordcap, und erbaueten das
Fort St. Antonius am Fluß Arwary, welches
aber durch die Meeresfluth und das Anschwellen
des Amazonenflusses schon im Jahr 1691 wieder
eingerissen wurde. Auch setzten sie sich im Jahr
1688 zu Macapa auf den Ruinen eines Forts
fest, welches die Franzosen kurz zuvor verlassen
hatten, und woselbst sie noch vier Kanonen und
Kugeln von verschiedenem Caliber vorfanden.
Die Franzosen beschwerten sich aber hierüber als
über eine unrechtmäßige Besitznehmung, und die
Portugiesen, welche diese Beschwerden gerecht
fanden, verpflichteten sich durch den Traktat von
Lissabon im Jahr 1701, das Fort Macapa zu
demoliren, erbaueten es jedoch bald nachher von
neuem wieder. Im Uetrechter Frieden 1713 trat
Frankreich den Portugiesen den südlichen Theil
von Guiana, vom Nordcap bis an den Amazonenfluß, ab. Von dieser Zeit an drangen sie weiter ins Innere des Landes, und unternahmen

auch sogar Streifereien nach Cayenne. Im Jahr 1723 machten sie einen Verhau bis an die Ufer des Oyapok, wo sie einen Pfahl mit dem Wappen des Königs von Portugall errichteten, welches sie an verschiedenen Stellen auch in Stein eingruben. Sie blieben hier aber nicht lange, denn das französische Gouvernement gab Befehl, daß sie dort gänzlich vertrieben und aufgehoben werden sollten.

Das Holländische Guiana besteht aus dem Küstenlande, welches sich vom Fluß Marony bis an den Eßequebo erstreckt. Die vorzüglichste Colonie der Holländer in diesen Gegenden war gleich anfangs die von Surinam, wozu nachher noch die von Berbice kam. Nachdem sie sich hier niedergelassen hatten, verfolgten sie den Lauf der andern Flüsse und drangen ziemlich weit ins Innere des Landes vor, wo sich noch mehrere Colonisten anbaueten.

Das Holländische Guiana wird gegen Morgen vom Fluß Marony, und gegen Abend vom Poumaron begränzt. Das Meer und unbekannte Gegenden, welche die Spanier sich zueignen, machen die südliche und nördliche Gränze. Es enthält über 140 Meilen von der Küste des Landes. Wie weit es sich aber ins Land hinein erstreckt, läßt sich nicht genau angeben. Der Surinam ist

der beträchtlichste Fluß, und giebt der ganzen Colonie den Namen. Er hat an seinem Ausflusse
Sandbänke, welche jedoch bei hoher Fluth drei
Faden Wasser haben. Der Fluß ist bei seiner
Mündung ohngefähr eine Meile breit, und behält
diese Breite auch weiter hinauf, von da an, wo
der Commewina sich in ihm ergießt. Vor dieser
Vereinigung ist jeder von den beiden Flüssen etwa eine halbe Meile breit, und so tief, daß sie
die größten Schiffe noch 30 Meilen weit hinauf
tragen können. Der Surinam kommt tief aus
dem Innern des Landes. Man ist noch nicht
bis zu seiner Quelle gekommen. 40 Meilen von
seiner Mündung hat er verschiedene Wasserfälle,
welche die weitere Schiffahrt auf demselben gänzlich hemmen. Auch ist das Land voller beinahe
undurchdringlicher Waldungen und stark bewach-
sener Berge, die nur mit sehr großen Schwierigkeiten zu passiren sind.

Die Einfahrt in den Fluß Poumaron, welche 24 oder 25 Meilen von der großen Mündung des Oronoko entfernt ist, beträgt kaum eine
halbe Meile in der Breite; doch können alle
Schiffe in den Fluß einlaufen, da er beim niedrigsten Wasser an seiner Mündung doch 7 bis
8 Faden Tiefe hat. Der Boden besteht aus
Schlamm, welcher, je weiter hinauf, desto tiefer

wird. 4 oder 5 Meilen vom Ausfluß wird er schon gegen 40 Klafter tief. Die östliche Spitze seines Ufers heißt das Cap Nassau, und 6 Meilen davon, an derselben Seite, liegt das Fort Neu-Seeland. Die Quellen des Flusses Poumaron sind ebenfalls noch unbekannt, da die Holländer ihn nicht weiter als 30 bis 40 Meilen hinaufgefahren sind. Aller Wahrscheinlichkeit nach entspringt er aber auch auf den Bergen, welche sich längst dem Oronoko bis ans Meer erstrecken.

Der Fluß Eßequebo ist viel größer und ansehnlicher als jener; die Einfahrt in denselben ist aber nicht so leicht, ob er gleich über 3 Meilen breit ist. Dies kommt daher, weil er voller Inseln und Untiefen ist, zwischen welchen man nur Canäle für die größern Schiffe findet. Die Inseln selbst sind sehr flach und ganz mit Holz bewachsen. Sie sind größtentheils 1 oder 2 Meilen lang und sehr schmal. Ist man eine Reihe derselben passirt, so erblickt man schon wieder eine andere, welche den Fluß zu sperren scheint; fährt man aber von der Ostseite gerade an denselben herunter, so findet man ein tiefes Fahrwasser. Nachher verengt sich der Fluß wieder über die Hälfte, und ist von kleinen, dicht an einander liegenden, Eilanden fast ganz vollgestopft; inzwischen können doch bei einiger Vorsicht Schiffe bis zu

dem auf einem derselben errichteten Forte hinauf-
fahren. Weiterhin werden sie aber durch Was-
serfalle gehindert. Auch in den Eßequebo ergießen sich eine Menge Flüsse. An einem derselben,
den Sibarona, findet man eine Bergcristallmine.

Der Fluß Berbice fließt in einer Entfernung von 20 Meilen vom Eßequebo, und ist an
seiner Mündung auch beinahe eine halbe Meile
breit. Er theilt sich in zwei Arme, von welchen
aber nur einer zu passiren ist. Beide Ufer sind
niedrig und reizen das Auge durch das schöne
Grün der Bäume, mit welchem sie besetzt sind.
Rechts und links erstrecken sich die Wohnungen
der Colonisten über 30 Meilen weit, von denen
die nächsten wenigstens 15 Meilen vom Meere
entfernt liegen. Der niedrige morastige Boden
nöthigt sie, sich so weit am Flusse herauf anzubauen, um ein zum Ackerbau tüchtiges Erdreich
zu finden. Sie geriethen bei dieser Gelegenheit
mit verschiedenen Völkerschaften, welche sie daselbst antrafen, und die ihren entfernten Niederlassungen vielen Schaden zufügten, in Feindselig-
keiten. Einige dieser Indianischen Völkerstämme
wurden von den Holländern ganz ausgerottet, andere aber gezwungen, sich ruhig zu verhalten und
mit ihnen als gute Freunde zu leben.

Im Jahr 1640 hatten sich die Franzosen

am Fluß Surinam angesiedelt; da sie aber den
Boden hier sehr morastig und das Land selbst
ungesund fanden, so verließen sie es bald wieder.
Sobald die Engländer dies erfuhren, kamen sie
dahin, und ließen sich sowohl hier als an den
Ufern einiger andern Flüsse, auch am Marony,
nieder. Doch behielten sie diese neuen Besitzungen nicht lange. Die Holländer nemlich, welche
neidisch auf den als sehr vortheilhaft gepriesenen
Handel nach Guiana wurden, und um den Schimpf
wieder gut zu machen, daß sie sich aus Brasilien
hatten vertreiben lassen, benutzten die Gelegenheit,
indem sie gerade damals im Kriege mit den Engländern begriffen waren, und machten sich Meister von Surinam und den andern von den Engländern in Besitz genommenen Plätzen. Diese
schienen sich indessen eben nicht viel daraus zu
machen, und Carl II überließ 1668 ohne viele
Schwierigkeiten diese Colonien den Holländern.
Die wirkliche Abtretung erfolgte jedoch erst nach
dem Friedensschluß vom Jahr 1674.

Das Land war damals wirklich sehr ungesund, besonders wegen der vielen dichten Wälder,
die weder Wind noch Sonne zuließen, den feuchten Boden zu trocknen. Inzwischen legten doch
verschiedene Einwohner von Seeland, mit Be-
günstigung der Staaten dieser Provinz, einzelne

Colonien daſelbſt an, und veränderten, ſo zu ſagen, durch ihren Kunſtfleiß, durch häufiges Holz-
fällen, und andere Verſuche den Boden auszu-
trocknen, das Clima dergeſtalt, daß das Land
weit geſunder wurde als es vorher war.

# Neunter Abschnitt.

Das Französische Guiana. — Geschichte der Niederlassungen der Franzosen in diesem Lande und zu Cayenne.

Als die Franzosen sich in Guiana festzusetzen suchten, war ihr Augenmerk zunächst nicht sowohl auf die unermeßlichen Schätze und auf die Gold-Minen und Edelgesteine gerichtet, welche es enthalten sollte, als vielmehr auf den Nutzen und den Einfluß, welchen die eigenthümlichen Produkte dieses großen Landes, die sie für ihre eignen Erzeugnisse und für verschiedene andere kleine Waaren leicht eintauschen konnten, auf ihren Handel haben würden. Diesem lobenswürdigen Zweck zufolge fingen sie bald an, die Küsten zu besuchen, und zögerten nicht mit der Anlegung von Colonien, die sie beständig zu vervollkommnen sich bemüheten, auch nicht eher in das Innere des Landes zur Entdeckung der angeblichen Schätze vorzudringen suchten, bis der Landbau, und das Umhauen der mit den schönsten Bäumen aller Art angefüllten Wälder, ihnen erst wirkliche und wahrhaft nützliche Schätze darbot. Auch

waren sie klug genug, nicht eigensinnig darauf
zu bestehen, den Oronoko und Amazonenfluß,
nebst den übrigen großen tief aus dem Lande
kommenden Flüssen, die zum Theil von jenen verschlungen werden, herauf fahren zu wollen. Bloß
an den Küsten landeten sie, wo sie sich bereits
bald nach der ersten Entdeckung von Amerika
eingefunden hatten, um Färbehölzer zu laden.
Die günstige Aufnahme, welche sie bei den Landeseingebohrnen fanden, reizte sie, diesen Handel
fortzusetzen, und um sich desselben zu versichern,
säumten sie nicht länger, Colonien, besonders in
Brasilien, anzulegen. Der Maltheserritter und
Viceadmiral Villegagnon, der viele Unan-
nehmlichkeiten im Dienst erfahren hatte, und sich
zu der neuen Lehre Calvins bekannte, entwarf
den Plan, eine Protestantische Colonie in diesem
Lande zu gründen. Diese seine eigentliche Absicht
wurde aber seinem Hofe verheelt, indem er, wie
es hieß, bloß nach dem Beispiele der Spanier
und Portugiesen eine französische Colonie in Amerika anlegen wolle. Auch erhielt er unter diesem
Vorwande wirklich von Heinrich II im Jahr 1555
zwei oder drei gut ausgerüstete Schiffe, die er
mit lauter Calvinisten bemannte, mit welchen er
glücklich an der Küste von Brasilien anlangte.

Der Admiral Coligni, der ebenfalls wünschte,

daß die Lehre, zu welcher er sich bekannte, Eingang in diesem Lande finden möge, nahm sich
der Sache gleichfalls an, und Calvin ergriff selbst,
nicht weniger begierig, diese Gelegenheit, seine
Lehre in einem Lande zu verbreiten, wo seine
Anhänger, dem Anschein nach, sich eine vollkommne
Glaubensfreiheit versprechen durften. Zum Unglück sandte er aber mehr Geistliche als andere
ihm ganz ergebene Anhänger hin. Jene, gewohnt
zu herrschen, geriethen mit dem Gouverneur in
Streit und stifteten Aufruhr an, wodurch die
Colonie bald wieder aufgelöst wurde. Villegagnon
wollte nun nichts weiter mit Calvin zu schaffen
haben, und behandelte die Geistlichen als Störer
der öffentlichen Ruhe; diese hingegen ihn als einen Atheisten. Auf solche Art scheiterte der auf
Eigennuß und Religionseifer gebaute Plan. In
Rücksicht der Religion war Villegagnon der un-
beständigste Mensch von der Welt. Man sah
ihn bald als Catholik, bald als Hugenott, und
je nachdem er sich zu dieser oder jener Sekte bekannte, mißhandelte er die, welche anders dachten.

Die Portugiesen benutzten diese Gelegenheit,
und richteten die Colonie gänzlich zu Grunde.
Sie hatten die Grausamkeit, alle Franzosen auf-
zuknüpfen, die ihnen in die Hände fielen. Auch
ließen sie die todten Körper derselben an den

Bäumen hängen, und zwar, wie sie sagten, den Landesverräthern zur Warnung.

Gezwungen, Brasilien zu verlassen, zogen sich die Franzosen, welche auch ihrem Vaterlande entsagen mußten, nach Guiana. Dies geschah jedoch erst einige Jahre nachher, als bereits verschiedene, von der französischen Regierung bestätigte, Colonien daselbst waren angelegt worden. Im Jahr 1624 schickten die Kaufleute von Rouen eine kleine Colonie von 26 Menschen dahin, die sich an den Ufern des Flusses Sinamarie ansiedelten, und zwei Jahre nachher wurde noch eine zahlreichere Colonie am Fluß Cananama gegründet. Beide vergrößerten sich bald durch neuen Zuwachs von Menschen und Munition. Endlich entstand eine Gesellschaft, welche Patentbriefe von Ludwig XIII erhielt, die ihr das Recht des Alleinhandels nach Guiana gaben, dessen Gränzen darin durch den Amazonenfluß und Oronoko bezeichnet waren. Diese Gesellschaft wurde besonders durch den Antheil berühmt, den vermöge der Erlaubniß des Hofes verschiedene vornehme Personen daran nahmen, indem ihnen von denselben besondere Privilegien bewilligt wurden. Sie nannte sich: Gesellschaft vom Aequinoxial-Frankreich; so wurde nemlich der Theil von Guiana, welcher nachher den Namen Cayenne

bekam, damals von den Franzosen genannt. Die
neuen Ankömmlinge wählten die Insel Cayenne
und die benachbarte Gegend zu ihrem Aufenthalt.
Statt aber die Zuneigung der Indianer zu gewinnen zu suchen, welches man bisher immer gethan hatte, um nichts von ihnen zu befürchten
zu haben, besaßen sie so wenig Klugheit, daß sie
bei den Streitigkeiten dieser Völker unter sich,
Parthei nahmen. So vereinigten sie sich z. B.
mit den Galibis gegen die Caraiben, und da
diese ansehnliche Vortheile über jene erhielten, so
fanden sich die Franzosen in das Unglück ihrer
Freunde mit verwickelt. Verschiedene von ihnen
wurden gefangen, gebraten und gefressen, ihre
kaum errichteten Wohnungen zerstört und ver-
wüstet, so daß die, welche entkamen, es noch als
ein Glück betrachteten, in den Galibis treue
Freunde zu finden, die sie in ihre Wohnungen
aufnahmen und sie als ihres Gleichen betrachteten, gleichsam als ob sie zu einem und demselben
Volke gehörten.

Diese Unglücksfälle vermochten jedoch in
Frankreich nicht, den Muth derer niederzuschla-
gen, welche dort viel versprechende Hoffnungen
von Guiana genährt hatten. Sie ließen vielmehr ihre Privilegien erneuern, und im Jahr
1643 bildete sich zu Rouen wieder eine Gesell-

schaft, die aber zum Unglück einen gewissen Pon-
cet de Bretigny, einen eiteln, grausamen und
so boshaften Menschen zum Anführer ernannte,
daß man, um manche seiner Handlungen nur ei-
nigermaßen entschuldigen zu können, ihn sehr oft
für wahnsinnig halten mußte. Kaum war er z.
B. in Guiana angekommen, als er ohne allen
Grund den Eingebohrnen den Krieg erklärte, und
alle die niedermetzeln ließ, welche in seine Hände
fielen. Nicht zufrieden mit den Grausamkeiten,
die er gegen Völker ausübte, welche, mit Sanft-
muth zu behandeln, Vernunft und Menschlichkeit
ihm geboten, fing er sogar an, gegen seine eignen
Colonisten zu wüthen, und sie unerhörte Quaalen
erdulden zu lassen. Galgen und Räder waren
unaufhörlich mit Cadavern dieser Unglücklichen
angefüllt. Er machte sich ein Vergnügen daraus,
selbst neue Martern zu erfinden. Eins der dazu
erforderlichen Instrumente nannte er das Fege-
feuer, und ein anderes noch schmerzhafteres, die
Hölle. Begierig nach dem Blute seiner Unter-
gebenen sann er nur immer auf einen schicklichen
Vorwand, sie erst martern und dann tödten zu
können. So zwang er sie z. B., ihm ihre Träume
zu entdecken. Einer, den er auch genöthigt hatte,
diese Grille zu befriedigen, erzählte ihm einmal,
daß er ihn im Traume todt gesehen habe. Diesen

unglück-

unglücklichen Träumer ließ er auf der Stelle ergreifen und verurtheilte ihn, lebendig gerädert zu werden. Dies fürchterliche Urtheil wurde auch in seiner ganzen Strenge vollzogen, indem der Wütrich vorgab, daß der Verurtheilte nur darum von seinem Tode geträumt habe, weil er wirklich die Absicht gehabt, ihn umzubringen.

Die durch solche Tiranneyen zur Verzweiflung gebrachten Franzosen beschlossen endlich, die Insel Cayenne zu verlassen. Einige retteten sich nach dem festen Lande und brachten ihr Leben mitten unter den sogenannten Wilden in Sicherheit, die zum Theil aber weniger wild sind, als diejenigen, welche sich nicht scheuen, sie so zu nennen.

Bretigny erfuhr nicht sobald die gastfreundschaftliche Aufnahme, welche die Flüchtlinge bey den Eingebornen gefunden hatten, als er diese sogleich von ihnen trotzig zurückfordern ließ. Die Indianer weigerten sich jedoch, ihm diese Schlachtopfer auszuliefern. Hierüber vollends aufgebracht, zugleich aber auch erfreut über einen Vorfall, der ihm die beste Gelegenheit darbot, seinen Blutdurst zu befriedigen, ließ er geschwind eine Schaluppe ausrüsten und fuhr selbst hinüber, da er durch niemanden anders die Rache wollte vollziehen lassen. Grausamkeit ist aber immer mit Feigheit gepaart; hievon giebt uns auch Bretigny einen Beweis.

O

Kaum hatte er eine halbe Meile auf dem Fluß Cayenne zurückgelegt, als er von den Indianern mit einem Hagel von Pfeilen empfangen wurde. Statt nun zu landen und sie anzugreifen, welches sie in Schrecken gesetzt haben würde, begnügte er sich, bloß aus der Schaluppe auf sie feuern zu lassen. Hiedurch wurden zwar einige getödtet, allein dies schwächte den Muth der übrigen nicht. Als diese sahen, daß der Gouverneur es nicht wagte, sie zu Lande anzugreifen, so setzten sie ihm mit Steinen und Pfeilen noch heftiger zu. Die Schaluppe wandte sich, um die Flucht zu nehmen; die Indianer aber verfolgten sie und ließen eine solche Menge Pfeile auf sie regnen, daß Bretigny zu einer nachdrücklichen Gegenwehr, selbst da es die Vertheidigung seines eignen Lebens galt, ganz unfähig, sich voller Verzweiflung in einen Mantel hüllte und so mit allen seinen Begleitern, den Dienern seiner Grausamkeit, getödtet wurde.

Die siegreichen Indianer, welche sich der Schaluppe bemächtigt hatten, machten ein Feuer an, brieten die todten Körper, welche sie in dem Fahrzeuge fanden und verzehrten sie. Nach den Vortheilen, welche sie bei dieser Gelegenheit davon getragen hatten, hätten sie sehr leicht eine Landung auf der Insel unternehmen und alle zurückgebliebenen Bewohner derselben niederhauen können.

Sie waren jedoch menſchlich genug, nicht Unſchul-
dige mit den Schuldigen zugleich büßen zu laſſen,
und begnügten ſich, den barbariſchen Gouverneur
und die Mitſchuldigen ſeiner Tiranney aus dem
Wege geſchaft zu haben. Auch ſchickten ſie einige
von den geflüchteten Franzoſen mit einer Friedens-
erklärung an die verwaiſ'te Colonie ab. Ohne
dieſe Mäßigung der Indianer würde die neue Ge-
ſellſchaft, welche 8 oder 9 Jahr nachher entſtand, in
dieſem Theile des franzöſiſchen Guiana nur Trüm-
mern und wüſte Plätze gefunden haben. Sie war in-
deſſen nicht glücklicher als die erſtern Geſellſchaften,
und erfuhr wegen des ſchlechten Verfahrens ihrer
vornehmſten Mitglieder ein eben ſo trauriges
Schickſal.

Der Abbé Marivaux, Doctor der Sor-
bonne, Roiville, ein Edelmanu aus der Norman-
die, und Laboulaie, Intendant der Marine,
vereinigten ſich, obgleich aus ſehr verſchiedenem
Intereſſe, mit noch mehrern andern reichen Pri-
vatperſonen zu einer neuen Unternehmung. Der
Eifer, die Amerikaner zu bekehren, beſeelte den
Abbé; Roiville hatte, wie man vorgab, die Ab-
ſicht, eine gewiſſe Oberherrſchaft zu erlangen; Laboulaie aber war nur auf den Flor des Handels
und Verbeſſerung der Marine bedacht, welche er
unter dem Herzoge von Vendome dirigirte. Dies

waren die drey Hauptunternehmer, welche an der
Spitze von 600 im Dienst der Gesellschaft angestellten Männer sich sämmtlich zu Paris einschiften
und in kleineren Fahrzeugen auf der Seine bis
Honfleur herunter fuhren. Gleich nach der Ein-
schiffung aber trug sich schon ein Unglück zu. Marivaux, die Seele der ganzen Unternehmung und zum
Generaldirector von Cayenne ernannt, fiel ins Wasser und ertrank. Dieser unglückliche Zufall ver-
zögerte indessen die Expedition nicht. Bald aber
schlich sich Uneinigkeit unter den Chefs oder den
sogenannten Herren der Colonie ein. Roiville war
auf drey Jahre zum Oberbefehlshaber ernannt.
Nun hatten die andern ihn aber in Verdacht, daß
er die Absicht habe, sie alle umbringen zu lassen,
um sich zum Alleinherrn der Colonie zu machen.
Dies ging so weit, daß sie ihn endlich gar bei
Nachts erstachen und ins Meer warfen. Sie recht-
fertigten sich wegen dieses Schritts bei den Colonisten so gut sie konnten, und langten den 29sten
Sept. 1652 nach einer Ueberfahrt von 2 Monaten in Cayenne an. Es waren ihrer überhaupt 12,
welche sich als Herren der Colonie betrachteten.
Diese fingen nun an, gegen einander zu cabaliren
und einige entwarfen einen Plan, um verschiedene
ihrer Collegen zu ermorden. Das Complott wurde
aber entdeckt, vier wurden arretirt, einem der Kopf

abgeschlagen und die drey andern aller Würden und
Vorrechte, welche sie sich angemaßt hatten, beraubt,
auf eine wüste Insel verwiesen, bis sich etwa eine
Gelegenheit fände, sie nach den Antillen oder nach
Frankreich zu transportiren.

Obgleich die Zahl der Colonieherren, nachdem noch zwey gestorben waren, bis auf die Hälfte
vermindert war, so lebten die übrigen doch nicht
in Ruhe und Frieden mit einander. Der Geist
der Zwietracht verleitete sie, daß sie sogar die Indianer angriffen, welche doch gern mit ihnen in
gutem Vernehmen leben wollten. Aufs äußerste
gebracht, griffen diese endlich zu den Waffen, verheerten die französischen Besitzungen, ermordeten
einige von den Häuptern der Colonie und eine
große Anzahl Pflanzer. Zuletzt gesellte sich auch
noch Hungersnoth zu der Geißel des Kriegs. Das·
kleine Häuflein, welches einem so vielfachen Elende
noch entging, fand kein anderes Rettungsmittel,
als sich ins Fort zurückzuziehen, nachdem der Gouverneur es verlassen, sich einer Barke bemächtigt,
seine eignen Soldaten ausgeplündert und sich nach
Surinam, welches die Engländer zu der Zeit besaßen, gerettet hatte. Die Indianer belagerten
aber das Fort und nöthigten endlich die Franzosen,
dasselbe so wie die ganze Insel zu räumen, und
zwar mit Zurücklassung aller Waffen, Kanonen,

Kaufmannsgüter und alles dessen, was sich nicht
in die eine elende Barke, die ihnen nur noch übrig
geblieben war, und in 2 oder 3 Canots, welche
sie von den Indianern erhalten hatten, laden ließ.
Sie nahmen darauf ebenfalls ihre Zuflucht zu den
Engländern nach Surinam, um sich von da nach
Barbados zu begeben.

Auf diese Art ging eine Colonie zu Grunde,
welche der französischen Regierung soviel Sorgen und
Geld gekostet hatte, und die den Ruin vieler Pri-
vatpersonen unmittelbar nach sich zog. Dies Unglück entstand vorzüglich durch die schlechte Verwaltung derer, welche sich selbst für fähig hielten,
diese zu übernehmen, und mit dem Ehrgeiz zu befehlen, auch noch den Stolz, unumschränkt herrschen zu wollen, paarten.

Die Holländer wußten sehr geschickt von allen
Fehlern dieser unwissenden Machthaber, welche
glaubten, Reichthümer ersetzten den Verstand,
Nutzen zu ziehen. Sie machten sich Meister von
Cayenne und allem, was die Franzosen daselbst
zurückgelassen hatten, nach dessen Besitz sie schon
lange aus Surinams Sümpfen mit neidischen
Augen getrachtet hatten. Ein gewisser Guerin
Spranger erhielt ein Patent von den Staaten
von Holland, in welchem ihm alle diese in Besitz
genommenen Ländereyen selbst überlassen wurden.

Durch das weise Verfahren dieses klugen Mannes kam die Insel bald wieder in einen blühenden Zustand. Er vertrieb entweder mit Gewalt der Waffen oder durch gütliche Uebereinkunft die Indianer, welche sich nach dem Abzuge der Franzosen daselbst angebaut hatten, und zwang sie, sich tiefer ins Land zurückzuziehen. Er legte neue sehr starke Festungswerke an, machte vieles Land urbar, errichtete Zuckersiedereyen und baute mit gutem Erfolge Baumwolle, Roucou und Indigo an, womit er sich einen vortheilhaften Handel eröfnete.

Bei dieser Lage der Dinge begünstigte Colbert den Plan einer neuen Gesellschaft unter dem Titel der Compagnie vom Aequinoxial-Frankreich, welchen er Ludwig XIV. vorlegte. La-Barre wurde zum Chef derselben und zum Gouverneur von Cayenne ernannt, wohin er sich mit einer ansehnlichen Macht und mit 1200 zum Anbau des Landes besonders ausgehobenen Leuten begab. Spranger sah sich genöthigt zu capituliren und die Colonie in dem blühenden Zustande, in welchen er dieselbe erst versetzt hatte, zu übergeben.

Die Indianer erschienen nicht wieder, um sich zur Wehre zu setzen, verließen vielmehr die Küste gänzlich und zogen sich so tief als möglich ins Land zurück. Sie glaubten nehmlich, die Franzosen seyen nur deshalb in so großer Anzahl wieder gekommen, um sie für ihre Verrätherey und die Ermordung ihrer Landsleute zu bestrafen. Es dauerte daher lange, ehe einer von ihnen zum Vorschein kam. Nach und nach näherten sie sich endlich und schickten einige von ihren Anführern ab, welche um Frieden und Verzeihung des Geschehenen bitten sollten. Zugleich boten sie den Franzosen eine Allianz an und versprachen ihnen unverbrüchliche Treue. La Barre hörte sie gütig an; da die Politik aber Strafe forderte, und damit sie sichs in Zukunft möchten zur Lehre dienen lassen, so mußten sie den Frieden, den er ihnen übrigens gern bewilligte, doch theuer genug erkaufen. Man kam mit ihnen überein, daß sie fernerhin keine Wohnungen auf der Insel haben sollten; daß die Franzosen auch auf dem festen Lande, allenthalben wo es ihnen gut dünkte, sich niederlassen könnten; daß sie sich endlich verbindlich machten, sogar auch die Ländereyen, welche sie selbst jetzt inne hätten, abzutreten, wenn diese einst auch verlangt werden sollten. Sie versprachen, daß sie weder mit den Holländern, noch Engländern und Portugiesen einen Allianztractat schließen und die Franzosen auf der Jagd, beim Fischen, oder wenn sie auf neue Entdeckungen ausgingen, nach allen Kräften unterstützen und vertheidigen wollten. Auch mußten sie sich noch verpflichten, die Sklaven im Dienst der

Compagnie und andere, die etwa entfliehen möchten, um sich bei ihnen niederzulassen, oder nach
den andern benachbarten Europäischen Etablisse-
ments überzugehen, auszuliefern. Auf diese Be-
dingungen versprach man ihnen, das Geschehene
zu vergessen, und der Tractat sowohl mit der Compagnie als mit den Einwohnern wurde abgeschlossen.

Sie gaben darüber ihre lebhafte Freude durch
Tanz und Gesang zu erkennen, und schwuren, daß
sie sowol selbst, als auch ihre Kinder sich genau
nach dieser Vorschrift richten wollten. Auch haben
sie wirklich bis auf den heutigen Tag alle Artikel des
Tractats treulich erfüllt. Sie lieferten sogleich alle
die jungen Leute, welche zu ihnen geflüchtet waren,
aus. Diese wurden der Compagnie nun, vermittelst der erlangten Kenntniß der indianischen Sprachen, sehr nützlich. Einer derselben wollte aber
diese gutmüthigen Wilden, welche er als seine
Freunde und Verwandten betrachtete, durchaus
nicht verlassen. Er hatte sich nehmlich mit einer
jungen hübschen Indianerin verheirathet, in die
er sterblich verliebt war. Auch ging er, frei vom
Europäischen Kleiderzwang, jetzt schon nach der
Sitte seines neuen Vaterlandes, ganz nackt. Der
Gouverneur hielt es daher für rathsam, diesen jungen Menschen nach seiner Phantasie leben zu lassen,
erklärte aber, daß man diese Nachgiebigkeit künftighin nie zur Folge ziehen solle.

Die Colonie blühete nun, Dank sey es der un-
ermüdeten Sorgfalt und Aufmerksamkeit des thätigen La Barre, wieder von neuen auf. Derselbe
giebt in dem darüber von ihm herausgegebenen
Werke einen Rath, den man wohl beherzigen und
nie aus den Augen verlieren sollte. „Faulheit, sagt
er, muß man in diesem Lande als den einzigen
und ärgsten Feind betrachten, der uns zu Grunde
richten kann, und vor welchem wir uns nicht genug in Acht nehmen können. Auch suchte ich es
dahin zu bringen, daß jeder von selbst und gern
an die Arbeit ging, und daß niemand vom größten
bis zum Kleinsten, vom Vornehmsten bis zum Geringsten davon frey blieb.“

Nach diesem weisen Plane durfte man sich
mit Grunde die besten Fortschritte versprechen; auch
fingen die in Frankreich zurückgebliebenen Direc-
teurs der Gesellschaft bald an, beträchtliche Vortheile davon einzuerndten. Oft aber ist auch der
Beste nicht sicher, daß ihm sein Unternehmen immer
gelingen werde. Neidische Speculanten bewogen
Ludwig XIV., nachdem sie Colbert bereits auf
ihre Seite gebracht hatten, die blühende Compagnie von Cayenne einer neuen einzuverleiben, die
unter dem Titel: Westindische Compagnie errichtet
worden war. La Barre war nicht sobald von dieser Veränderung unterrichtet, als wichtige Gründe
ihn bewogen, nach Frankreich zu gehen, nachdem

er seinen Bruder an seiner Stelle zum Gouverneur von Cayenne ernannt hatte.

Mittlerweile erklärte Ludwig XIV. den Engländern den Krieg. Diese waren vor Cayenne mit einem Linienschiffe, 6 Fregatten und 2 Transportschiffen erschienen. Ritter Lezi, (der Bruder des La Barre) entfloh schändlicherweise. Der Englische Befehlshaber, welcher fürchtete, daß er wegen des damals schon unterhandelten Friedens seine Eroberung doch nicht würde behaupten können, beschloß, ihr wenigstens den größtmöglichsten Schaden zuzufügen. Er vertheilte seine Leute auf der Insel, auf welcher nur Weiber und Kinder zurückgeblieben waren. Funfzehn Tage lang dauerte das Plündern und Verwüsten. Alles, was sie von Kanonen, Waffen, Kriegsvorrath und Lebensmitteln fanden, wurde eingeschifft. Sie zerstörten die Zuckersiedereyen, rißen alles Zuckerrohr aus, verheerten die übrigen Pflanzungen und steckten, ehe sie sich einschifften, alles in Brand.

So wurde diese unglückliche Colonie noch einmal zu Grunde gerichtet. La Barre würde, wenn er da geblieben wäre, kräftigen Widerstand geleistet und hätte er der Englischen Uebermacht weichen müssen, wenigstens durch eine ehrenvolle Capitulation diese Französische Besitzung vor der gänzlichen Verheerung geschützt haben. Nach einigen Monaten kehrte er dahin zurück, und erwarb sich noch einmal den Ruhm, sie wieder in ihren vorigen Wohlstand zu versetzen.

Im Kriege gegen die Holländer, i. J. 1672, kam sie wieder unter einem andern Herrn. Diese rüsteten nehmlich eine ansehnliche Flotte aus, welche vor Cayenne erschien und es wegnahm. Der größte Theil der Einwohner, müde, so oft von ihren Besitzungen verjagt und ausgeplündert zu werden, verstanden sich mit den Holländern und blieben im ruhigen Besitz ihrer Güter.

Als der König sah, daß die letzterrichteten Gesellschaften wegen der kritischen Umstände, in welchen sie sich befanden, ihren Verbindlichkeiten nicht nachkommen konnten, vereinigte er i. J. 1674 alle Inseln mit seinen Domainen, setzte ihnen, so wie den übrigen Provinzen seiner Staaten, einen Gouverneur und ließ sie von Intendanten administriren. Da vermöge dieser neuen Einrichtung der Verlust von Cayenne allein auf den König zurückfiel, so dachte der Sohn des berühmten Colberts, damals Seeminister, als er erfuhr, daß die Holländer diese Insel weggenommen hatten, gleich darauf, sie ihnen wieder zu entreißen. Der Graf d'Etrees, damals Viceadmiral, nachher Marschall von Frankreich, erhielt das Commando über 2 Linienschiffe, 4 Fregatten und verschiedene Transportschiffe. Nach seiner Ankunft zu Cayenne setzte er 800 Mann regulairer Truppen ans Land, die

in verschiedene kleinere Corps getheilt, das Fort
mit Ungestüm angegriffen und es mit Sturm eingenommen haben würden, wenn die Holländer,
nachdem sie sich tapfer vertheidigt hatten, sich nicht
auf Discretion ergeben hätten. Seit dieser Zeit
ist Cayenne und der daran stoßende Theil von Guiana immer im Besitz der Franzosen geblieben und
hat die Geißel des Krieges nicht wieder empfunden.

Die Colonie erhielt sich, bei einer hinlängli-
chen Bevölkerung, in ziemlichem Wohlstande, bis
i. J. 1688 Dúcaße, welcher die Absicht hatte,
Surinam wegzunehmen, hier einlief. Er bewog
den größten Theil der Einwohner, sich zur Vermehrung seiner Macht mit ihm einzuschiffen, indem
er ihnen die Plünderung dieser reichen holländischen
Besitzung versprach. Die Einwohner von Cayenne,
welche die Uebel des Krieges so oft selbst empfunden hatten, nahmen gleichwohl keinen Anstand, ihren Nachbarn ein gleiches Schicksal zu bereiten,
und liehen den gefährlichen Zumuthungen des Dúcaße ein geneigtes Ohr. Die Unternehmung lief
aber unglücklich ab, weil man zu unbesorgt gewesen war und den Holländern die Ankunft und
Absicht der Eskadre gar nicht verheimlicht hatte.
Man traf diese daher überall unter den Waffen,
so daß die Franzosen, nachdem sie viele Menschen
verlohren hatten, genöthigt waren, sich wieder einzuschiffen. Die Gefangenen wurden von den Hol-

ländern nach den französischen Inseln gebracht, wo
anderweitige Hoffnung sie festhielt. Seit dieser
unglücklichen Epoche hat die Colonie, obgleich schon
über ein volles Jahrhundert seitdem verfloßen ist,
sich noch immer nicht ganz wieder erholen und den
erlittenen Verlust an Menschen ersetzen können.
Noch jetzt findet man daselbst Spuren jener un-
besonnenen Unternehmung, welche die Colonie sich
nicht hätte sollen zu Schulden kommen laßen.
Vergebens machte die französische Regierung allerley Versuche, die dortige Bevölkerung wieder zu
vermehren; aber immer wurden so verkehrte Maß-
regeln genommen, daß der Erfolg nie der Erwartung und den aufgewandten Kosten entsprach. Im
J. 1788 verdoppelte man zu dem Ende die bisherigen Bemühungen. Der Graf von Choiseul, der
allenthalben Ruhm einärndten wollte, ohne jedoch
Geist und Talente genug zu besitzen, um auf wahren Ruhm Anspruch zu machen, ließ im Elsaß und
Deutschland Summen Geldes austheilen, den Leuten die besten Versprechungen machen und die
schönsten Ländereyen anbieten, wenn sie Lust hätten,
nach Cayenne zu gehen. Wirklich ließen sich 3 bis
4000 Unglückliche jedes Alters und Geschlechts dadurch verleiten, ihr Vaterland zu verlaßen. Der
größte Theil derselben starb aber schon unterwegs,
und der traurige Ueberrest, welcher Cayenne wirklich erreichte, unterlag, ohne Wohnungen und Le-

bensmittel, sehr bald dem Mangel und den Krankheiten.

Ueberhaupt waren bei dieser ganzen Unternehmung so schlechte Maaßregeln getroffen, daß
eine Anzahl Elsasser und Deutsche, welche sich in
einem Seehafen nach Cayenne einschiffen sollten
und auf halbbedeckten Wagen beim Anbruch der
Nacht aus Paris fuhren, sich, da sie wahrscheinlich ihre Führer verlohren hatten, genöthigt sahen,
bis Tages Anbruch in den Straßen von Paris liegen zu bleiben, ohne daß sie, der Sprache unkun-
dig, im Stande gewesen wären, sich verständlich
zu machen, um ihre Bedürfnisse zu befriedigen.
Freron, der die Noth und das Elend dieser armen Leute mit sehr lebhaften Farben schilderte,
kam dafür in die Bastille!

Der Ritter Turgot, ein Bruder des bekannten Philosophen, ließ ein ganzes Jahr verstreichen,
ehe er sich an seinen Posten begab. Auch kehrte
er sehr bald wieder nach Frankreich zurück, um
seinem Hofe die Räubereyen und Erpressungen des
mit ihm zur Verwaltung der Colonie angestellten
Intendanten anzuzeigen. In der That aber war
wohl der eine so ungeschickt, als der andere, für
die ihnen anvertrauten wichtigen Posten.

Es ist indessen zu hoffen, daß die Colonie
unter der jetzigen republikanischen Regierung sich
bald wieder erholen wird. Die Personensteuer fürs

6te Jahr der Republik ist nur auf 14,000 Franken angesetzt; wegen der Ein- und Ausfuhr der
Waaren ists aber beim Alten geblieben.

Die Abschaffung des Sklavenhandels brachte
hier gar keine nachtheilige Veränderung, viel weniger solche abscheuliche Auftritte hervor, welche
die ganze Insel St. Domingo zu einem Schutt- und
Leichenhaufen machten. Die Geräuschlosigkeit, womit diese Revolution hier zu Stande kam, gereicht
sowol den Colonisten als auch ihren ehemaligen
Sklaven zur wahren Ehre. Verschiedene von den
letzteren wollten nicht einmal ihre Herren verlassen,
sondern ihnen nach wie vor dienen, ohne jedoch
das Geschenk der Freiheit zu verschmähen. Ueberhaupt kann diese Colonie die Negersklaven weit
leichter entbehren als die andern Colonien, da die
benachbarten Indianer für einen geringen Lohn
oder einige kleine Geschenke gern alle möglichen
Dienste verrichten.

Im J. 1672 entdeckte Richer zu Cayenne die
Ungleichheit der Schwere unter verschiedenen Him-
melsstrichen. Die von demselben hierüber angestellten Versuche haben den ersten Grund zu Huygens
und Newtons Theorien über die Gestalt der Erde
gelegt.

# Zehnter Abschnitt.

Nachrichten von verschiedenen Gewürzbäumen und den
gemachten Versuchen, sie in Cayenne anzuflanzen. —
Der Gewürznägeleinbaum und dessen reichlicher
Ertrag.

Als man anfing, die Wichtigkeit der Anpflan-
zung von Gewürzbäumen und anderer nüzlichen
Pflanzen, womit der unsterbliche Poivre die Inseln
Frankreich und Bourbon bereichert hatte, einzu-
sehen, gab die Regierung i. J. 1772 den Befehl,
auch nach dem franz. Guiana eine ähnliche Sen-
dung von Gewürzbäumen zu machen, welcher 1783
eine zweite und zu Anfang des Jahrs 1788 noch
eine dritte folgte. Die leztere, deren Besorgung
man dem Bürger Martin, einem geschickten Bo-
taniker, aufgetragen hatte, der deshalb nach
der Insel Frankreich gesandt wurde, war die wich-
tigste von allen. Er kehrte den 9ten Jun. desselben Jahrs wieder nach Cayenne zurück und
pflanzte daselbst den Muscatbaum, den Pfeffer-
baum, den Brodtbaum, den Nußbaum und mehrere andere vortrefliche, hier größtentheils noch

P

ganz unbekannte Bäume. Einige Zeit darauf
schifte derselbe sich nach Martinike und St. Domingo ein, wohin er von jeder Art Bäume einige mitnahm, welche daselbst ebenfalls, bis der unglückliche Bürgerkrieg diese beiden so blühenden
Colonien gänzlich verwüstete, mit gutem Erfolge
angepflanzt wurden.

Die Regierung, welche die Cultur der Ge-
würzbäume im franz. Guiana recht in Aufnahme
bringen wollte, übertrug dem Bürger Martin nun
die Aufsicht über den dortigen botanischen Garten.
Er kehrte daher den 3ten Sept. 1790 wieder nach
Cayenne zurück. Sobald er hier angekommen
war, besuchte er sogleich die jungen Bäume, welche
er vor 2 Jahren daselbst angepflanzt hatte. Einige fand er gar nicht mehr, andere sehr vernachläßigt und die Pfefferbäume fast auch schon gänzlich ausgestorben. Bloß der Bürger Noyer, Ober-
wundarzt der Colonie, hatte den in seinen Garten
angepflanzten Muscatbaum sorgfältig gewartet,
welcher deshalb auch dort recht gut fortkam.

Man hatte nun zwar Martin zum Aufseher
über den botanischen Garten gesetzt, allein es fehlte ihm noch ganz an der so nöthigen Hülfe, um
den dazu bestimmten unfruchtbaren Boden gehörig
zu bearbeiten. Nachdem er wiederholt darum
nachgesucht hatte, bewilligte man ihm endlich

3 alte Neger, die aber kaum im Stande waren, diese mühsame und anhaltende Arbeiten zu verrichten. Es kostete daher viel Zeit und Geduld, bis ein so großes Stück Land umgegraben war, auf welchem man sowol Samen ausstreuen, als auch Reiser und Ableger pflanzen konnte.

Als die angelegten Baumschulen herangewachsen und die jungen Pflanzen aufgeschossen waren, munterte Martin die Colonisten zum eignen Anbau auf und gab jedem soviel Pflanzen als er für sich zu haben wünschte. Er zeigte ihnen zugleich, wo und wie sie diese Bäume mit auf ihre andern Pflanzungen setzen könnten, ohne daß diese im geringsten darunter litten und rechnete ihnen alle Vortheile vor, welche sie aus dem Anbau derselben zu ziehen im Stande seyn würden. Dies ermunterte viele, einen Versuch damit zu machen, und der Erfolg entsprach ganz ihren Erwartungen.

Der Gewürznägeleinbaum und der Zimmtbaum waren auch schon seit einigen Jahren nach Cayenne verpflanzt. Die Regierung hatte sie mit großen Kosten dahin bringen lassen, da sie den Werth derselben kannte und sehr wünschte, daß diese Bäume, besonders von den Colonisten, angebaut werden möchten. Dem Bürger Martin, welcher bis dahin nur die Aufsicht über den botanifchen Garten gehabt hatte, wurde nun von der Municipalität von Cayenne auch die Oberaufficht über die große Nazionalplantage, la Gabrielle, anvertraut, welche fehr in Verfall gerathen war, damit er fie wieder in Flor bringen möchte. Der Boden derfelben war vortreflich; die Pflanzen felbft aber fehr vernachläßigt. Die Bäume waren ganz mit Gnifter (Vifcum Lin.) belaftet und von fo vielen und ftarken Lianen umrankt, daß fie beinahe erftickten, indem dadurch der äußern Luft der Zutritt faft ganz benommen wurde.

Bei diefer Lage der Dinge ließ Martin nur erft die nöthigften Arbeiten von den wenigen Leuten, welche ihm zu Gebote ftanden, verrichten. Nachher aber verlangte er eine größere Anzahl von Arbeitern, um die Pflanzung forgfältig zu warten und die auf derfelben eingerißne Unordnung zu verbeffern. Auch wurden nun noch mehr Baumfchulen angelegt und 500 Stück junge Gewürznelkenbäume gepflanzt. Man errichtete Scheunen für die einzufammelnden Früchte, Darren, um fie zu trocknen und Magazine, um fie aufzubewahren, fo daß diefe gemeinnützige Anftalt, welche ihrem gänzlichen Untergange nahe war, jetzt erft recht in Aufnahme kam.

Im J. 1791. gewann man zu Cayenne ohngefähr 8000 Pfund Gewürznelken; im J. 1792
schon 21,000 Pfund; im J. 1793, 22,000 Pf.
und im J. 1794, 22,500 Pfund. Im J. 1795
vernichteten der anhaltende starke Regen und die,
als die Knospen anfingen aufzubrechen, beständig
wehenden Nordwinde, die Erndte gänzlich. Diese
pflegt sonst gewöhnlich jedes Jahr reichlicher aus-
zufallen. In einem guten Jahre kann man von
4000 Bäumen leicht 60,000 Pfund einärndten,
wenn auch nicht alle gleich viel tragen. Seit
1791 pflanzte Martin noch 14,000 Stück solcher
Bäume zu Cayenne an. Die ganze Pflanzung
wird daher künftig in einem gewöhnlichen Jahre
über 200,000 Pfund Gewürznelken abwerfen, welche, das Pfund nur zu 6 Franken, den niedrigsten Preis an Ort und Stelle gerechnet, jährlich
eine Summe von 1,200,000 Franken betragen,
so daß die Cultur dieses Baums allein die Colonie auf den höchsten Gipfel des Wohlstandes zu
erheben im Stande ist.

Der Gewürznägeleinbaum, (Eugenia cario-
phyllata, Thunb.) welcher eigentlich von den Moluckischen Inseln hieher verpflanzt wurde, wird
40 bis 50 Fuß hoch. Der Stamm hat 12 bis
15 Zoll im Durchmesser und breitet sich oben
piramidenförmig in viele Zweige aus. Die Rin-

de, welche aus einem ganzen Stück besteht, ist
dünn und weiß, die Blätter sitzen gerade gegen
einander über und fallen im Winter nicht ab.
Sie sind glatt und haben beinahe die Form, Größe und Stärke der Lorbeerblätter. Die Blüten,
welche an der Spitze der Zweige in Büscheln siz-
zen, haben einen länglichen Kelch mit 4 ausgezackten
Spitzen, 4 weiße runde Blättchen und eine Menge
Staubfäden. Man sammelt die Knospen der
Blumen, sobald sie anfangen sich zu röthen. Sie
haben fast die Gestalt eines Nagels und oben auf
dem Kopfe 4 kleine Sterne oder spitz ausgezackte
Kronen. Die Gewürznelkenblumen tragen vom
4ten oder 5ten Jahre an, und gewöhnlich 6 bis
10 Pfund. Man sammelt die Nägelein, ehe die
Blüte aufbricht. Zum Theil werden sie mit den
Händen abgelesen, zum Theil aber auch mit Ruthen und Rohrstäben abgeschlagen. Man fängt
sie auf einer großen unter den Bäumen ausge-
breiteten Leinwand auf; zuweilen aber läßt man
sie auch bloß auf die Erde fallen; doch wird vorher erst alles Gras davon abgemähet. Anfangs
sind die Gewürznelken röthlich, trocken aber werden sie schwärzlich.

Die sogenannten Königl. Gewürznelken, welche gar nicht in den Handel kommen, sind sehr
selten und kostbar. Sie unterscheiden sich äußer-

lich von den gewöhnlichen nur dadurch, daß sie
viel kleiner und nicht besternt sind, auch keinen
Kopf haben. Sie sind von unten bis oben in
mehrere Häutchen und Schalen abgetheilt und
laufen spitz zu. Die Holländer sagen, daß die
Könige und die Großen auf den Moluckischen Inseln sie fast abergläubisch verehren, und daß man
bis jetzt nur erst einen einzigen Baum dieser Art
auf der Insel Makian gefunden habe, welchen
der König derselben von Soldaten bewachen lasse,
damit er dies kostbare Product für sich allein be-
halte. Auch geben die Eingebornen vor, daß die
in der Nähe desselben stehenden Bäume sich vor
ihm, wenn er voller Früchte sitzt, neigen, gleichsam als ob sie ihm huldigten. Die Moluckischen
Fürsten weihen die Blüte des Baumes als ein
wohlriechendes Rauchopfer ihren Göttern. Die
Anzahl der Gewürznelken, welche sie opfern, bezeichnet den Grad ihrer Verehrung. Nur der
erste Minister genießt die sonderbare Ehre, 2 solcher Gewürznelken entweder in den Ohren oder
den Naselöchern, Lippen, am Kinn oder auch an
den Armen tragen zu dürfen, so daß man hier
zu Lande sagt, ein Minister von 2 Gewürznäge-
lein; wie in der Türkei, ein Bassa von 2 Roß-
schweifen.

Der Zimmtbaum, (Laurus Casia Lin.) zeichnet sich durch seine schönen, länglich runden, glatten und festen Blätter aus. Er wächst bis zu einer Höhe von 20 Fuß und sieht aus wie ein Orangenbaum. Er blühet im März und im Dezember; seine Blüten sind klein, sternförmig, weißlich, bestehen aus 6 Blättchen und sitzen in großen Büscheln an den Zweigen. Nach den Blüten kommen vorn länglich runde Beeren, welche einen kleinen Stern mit einem purpurrothen Kern enthalten, zum Vorschein. Die wohlriechende Rinde ist das Beste am ganzen Baume. Um diese reichhaltig zu erhalten, muß man ihn in 3 Reihen dicht neben einander pflanzen; so daß ein Baum von dem andern nur 2 Fuß breit absteht. Im ersten Jahre schneidet man ihn 8 Zoll über dem Boden ab; so niedrig treibt er dann nur gerade Zweige in die Höhe, deren Rinde sehr fein und leicht abzuschälen ist. In der Jahreszeit, wo der Baum voller Saft ist und die Blüten ausbrechen, läßt man die Rinde der kleinen 3 jährigen Caneelbäumchen ab. Die äußere dicke und rauhe graue Rinde wirft man weg, die innere und feinere aber schneidet man in dünne 3 bis 4 Fuß lange Streifen, und legt diese an die Sonne, wo sie sich dann etwa einen Finger dick zusammenrollen. Die Rinde hat eine röthlich gelbe Farbe und einen zwar etwas herben und pikanten, aber doch zugleich auch angenehmen und gewürzhaften Geschmack und einen starken lieblichen Geruch. Wenn die zweite Rinde oder der eigentliche Caneel vom Baume abgeschält ist, so bleibt derselbe 2 bis 3 Jahre lang ohne Rinde. Nach dieser Zeit aber erhält er eine neue, und dann kann man dieselbe Operation noch einmal wieder mit ihm vornehmen.

Alles am Caneelbaum ist nützlich; sein Stamm, seine Rinde, seine Zweige, seine Blätter und seine Frucht. Man zieht verschiedene geistige Getränke damit ab, erhält davon ein wohlriechendes Wasser, ein flüchtiges Salz, Kampfer, Wachs und ein kostbares Oel. *)

Nachdem die Holländer den Portugiesen die Moluckischen Inseln, welche allein die Gewürznelken erzeugen, nebst der, besonders wegen ihres Zimmets berühmten Insel Ceylon abgenommen und jene ganz daraus verjagt hatten, haben sie fast den Alleinhandel sowohl mit Zimmet als mit Gewürznelken und Muscatnüssen an sich gerissen. Um sich ganz allein im Besitz desselben zu

---

*) Die auch im Handel vorkommenden Zimmtblumen oder Blüten, welches die unentwickelten Knospen dieses Baumes sind, hat der Verf. mit aufzuzählen vergessen.

A. d. U.

erhalten, eroberten sie noch das Königreich Co-
chin an der Malabarischen Küste, um den Portugiesen auch den Handel mit einer andern Art
Caneel, welcher hier von selbst wuchs, und der
unter dem Namen, Portugisischer Caneel verkauft
wurde, zu entreißen. Das erste, was sie nach
der Eroberung dieses Landes thaten, war, daß sie
den wilden Caneelbaum ganz ausrotteten.

Aller Zimmet, womit die Holländer beide
Halbkugeln der Erde versehen, wächst auf der
Insel Ceylon, auf einer Strecke von etwa 14 Meilen längst dem Meeresufer. Sie lassen nur eine
bestimmte Anzahl von diesen Bäumen wachsen
und sorgfältig von Zeit zu Zeit die zum Theil
ohne Cultur aufwachsenden oder auch in andere
Gegenden der Insel verpflanzten Bäume ausrot-
ten, indem sie schon durch eine mehr als 100 jäh-
rige Erfahrung wissen, wieviel Zimmet sie absetzen und überzeugt sind, daß sie nicht mehr davon
gebrauchen würden, wenn sie ihn auch zu wohl-
feilern Preisen verkauften. Man rechnet, daß sie
Europa jährlich etwa mit 600000 Pfund versehen
und daß sie in Indien ungefähr eben so viel absetzen.

Der Pfeffer-Baum oder Strauch, welcher für Cayenne noch ein nicht unwichtiger Ge-
genstand zu einer neuen Speculation werden kann,

erfordert nicht viel Sorgfalt *). Man muß ihn
nur dicht an einige andere Bäume anpflanzen,
um welche er sich vermittelst der Ranken, welche
aus seinen Knoten entstehen, wie Epheu herum-
schlängelt und sich um die Zweige derselben wik-
kelt. Wenn er eine Höhe von 10 Fuß erreicht
hat, so schneidet man von dem Baume, welcher
ihm zur Stütze und Nahrung dient, die Krone
ab, um seine Früchte leichter sammeln zu können.
Der Pfeffer sitzt in kleinen runden Beeren, wovon die grünen den schwarzen, die reifen aber den
weißen Pfeffer enthalten. Dieser Strauch blühet
oft zweimal im Jahre. Die reifen Früchte desselben sammelt man 4 Monate nachher, wenn er
ausgeblühet hat, und legt sie 7 Tage lang an
die Sonne, damit die Rinde schwarz und runzlich wird. Ein etwa 4 Fuß großer Strauch,
welchen Martin aus Indien mitgebracht hatte,
trug 6 Pfund schönen Pfeffer, welcher den von
Mahé an Güte noch übertraf. Die Holländer
bringen ihn auch aus Ostindien, vorzüglich von
der Insel Java, Sumatra und den Malabarischen Inseln.

*) Er gehört bekanntlich zu den sogenannten Schmarot-
zerpflanzen.

A. d. U.

Der Muscatbaum (Myristica officinalis. *Linn.*) deſſen Blüten ſehr angenehm und beinahe wie Pomeranzenblüte riechen, muß, wenn er jung iſt, vor den Sonnenſtrahlen geſchützt werden. Er hat einige Aehnlichkeit mit dem Lorbeerbaume und wird 25 bis 30 Fuß hoch. Seine Zweige ſind weit auseinander gebreitet und die Blätter gleichen denen des Pfirſichbaums. Er blühet im October. Seine Frucht, die bekannte Muscatnuß, iſt in mehrere Hülſen oder Schalen eingeſchloſſen und gebraucht 8 bis 9 Monate, ehe ſie völlig reif wird. Auf den Moluckiſchen und einigen andern Oſtindiſchen Inſeln wächſt der Muscatbaum von ſelbſt. Die Holländer, welche ſich dieſen Handel auch ausſchließlich zueignen wollten, behalten die Erndten wohl von 16 Jahren ſo lange zurück, bis ſie erſt die von den älteren Jahren verkauft haben. So wurde z. B. im J. 1766 erſt der Vorrath von 1744 verkauft. Wenn ſie zuviel Gewürznelken, Muscatnüſſe und Zimmet in ihren Magazinen haben, ſo verbrennen ſie den Ueberfluß. Ein ſolches vom Eigennutz angelegtes Feuer, wie man es oft in Amſterdam geſehen hat, wurde zuweilen mit einem Werth von mehrern Millionen genährt und unterhalten. Ein armer Teufel, welcher einſt einige Muscatnüſſe aufgeſammelt hatte, die von dem zum Verbrennen

bestimmten Haufen herabgerollt waren, wurde ergriffen und auf der Stelle gehangen.

Um seinem Vaterlande Reiser vom Gewürz-
nägelein und Muscatbaume zu verschaffen, wagte
der berühmte Poivre sein Leben, indem er sie
von den Inseln selbst holte, auf welchen sie sonst
von den Holländern nur allein gezogen wurden
und leistete dadurch demselben, besonders aber den
französischen Colonien, unstreitig einen sehr wichtigen Dienst.

Der Lithi, welchen Martin auch dahin
verpflanzen wollte, ist ein berühmter chinesischer
Baum, von dessen Früchten, die ganz genießbar
seyn sollen, man wunderbare Eigenschaften erzählt.
Dasselbe gilt auch von dem Mangoustan, dessen Vaterland eigentlich die Molukischen Inseln
sind. Es ist ein sehr schöner Baum, der jedem
Garten zur Zierde gereichen würde. Er gleicht
dem Citronenbaume sehr und gehört auch in dies
Geschlecht. Seine Blüten sind gelb und röthlich.
Die Frucht desselben ist so groß als eine kleine
Pomeranze und sitzt in Capseln, welche von außen
grau, inwendig aber roth und einen halben Zoll
dick sind. Oben auf haben sie eine Krone mit
stumpfen Spitzen. Die Frucht, welche sie enthalten, hat ein sehr weißes Fleisch und den angenehmen und erfrischenden Geschmack der Kirschen

und Pomeranzen. Man hat bemerkt, daß dasselbe eine abführende, die Rinde aber eine zusammenziehende Kraft hat. Man macht daher von dieser eine gute Ptisane gegen die Dyssenterie, welches in Indien und Amerika eine sehr gewöhnliche Krankheit ist.

# Eilfter Abschnitt.

Beschreibung des französischen Guiana und von Cayenne. —
Bemerkungen über das dortige Clima.

Das Küstenland, welches die Franzosen von
Guiana besitzen, ist über 100 Meilen lang und
erstreckt sich vom Fluß Marony bis zum Oyapok.

Es liegt größtentheils hoch und ist den Ueberschwemmungen nicht so sehr als die benachbarten holländischen und portugiesischen Besitzungen
ausgesetzt, die daher auch zum Theil sehr sumpfig
sind. Das franz. Guiana läuft etwa 120 Meilen weit ins Land hinein, berührt nordwestlich die
holländischen Colonien und wird nordöstlich vom
Meere bespült. An allen übrigen Seiten ist es
von den portugiesischen Besitzungen umgeben. Die
Küsten sind offen und für Schiffe zugänglich und
der Boden allenthalben vortreflich. Unter den
benachbarten Inseln sind die beiden sogenannten
Wohlfahrtsinseln, welche etwa 3 Meilen vom festen Lande liegen, besonders zu bemerken. Ein

80 Klaftern breiter Canal trent sie von einander.
Es würde leicht und von großem Nutzen seyn,
beide mit einander zu vereinigen, weil sie dann
den Schiffen einen sichern Zufluchtsort gewähren
könnten. Jetzt werden sie noch bloß von Schildkröten bewohnt.

Die Vortheile, welche die Küsten gewähren,
werden aber beinahe von den Hindernissen aufge-
wogen, welche die reissenden Ströme des Landes
den sich denselben nähernden Schiffen entgegen-
setzen und wo diese fehlen, da giebts Untiefen.
Auch können auf den Flüssen nur kleine Schiffe
fortkommen, indem ein weicher Schlamm die
Mündung derselben fast ganz verstopft, und Regen und Hitze, besonders aber Holz-Würmer, die
besten Schiffe bald zu Grunde richten, wenn man
sie nicht beim Calfatern sorgfältig allenthalben mit
Theer oder Pech überzieht.

Ehe wir die Leser mit dem Innern des Landes bekannt machen, wollen wir erst die vornehmsten Flüsse desselben kennen lernen. Der Marony ist einer der größten und schönsten; er ist an
seiner Mündung ohngefähr 2 Meilen breit, die
Einfahrt in demselben ist aber sehr schwierig und
durch Sandbänke und Schlamm fast gänzlich gesperrt. Ist man indessen nur erst eingelaufen,
so findet man doch 4 bis 6 Faden Wassertiefe.

Inseln

Inseln von verschiedener Größe verengen auf mehr als 12 Meilen weit das Flußbette, ohne jedoch für kleine Schiffe die Fahrt bis an den ersten Wasserfall, etwa 20 Meilen von der Mündung des Flusses, zu unterbrechen. Oberhalb demselben findet man noch mehrere solcher Fälle, welche die Schiffarth daselbst äußerst schwierig machen. Die Quelle dieses Flusses hat man noch nicht entdeckt. Wahrscheinlich kommt er tief aus dem Lande. Ohngefähr 50 Meilen von seiner Mündung nimmt er den Fluß der Arouas auf. In den Jahren 1731 und 32 fuhren die Franzosen den letztern über 25 Meilen hinauf, verließen ihn dann und nahmen ihren Weg mitten durchs Land nach Süd-Osten zu. Nach Verlauf von 8 Tagen, in welchen sie glaubten, 35 bis 40 Meilen zurückgelegt zu haben, schiften sie sich wieder auf den Fluß Campopy ein, welcher sich in den Oyapok ergießt. Das Land an den Ufern des Marony ist mit Holz und Gesträuch bewachsen, nach dem Meere zu aber sehr niedrig und daher öftern Ueberschwemmungen ausgesetzt.

Oestlich von diesem Flusse stößt man auf den Amanibo oder Amana, welcher von jenem nur durch einen schmalen Strich Landes getrennt wird. An seinem Ausflusse ist er über ½ Meile breit. Das Land, welches er bespült, ist vortreflich und

würde sehr reichlich tragen, wenn es angebaut
würde. Die Indianer, welche an den Ufern dieses Flusses wohnen, finden daselbst alles, was sie
bedürfen, besonders einen reichlichen Fischfang.

Die Ufer des Iracou werden von den
Tayras, einem Stamm der Galibis, bewohnt.
Diese nennen alle an Flüssen wohnenden Völker
so, um sie von den Bergbewohnern zu unterscheiden, welche bei ihnen Itouranes heißen.

Der Fluß Conamama ist sehr beträchtlich.
Die Franzosen errichteten an seinen Ufern im J.
1626 ein : ortresliches Etablissement. Sie baueten daselbst ein Fort und der dortige Handel wurde für sie von großem Nutzen. Gleichwohl verließen sie in der Folge diese Gegend, und jetzt
findet man nur noch einige Galibis in dieser Gegend. 6 Meilen vom Conamama nach Ost-
Süd-Ost fließt der Sinamary oder Sena-
maribo. Die Franzosen ließen sich im Jahr 1624
an demselben nieder und erbaueten ein kleines Fort,
welches sie aber einige Jahre nachher auch wieder verließen. Kleine Fahrzeuge können auf diesem Flusse weit genug kommen. Die Dörfer und
Hütten der Indianer liegen an den Ufern desselben zerstreut, Franzosen aber gibts nur noch sehr
wenige dort. Die Galibis haben am östlichen
Ufer einen großen Flecken, welcher Tonnaya-

ribo heißt. Man findet in dem Flusse große Austern, welche die Indianer Maipa nennen, deren
Schale 8 Zoll im Durchmesser hat. Sie kommen aber den kleinen Austern, die man an den
Klippen sammelt, an Wohlgeschmack nicht gleich.

Die Franzosen haben in dieser ganzen Gegend nur ein kleines Dorf, welches nach dem
Fluß ebenfalls Sinamaria genannt wird *). Es
ist über 30 Meilen von den andern franz. Pflanzungen entfernt, und besteht nur etwa aus 10
oder 12 elenden Hütten. Der Boden ist hier
aber so fruchtbar, daß ein viereckiger Platz, welcher
etwa einen halben Morgen Landes enthält, zum
Unterhalt mehrerer Personen hinreicht. Die benachbarten Indianer sind von sehr sanftem Charakter. Sie lieben die Weißen sehr und bezeigen
eine große Abneigung gegen die Neger. Obgleich
alle Hütten offen und jedem, der zuerst kommt,

Q 2

*) Dies ist der eigentliche Verbannungsort der Depor-
tirten, wo sie sich jetzt größtentheils aufhalten. Man
lese den interessanten Brief, welchen einer derselben
von dorther schrieb, worin man alles das, was hier
von der Gutmüthigkeit der Indianer und der Fruchtbarkeit des Landes gesagt wird, bestätigt findet. Er
ist im 6ten Stück des Genius der Zeit von diesem
Jahre übersetzt.                    Anm. d. U.

überlassen sind, so hat man unter ihnen doch kein
Beispiel von einem Diebstahle, obgleich sie alles
das entbehern, was wir als ganz unentbehrlich
betrachten, und ohngeachtet ihnen nach den neuen
Gegenständen, die sie erblicken, sehr gelüstet, die
sie mit derselben Unbefangenheit und Einfalt fordern, mit welcher sie das, was sie selbst besitzen,
weggeben.

Als einst ein armer Franzose, verlassen um-
herirrend, in dieser öden Gegend den Verlust seiner Gattin, von welcher ein widriges Schicksal
ihn getrennt hatte, beklagte, wurde eine junge Mu-
lattin, die Tochter eines Colonisten, von dem Unglück dieses Mannes so gerührt, daß sie sich, ohne auf die geringste Belohnung Anspruch zu machen, ihm seine Wirthschaft zu führen erbot.
Auch überließ sie ihm sogar den einzigen Neger,
welcher ihr nach der Freilassung der andern noch
übrig geblieben war, damit ihm derselbe das Land
bestellen helfe. Sie redete den von ihr so sehr
Begünstigten folgendermaßen in Creolischer Sprache an:

„Ich habe dich auf einem Spaziergange gesehen, oft deine Klagen gehört und diese so wahr
gefunden, daß ich dich deshalb sehr lieb gewonnen
habe. Noch mehr aber liebe ich dich, seitdem ich
von Leuten deiner Bekanntschaft erfahren, daß

du wirklich viel von deiner Frau hältst, sie sehr
bedauerst und oft beweinest. Ich habe mir daher vorgenommen, dir zu folgen, um zu verhindern, daß der Gram dich nicht tödte, doch wün-
sche ich, daß du auch fernerhin dein Weib so lieben
mögest. Sollte sie wieder zu dir kommen, so bleibe
ich in ihrem Dienst bei dir, so lange sie es erlaubt; sollte sie aber nicht wieder kommen, so will
ich dich nicht verlassen, bis ich sterbe."

Der Kourou fließt südöstlich 12 Meilen
vom Sinamary. Bei seiner Mündung, wo er
von Sandbänken und einer Reihe flacher Klippen gleichsam gesperrt zu seyn scheint, mag seine
Breite eine halbe Meile betragen. Jener Hindernisse aber ungeachtet laufen doch Schiffe in
dem an der Nordseite befindlichen Fahrwasser anderthalb Meilen weit in den Fluß ein und gehen
dem Flecken schräg gegenüber, welcher eine Meile
von der Mündung des Flusses an dessen linken
Ufer liegt, vor Anker, wo sie 4 bis 5 Faden
Wasser finden.

Im Jahr 1665 legten die Franzosen hier
eine Colonie an, und im Jahr 1714 errichteten
die Jesuiten, welche wie allenthalben, so auch hier
sich einfanden, daselbst eine Missionsanstalt. Auch
gelang es ihnen, verschiedene umherstreifende und
größtentheils in Wäldern wohnende Nazionen

an sich zu ziehen; und noch jetzt befindet sich dort
ein nicht unbeträchtlicher Flecken, der von einigen
Franzosen aus Cayenne erweitert worden ist.

Diese Colonie liegt 14 Meilen von Cayenne an einer schönen Bucht und wird vom Kourou bewässert. Sie ist mit Pallisaden, kleinen
Redouten und Bastionen befestigt. Die Straßen
sind durchaus schnurgrade und laufen auf den
Platz zu, wo die Kirche steht, in welcher die Pflanzer und Indianer, welche dem katholischen Got-
tesdienste noch anhängen, sich 2 mahl des Tages
zum Gebet versammeln.

Man findet mehrere einzelne zerstreuete Hütten am Kourou und den sich in denselben ergießenden Flüssen. Diese sind alle sehr fischreich und
die Gegenden, welche sie bewässern, nicht minder
fruchtbar.

Nahe an der Mündung des erstern liegen
auch eine Menge flacher Klippen, an welchen die
Meereswogen abprallen und bei großer Hitze, be-
sonders beim Nordwinde, viel Salz zurück lassen.
— Die schon erwähnten Teufelsinseln liegen 4
Meilen vom Ausfluß des Kourou.

Der Fluß Makouria fließt 3 Meilen südöstlich von jenem. An seinen reizenden flachen
Ufern findet man die schönsten Wiesen, auf welchen das Vieh in kurzer Zeit fett wird. Auch

ist die ganze Strecke mit Colonisten-Häusern und
Ställen besetzt, welche die Einwohner von Cayenne hier dicht an einander gebauet haben. Die
Ufer dieses Flusses sind mit Paleturiers oder Man-
gliers (Rizophora Linn.) eingefaßt, und werden
bei hohem Wasser ganz überschwemmt. Es hängen sich dann viele Austern an die Bäume und
man kann mit Recht sagen, daß man alsdann
von den Zweigen derselben Muscheln lesen kann.
Diejenigen aber, welche die Austern sammeln,
müssen wohl darnach sehen, daß sie diese nicht anders abnehmen, als wenn sie vom Meerwasser benetzt sind, denn nur alsdann haben sie die erforderliche Salzigkeit; sind sie aber nur vom Fluß-
wasser angefeuchtet, so werden sie unschmackhaft
und ungesund.

Die Paleturiers wachsen außerordentlich dick
und dicht, wenn ihre Zweige, welche sich zur Erde
niederbeugen, wieder Wurzeln treiben, so daß sie
auf diese Art dann undurchdringliche Wälder und
an einigen Stellen einen festen und sichern Weg
bilden, auf welchem man 15 bis 20 Meilen weit
gehen kann, ohne einen Fuß auf die Erde zu
setzen.

Unter diesen Bäumen werden auch eine große
Menge Krabben gefangen, welche den Schwarzen
auf den Pflanzungen zur gewöhnlichen Nahrung

dienen. Auch arme Pflanzer leben zum Theil
davon.

Die Bäume, welche die Franzosen das rothe Holz und die Indianer Coumery nennen,
wachsen häufiger an den Ufern des Macouria,
als an den andern Flüssen. Diese Bäume sind
sehr harzig und verbreiten weit umher einen starken angenehmen Geruch. Aus den Stamm dieses Baums träufelt ein rother Saft, welcher ein
herrlicher Balsam für alle Arten von Wunden
ist. Schlangen, besonders die sogenannten Klap-
perschlangen, sind in dieser Gegend sehr häufig.

Vom Macouria bis zum Fluß Cayenne sind
noch 6 Meilen nach Südosten. Die Küste zwischen beiden ist niedrig, flach und voll schöner, reicher Pflanzungen, welche nahe bei einander liegen. Auch liegt am Fluß Cayenne ein großer
Flecken, Rouara genannt.

Der Fluß Ouya trennt die Insel Cayenne
von dem festen Lande. Es ist ein schöner Fluß,
der an seiner Mündung wohl eine Meile breit
ist. Vier starke Meilen von derselben liegt ein kleines Dorf mit Namen Aroura. Der Fluß theilt
sich in 2 Arme, wovon der eine Orapu und der
andere der Genuesische Fluß, nach einem
Genuesischen Grafen heißt, der im J. 1695 Befehlshaber einer Französischen Eskader war. Man

hatte vom Ufer des Orapu einen Weg angelegt,
um zu Lande bis nach dem Amazonen-Fluß zu
gehen, nicht allein in der Absicht, um die Portugiesen, welche sich in den unter dem französischen
Gouvernement von Cayenne stehenden Ländereien
niedergelassen hatten, zu vertreiben, sondern auch,
um mit sehr vielen Indischen Nazionen einen
Handel anzufangen, und zugleich auch um Gold-
minen zu entdecken, die man hier zu finden glaubte.

In diesem Reviere liegt auch das Cap Bom-
bē, die Rocheninsel, der Echoberg, die kleinen
von der Natur gebildeten Häfen Comory und
Chourou, die Genuainsel u. s. w. auf welchen
man verschiedene Gemeinden gebildet hat.    In
den Gegenden, wo der Ouya entspringt, wohnt
die Nazion der Nouragues.

Die Ufer des Flusses Caux, welche von Indianern bewohnt werden, gewähren dem Auge den
Anblick eines Landes, welches eben so fruchtbar
als reich an Wildprett, und zum Fischfang sehr
gelegen ist, so daß es den dortigen Pflanzern an
nichts fehlt.

Wenn man die Küste verfolgt, so stößt man
zunächst auf den Fluß Aprouak, welcher an seiner
Mündung 2 Meilen breit ist.  Schildkröten und
Meerkühe werden hier in Menge gefangen. Fährt
man den Fluß hinauf, so trift man Spuren von

einem Fort, welches die Holländer hier erbauten, als sie sich hier festsetzen wollten, nemlich einen 40 bis 50 Fuß hoch aufgeworfenen Wall mit einem Graben umgeben, in welchem sich ein Brunnen befindet; die übrigen Festungswerke sind gänzlich verfallen. Auch findet man hier noch sehr viele Citronen- und Pomeranzenbäume, welche die Holländer ehemals in diesen Gegenden angepflanzt hatten.

Der Fluß Oyapok ist einer der beträchtlichsten im französischen Guiana. Er ist an seiner Mündung 2 Meilen breit und fällt in eine Bay, welche 4 Meilen breit ist, und an deren östlicher Spitze das Cap Orange liegt. 5 oder 6 Meilen vom Ausflusse macht der Strom eine Bucht, welche einen sehr schönen Hafen bildet, wo die Schiffe dicht am Lande 6 Faden Wasser finden. Die Franzosen besitzen hier einen großen Flecken und ein Fort und sind mit befreundeten indianischen Nazionen umgeben. 2 Meilen davon liegt die Dorfschaft Paul. Das Land ist sehr gut und trägt alle Arten Getreide und Früchte.

Der Fluß Couripy, ostwärts vom Oyapok, theilt sich in mehrere Arme. An den Quellen des Aroukaoua liegt ein Berg, welcher unter dem Namen des Kristalberges bekannt ist, wegen der weißen und durchsichtigen Steine, welche man in demselben findet.

Die Insel Cayenne, ehemals von ihren ältern Bewohnern Muccumbro genannt, ist ungefähr 6 Meilen von Norden nach Süden lang und 3 bis 4 Meilen breit. Ihr ganzer Umfang mag etwa 16 bis 17 Meilen betragen. Sie liegt nahe bei der Insel Camargue, welche von der Rhone gebildet wird, aber viel kleiner ist. Nach Norden umfließt sie das Meer, nach Westen der Fluß Cayenne, der sie von Guiana trennt; nach Osten der Fluß Ouya und in Süden ein von dem Ouya und Orapu gebildeter Canal. Sie gehört folglich eigentlich noch mit zum festen Lande, da die Flüsse, welche sie davon trennen, selbst der, wovon sie den Namen hat, nicht sehr breit sind.

Die Küsten derselben sind hoch, in der Mitte aber ist das Land niedriger und an verschiedenen Stellen morastig. Der Boden ist sandig, auf der Oberfläche schwarz, 2 Fuß tiefer aber enthält er eine rothe Thonerde, aus welcher Backsteine, Ziegel, allerlei irrdenes Geschirr und Pfeifen gemacht werden können.

Ein aus dem Meere kommender Fluß, welcher bloßes Salzwasser enthält, theilt die Insel fast in 2 gleiche Theile, erleichtert den Transport der Kaufmannsgüter und die Verbindung der

Pflanzungen untereinander. Die Insel hat aber auch einige Bäche mit dem schönsten süßen Wasser, an deren Ufern viele Zuckermühlen erbauet sind.

Die Insel hat einige kleine Berge und Hügel, welche beinahe alle angebaut sind. Die beträchtlichsten im nördlichen Theile der Insel sind: der Brückenberg, der Remontabo, Mont-Joli und Mahuri. Tiefer hinein und im südlichen Theile liegen der Berg Baduel, der Tiegerberg, der Papagaienberg, der Franziskanerberg und der Matouri. Alles übrige ist niedriges, feuchtes, doch sehr fruchtbares Land, welches aber während der Regenzeit an manchen Stellen ganz unter Wasser steht.

Die Stadt Cayenne nebst dem Fort liegt auf der südlichen Spitze der Insel unter dem 4ten Grade 55 Min. der Breite und 54 Gr. 37 M. der Länge.

Der Hafen liegt westlich von der Stadt an der Mündung des Flusses Cayenne, welcher mit 2 Armen ins Meer fällt. An jedem derselben liegt ein Vorgebürge, das eine Ceperou, das andere Mahouri genannt. Zwischen diesen beiden Landspitzen, welche einen sehr guten natürlichen Hafen bilden, können über 100 Schiffe sicher liegen. Auch könnten sie noch weiter hin unter den

Canonen des Forts vor Anker gehen, wenn das Einlaufen nicht durch Sandbänke, Untiefen und Schlamm erschwert würde. Vor einigen Klippen, welche mit der Wasserfläche gleich sind, hat man sich gleichfalls in Acht zu nehmen.

Der Rhede gegenüber, auf einer Anhöhe welche den Hafen beherrscht, und noch mit im Umfang der Stadtmauer, liegt das Fort. Die Lage ist sehr vortheilhaft, nur fehlt es an süßem Wasser. Es muß daher Regenwasser in Cisternen daselbst aufbewahrt werden. Auch ein Pulvermagazin befindet sich im Fort. An beiden Seiten des Hügels, worauf es liegt, können Schaluppen und Barken sich bis auf einen Fuß dem Ufer nähern, wo sie, wie in einem kleinen Hafen, in einem Halbzirkel liegen, wovon ein Felsen die Spitze ausmacht. Das Gestade des Meers besteht hier eine Viertel Meile weit aus schönem Sande.

Das Fort hat 3 bis 4 mal seinen Namen verändert. Anfangs wurde es das Fort St. Michael genannt, weil die Franzosen es am Michaelistage eingenommen hatten. Nachher nannte man es aus Schmeichelei das Fort des heiligen Ludwigs. Die Revolution hat ihm diesen Namen wieder genommen und ihm von seiner Lage

den Namen Fort Ceperou gegeben. Auch wird
es jetzt das Fort der Freiheit genannt.

Die Stadt Cayenne liegt am nordwestlichen
Vorgebürge Ceperou und stößt an eine 2 Meilen
lange Ebene, welche aber billig mit schiffbaren
Canälen durchschnittten seyn sollte, theils, um dem
gewöhnlich darauf stehenden Wasser, welches im
Sommer oft gefährliche Fieber erzeugt, freien
Abfluß zu verschaffen, theils aber auch, um die
Verbindung mit dem andern Theil der Insel zu
erleichtern.

Die Stadt bildet ein unregelmäßiges Sechs-
eck und ist mit Mauern und 5 Bastionen nebst
einigen Ravelins und einem Graben umgeben, bei
deren Anlegung man sich aber nach dem Boden
richten mußte. Sie hat nur 2 Thore; das nach
dem Hafen zu, heißt das Hafenthor, und das
andere nach der Landseite hin, das Thor Remire.
Ueber den Graben führt eine Brücke, welche durch
ein verpallisadirtes Außenwerk gedeckt wird.
Die Straßen sind breit, schnurgerade, und bei
trocknem Wetter reinlich genug, obgleich nicht ge-
pflastert, welches nur unnöthige Kosten verursachen würde, da der sandige Boden bei gutem
Wetter in einer Stunde abtrocknet, wenns geregnet hat. Eine Straße heißt die Höllenstraße.
Die eigentliche Veranlaßung zu dieser sonderba-

ren Benennung ist nicht bekannt. Soviel ist
aber gewiß, daß man hier wenigstens jetzt nicht
mehr an die Erscheinung von Teufeln glaubt, wie
die schlauen Mönche zu Paris ehemals von einem
gewissen Plaß dieser Stadt glauben machten, den
sie gern für sich haben wollten und den man ihnen auch wirklich gab.

Man zählt in der Stadt Cayenne nicht viel
über 200 Häuser, und von diesen haben nur wenige 2 Stockwerk. Größtentheils sind sie von
Holz und die Wände von Lehmerde mit Stroh,
welche inwendig mit Kuhmist überzogen und an-
geweißt werden. Das Dach besteht aus Schindeln oder kleinen auf einander gelegten Brettern.
Man bauet hier mehrere Zimmer in einer Reihe,
da es nicht an Raum fehlt und diese Bauart
weniger kostbar ist. Auch sorgt man dafür, daß
die Gemächer groß genug sind, damit es nicht an
frischer Luft darin fehle. Sie werden jetzt auch
höher wie sonst gebauet, mit großen Fenstern, die
von der Decke bis zum Boden reichen. Die
Meublen sind eben nicht sehr prächtig, obgleich
der größte Theil der Einwohner sie eben so kostbar als in Frankreich haben könnte. Sie sehen
aber mehr auf Bequemlichkeit, als auf luxuriösen
Prunck.

Unter die massiven Häuser von mehrern

Stockwerken gehört auch das Haus des Gouverneurs, welches am Waffenplatze liegt, so wie auch die ehemalige Pfarrkirche und Schule; ferner die Caserne, die Magazine und das Hospital, welche an der andern Seite der Stadt nach dem Meere zu liegen.

Die Nothwendigkeit ihre Ländereien selbst zu verwalten, nöthigt die meisten Colonisten, sich auf ihren Pflanzungen aufzuhalten. Auch ziehen sie das Landleben der Stadt vor, welche daher nicht so bevölkert ist, als sie sonst wohl seyn könnte. An Festtagen aber, oder bei besondern Gelegenheiten, z. B. wenn Revüe gehalten wird, kommen sie gewöhnlich zur Stadt, entweder in ihren Fahrzeugen, oder lassen sich auch in ihren Hängematten hertragen. Sie haben dann ein zahlreiches Gefolge von Negern und Negerinnen, welche mit allerlei Geflügel, Caßava, Taffia *), Wurzeln und andern Lebensmitteln und nöthigen Bedürfnissen für die ganze Zeit ihres Aufenthalts in der Stadt beladen sind. Auch beim geringsten Allarm sind alle Einwohner und Pflanzer verpflichtet, sich nach der Stadt zu begeben.

Die

*) Eine Art Brantwein, der aus dem Saft des Zuckerrohrs durch Gährung bereitet wird.
A. d. U.

Die ganze Colonie wird von einem Gouverneur oder Nazionalcommiſſair regiert; das Landge-
richt ſpricht jedoch in letzter Inſtanz und erkennet
in allen Angelegenheiten, welche die Einwohner an-
gehen.

Außer der Stadt Cayenne, der Hauptſtadt
des ganzen Departements vom franzöſiſchen Guiana, befinden ſich auf der Inſel dieſes Namens
noch verſchiedene Gemeinheiten oder Diſtricte,
welche mehrere Pflanzungen in ſich faſſen. als
Remire, Mahuri und Matouri. Am Fuße der
Berge und Hügel daſelbſt liegen die fetteſten Wei-
den, auf welchen beſtändig Pferde, Hammel, Ziegen und größeres Hornvieh graſet, was aus Europa her gebracht wurde und ſich hier außerordentlich vermehrt. Im Monat September aber
ſteckt man gewöhnlich das Gras in Brand, um
den Boden mit der Aſche deſſelben zu düngen.
Die Inſel hat auch anſehnliche Holzungen, worin
ſich viel Wildprett aufhält.

Der Boden der Inſel iſt nicht allenthalben
gleich gut. Der nördliche Theil derſelben iſt der
beſte und geſundeſte, auch am meiſten angebaut.
Der ſüdliche Theil liegt viel niedriger und beſteht
faſt aus lauter großen Wieſen oder den ſogenann-
ten Savanen, welche zur Regenzeit größtentheils
unter Waſſer ſtehen. Obgleich das Land zum Theil

R

unter der Linie liegt, so ist die Hitze doch hier
so gar drückend und unerträglich nicht, wenigstens
nicht anhaltend. Ein frischer Ostwind kühlt alle
Morgen die Luft sehr ab und verursacht zuweilen
eine so empfindliche Kälte, daß man oft genöthigt
ist, Feuer anzumachen; beinahe 9 Monate im
Jahre regnet es, wodurch das Land so feucht
wird, welches aber auch von den vielen Flüssen
und Bächen herrührt, die es bewässern.

In den 3 Monaten, wenn der Himmel hei-
ter ist, d. h. im Sommer, kommt oft ein Theil
des Viehes, welches dann weder Gras noch Wasser findet, vor Hunger und Durst um; und eine
zahllose Menge von Fliegen und Insecten würden
auch den Menschen das Leben ganz unerträglich
machen, wenn dies Geschmeis sich nicht selbst einander aufriebe. Hiezu tragen die sogenannten
Laufameisen besonders viel mit bei. Wenn diese
in eine Gegend kommen, welches immer jährlich
einmal geschieht, so tödten sie alles, was sie von
Fliegen, Wespen, Spinnen und sogar von Ratten
vorfinden. Die Letztern, wären sie auch noch so
groß, verwandeln sie gleichwohl in wenig Augen-
blicken zu Skeletten.

Die ganze Gegend war ehemals sehr ungesund; seit der Urbarmachung des Landes aber ist
die Luft reiner und gesunder geworden. Die Kin-

der starben sonst gewöhnlich gleich nach der Geburt an einer schrecklichen Krankheit, den Teta-
nos; jetzt kann man sie aber hier doch auch groß
ziehen. Bösartige Fieber und Blattern sind hier
selten. Nur in der Stadt und der morastigen
Gegend, in welcher sie liegt, herrschen während
der trocknen Jahrszeit einige schwer zu heilende
Fieber.

Ohne den langen Regen und die darauf folgende Trockenheit würde man hier gar keinen
Wechsel der Jahrszeiten kennen. Man kann zu
jeder Zeit ärndten. Einige Bäume tragen beständig reife Früchte, indeß andere blühen. Auch
verlieren sie ihre Blätter nie. Im März und
September steht die Sonne hier senkrecht und
Tag und Nacht sind hier immer gleich. Der
Thau, welcher gewöhnlich gegen 4 Uhr Morgens
fällt, ist so kühl, daß man sich ganz zudecken muß,
wenn man sich etwa beim Schlafengehen dieser
veränderten Temperatur der Luft zu sehr ausgesetzt hatte. Dieser Thau ist so scharf, daß er
eine Stange Eisen in kurzer Zeit anfrißt.

Die Regenzeit oder der Winter kündigt sich
im Monat October durch häufige Hagelschauer
an. Den ersten Regen nennt man den Acajou-
regen, weil diese Früchte alsdann reifen. Auf
diesen folgt aber bald der starke anhaltende Re-

gen, während welchem man kaum die Meublen
in den Häusern vor Nässe und Feuchtigkeit bewahren kann. Es regnet dann die ganze Nacht
und zuweilen auch bei Tage so heftig, daß der
Boden in einer Stunde allenthalben überschwemmt
ist. Es vergehen aber auch kaum 6 Tage im
ganzen Jahre, daß die Sonne sich nicht auch in
ihrem vollem Glanze zeige, so daß man an etwas erhabenen oder solchen Orten, wo sich keine
Sümpfe befinden, immer arbeiten und spazieren
gehen kann. Auch findet das Vieh während der
Regenzeit allenthalben gutes Futter.

Anfangs Juny nimmt der Regen ab und hört
gegen den 10ten Jul. ganz auf. Von dieser Zeit
an bis zum 10ten November fällt kein Tropfen
Wasser vom Himmel. Doch finden auch Aus-
nahmen von der Regel nach den Ungleichheiten
der Jahre und der örtlichen Verschiedenheit statt.
Weniger regnet es in den urbar gemachten Gegenden als in denen, welche noch ganz mit Holz
bewachsen sind; weniger zu Cayenne und am Kourou, als am Oyapok, überhaupt aber weit mehr
am Marony und in Surinam, als in den französischen Colonien.

Die in diesen Gegenden über das Clima au-
gestellten Beobachtungen stimmen zugleich mit dem
Zeugniß glaubwürdiger Männer überein, von de-

nen einige sich lange in diesen Gegenden aufge-
halten haben. Ein englischer Reisender erklärt
sich hierüber folgendermaßen. „Im Ganzen verspricht das Land denen sehr viel, welche es anbauen wollen. Die Luft ist so rein und gesund,
daß man hier allenthalben Greise von 100 Jahren und darüber antrifft. Wir brachten alle
Nächte ohne weitere Bedeckung unter freiem Himmel zu, gleichwohl hatte ich auf meiner ganzen
Reise keinen einzigen Kranken."

Labat, der über ein Jahrhundert später
dies Land beschrieb, rühmt das Clima von Cayenne ebenfalls sehr, und stützt sein Urtheil auf sehr
gute Gründe. Er sagt unter andern: „diese Insel ist eine der angenehmsten von der Welt. Das
Clima ist so gemäßigt, daß man sich nur im
Schatten legen, oder dem Winde etwas aussetzen
darf, um eine heilsame Kühlung zu genießen."

Die Krankheiten, welche hier lange herrsch-
ten, entstanden von den Ausdünstungen des neu-
entdeckten Landes. Auch erzeugt die Lebensart
der neuen Ankömmlinge oft tödtliche Krankheiten.
Die meisten nemlich trinken, sobald sie ans Land
kommen, sehr begierig frisches kaltes Wasser und
nachher den Saft des Zuckerrohrs, mit Pomeranzen, Citronen, und Acajouäpfeln. Alle diese
Früchte sind sehr kühlend, und ihr Genuß nicht

selten der Gesundheit nachtheilig. Auch giebt es
Leute, welche unvorsichtig genug sind, sich an die
freie Luft aufs Gras zu legen, daselbst einzuschla-
fen und so die ganze Nacht darauf zuzubringen.
In diesem Zustande, wo die kühle Luft, der
Thau und die Ausdünstungen des Bodens zugleich auf sie wirken, ist es eine ganz natürliche
Folge, daß sie Coliken und hitzige Fieber bekommen. Sonst kann man, wenn man nur etwas
vorsichtig und mäßig im Genuß ist, in diesem
Lande ganz gesund seyn. Man findet hier alles
im Ueberfluß, was die Sinne reizt, und die Natur scheint beinahe ihren ganzen Reichthum hier
erschöpft zu haben. Ein geschickter Arzt, Namens
Barrere *), welcher sich verschiedene Jahre im
französ. Guiana aufhielt und auch ein vortreffliches Werk darüber herausgegeben hat, schildert es
ebenfalls als ein Land, wo man lange vollkommen
gesund leben könne.

*) Ein Vorfahr des nachher dahin deportirten Convents-
mitgliedes.

Anm. d. U.

# Zwölfter Abschnitt.

Beschreibung der wichtigsten und merkwürdigsten Pflanzen
und Bäume im französischen Guiana und zu Cayenne.

Der Boden ist in diesen Gegenden sehr fruchtbar und trägt beständig im Ueberfluß. Da Wärme und Feuchtigkeit die Hauptbeförderungsmittel
des Wachsthums sind, so darf man sich freilich
nicht wundern, daß die Natur so fruchtbar in einem Lande ist, wo beides zusammentrifft. Man
kann nicht umhin, die Verschiedenheit der Erzeugnisse aller Art sowohl im Pflanzen- als Thierreich
daselbst zu bewundern.

Die Bananas oder Pisangfrucht ist
das Hauptnahrungsmittel der Einwohner von Cayenne. Der Baum, auf welchen sie wächst, (Mu-
sa Paradisiaca, Lin.) ist so groß wie ein Birnbaum und hat eine rauhe schuppige Borke. Der
Stamm erreicht eine Höhe von 10 bis 12 Fuß
und stirbt ab, wenn er Früchte getragen hat.
Seine Blätter sind länger als die irgend einer
bekannten Gattung; man glaubt daher, daß die

erften Menfchen fich derfelben bedienten, um ihre
Blöße zu bedecken. Aus dem Gipfel des Baums
steigt ein einziger großer Zweig in die Höhe, der
röthliche Blüten trägt, auf welche die Frucht von
der Größe der Gurken folgt. Das Fleisch derselben ist sehr fest, saftig und von lieblichem Geschmack. Zu Cayenne ißt man sie roh und im
Wasser abgekocht mit Wein oder Salz; oder
aber auch, wenn sie im Backofen, in der Pfanne,
auf dem Rost oder an der Sonne gedörrt ist.
Auch kocht man sie zu Brei und macht einen angenehmen Trank daraus. Die mit der Haut im
Wasser abgekochten Pisangs machen dasselbe süß,
und wenn man die Haut abgeschält hat, so brauet
man noch ein für die Neger sehr nöthiges Getränk daraus.

Es giebt vom Bananas oder Pisangbaum
mehrere Arten, von denen jeder Colonist auf seiner Pflanzung wenigstens einige haben muß. Dieser Baum vermehrt sich wie der Ananasbaum
durch Sprößlinge, welche aus der Wurzel des
Baums hervorwachsen. Man pflanzt ihn zu allen Zeiten und in jedes Land, besonders aber an
Regenbächen und Flüssen, weil er gern an feuchten Orten wächst. Er trägt schon zu Ende des
ersten Jahrs, und bedarf weniger Wartung. Man
hat weiter nichts dabei zu beobachten, als den

Boden vorher etwas von Unrath zu säubern und
zu verhindern, daß er nicht von Lianen umrankt
wird. Der Stamm, wäre er auch noch dicker
als ein Birnbaum, kann leicht mit einem einzigen
Hiebe abgehauen werden.

Die sogenannte Bananasfeige ist eine besondere Gattung kleiner und zarter Früchte. Die
Indianer wickeln sie, um sie früher zur Reife zu
bringen, in Blätter von demselben Baume und
legen sie in einen Winkel ihrer Hütten, wo sie
in einigen Tagen reif werden und eine schöne gelbe Farbe bekommen. Die Einwohner von Cayenne setzen sie als Beiessen und auch als Desert
auf den Tisch. Die Portugiesen aber wagen es
aus Aberglauben nicht, davon zu essen, weil, wenn
sie sie queer durchschneiden, sie die heilige Figur
des Kreuzes darin zu entdecken glauben, ob es
gleich eigentlich nur die Gestalt eines Y ist.

Der Manies oder der große Kugelbaum
(eine Species von Globularia Lin.) ist von beträchtlicher Größe. Seine Zweige, welche lange
und dicke Blätter haben, geben vielen Schatten.
Die Frucht gleicht einer Canonenkugel und hat
6 bis 8 Zoll im Durchmesser. Sie hat eine röthliche, einen halben Finger dicke Rinde, die so weich
als Leder ist, und welche man wie die Schale einer Pfirsche abschält. Sie schmeckt und riecht

sehr gut, wenn sie zerschnitten wird. Man macht
sie ein, kocht sie zu einem weichen Brei oder
macht auch eine Art Backwerk davon, welches
alles, was man in der Art hat, weit übertrifft.

Der Calebassier (Crescentia Cujete. Lin.)
oder Kürbisbaum ist auf einer Pflanzung unentbehrlich. Seine schönen grünen dicken Blätter
sind 5 bis 6 Zoll lang und einen Zoll breit. Sie
haben keinen Stiel und sitzen an den Zweigen
dicht hinter einander. Die Frucht hat die Gestalt eines Kürbisses. Man gießt kochend heißes
Wasser hinein, um das Mark derselben zu erwei-
chen, welches man nachher mit einem Stocke her-
ausstößt. So ausgehölt machen die Neger und
Indianer dann Flaschen, Schüsseln, Schalen und
mehreres andere Hausgeräth davon. Einige graben auch zur Verzierung nach ihrer Art groteske
Figuren hinein, und ob sie gleich weder Lineal
noch Zirkel dabei gebrauchen, so sind ihre Zeich-
nungen doch zuweilen ziemlich richtig.

Ferner findet man hier den Apricosenbaum,
(Prunus Armeniaca. Lin.) von St. Domingo.
Diesen Beinahmen hat er daher, weil der erste
Samen desselben von dieser Insel kam. Er ist
ein sehr schöner, großer, dick belaubter Baum,
dessen Zweige sich piramidenförmig erheben, und
der daher sehr gut an einem Lustplatze steht. Seine

Blüte hat einen sehr angenehmen Geruch den auch die Liqueurs, welche damit abgezogen werden, annehmen. Die Frucht selbst ist rund und etwas größer als ein Spielball. Die Rinde ist braun und gespalten; das Fleisch etwa einen Zoll dick, gelb wie Quitten und sieht beinahe wie das der europäischen Apricosen aus, deren Geschmack es auch hat. Der Kern ist beinahe so groß als ein Hühnerey, runzlich und mit einer fasrigen Haut umgeben. Man ißt sie entweder roh oder mit Wein, auch macht man köstliche Gelees davon.

Der Acajoubaum (Anacardium occidentale L.) wächst gewöhnlich krum und wird daher nicht sehr hoch. Seine Frucht ist ein Apfel mit einer grünen Nuß, welche wie eine Wallnuß schmeckt und geröstet gegessen wird. Ihre Schale läßt sich nur mit einem Messer oder mit dem Hammer öfnen und enthält ein kaustisches Oel, welches heftige Schmerzen verursachen würde, wenn man sie in den Mund nähme. Dieser Baum wird oft so groß und dick, daß man 40 bis 50 Fuß lange Piroguen und breite Tische daraus macht.

Der Johannesbaum oder Mai (wahrscheinlich Ceratonia siliqua. Lin.) wird nicht dick, sondern schlauk und hoch, und hat nur oben in der Krone einen Büschel Laub.

Der Avocat (Laurus persea. Lin.) ist ein

Fruchtbaum, nicht völlig so groß als der Apricosenbaum und dient, so wie dieser, zur Zierde der Gärten. Seine Frucht hat einen angenehmen Geschmack. Man ißt sie wie Melonen gewöhnlich mit Pfeffer und Salz.

Der Bache, eine Art Palmbaum ist groß und schön. Seine Blätter sind ganz platt und sitzen in Form eines Fächers. Ehe sie sich entfalten, haben sie die Gestalt eines zusammengeschlagenen, so wie sie sich aber ausbreiten, die eines geöfneten Fächers, nur mit dem Unterschiede, daß die Blätter spitz zugehen und nicht fest an einander sitzen. Sie dienen zu Sonnen- und Regenschirmen.

Der Rothholzbaum (Caesalpinia Sappan. Lin.) ist von ansehnlicher Größe. Die Rinde, welche sehr hell brennt, gebraucht man statt der Fackeln.

Der Ferolen oder bunte Marmorbaum hat ein mit rothen, gelben und weißen Adern wie Marmor oder Jaspis durchwebtes Holz. Seinen erstern Namen hat er daher, weil man ihn zuerst im Schutthaufen eines dem Herrn von Feroles, ehemaligen Gouverneurs von Cayenne, zugehörigen Gebäudes entdeckte. Das Holz dieses Baums wird häufig zu eingelegten Arbeiten so wie zu Meublen gebraucht und sehr gesucht.

Der sogenannte Eyerbaum ist eine Art Pflaumenbaum. Er wächst bis zu einer beträchtlichen
Höhe und trägt eine Frucht, welche einem Ey
ähnlich, aber größer und so nahrhaft ist, daß man
selbst in den wüstesten und unbewohntesten Gegenden außer aller Gefahr ist, Hungers zu sterben,
wenn man nur einen solchen Baum findet. Die
Frucht desselben ist zwar nicht die angenehmste
von Geschmack, und macht den Mund verziehen,
aber sie ist sehr nahrhaft und ganz unschädlich.
Zwei wegen Verrätherei auf eine Insel verwiese-
ne und zum Hungertode Verdammte lebten 3 Monate lang bloß davon, und blieben dabei vollkommen gesund.

Der Mahot Frank oder der französische
Palmbaum ist ein krummer Baum, der, obgleich
sehr gemein, doch nicht weniger nützlich ist. Die
Einwohner von Cayenne sagen, daß sie ohne ihn
nichts anfangen können. Seine Rinde besteht aus
lauter Fasern, die sich gut zu Stricke verarbeiten
lassen. Will man dort etwas binden, so geschiehts
mit Mahot=Stricken. Die Indianerinnen binden
solche um die Stirne, wickeln die Enden um ihren Tragkorb auf den Rücken, und erleichtern sich
auf solche Art das Tragen. Die Neger sowohl
als die Indianer wohnen gewiß ganz bequem,
wenn sie sich von einem Mahotbaum eine Hütte

bauen können. Das Holz desselben ist weich und
eins von denen, welches sich durch Reiben entzündet.

Der Monbin ist eine Art Pflaumenbaum.
Seine gelbe längliche Frucht riecht vortreflich und
schmeckt ganz angenehm, nur etwas gewürzhaft,
und hat wenig Fleisch. Auch macht sie die Zähne stumpf. Man bereitet ein Muß davon, welches der Farbe nach dem, was man von Apricosen macht, sehr gleicht, und das vortreflichste ist,
was man von der Art hat. Mit Weingeist vermischt, erhält man daraus einen sehr angenehmen
Liqueur. Wenn die Indianer Anfälle von der
Gicht oder ähnliche Schmerzen haben, so machen
sie ein Loch in die Erde, werfen glühende Kohlen
hinein und schütten auf diese die Kerne der Mom-
bin-Pflaumen. Sie halten dann das Knie oder
das kranke Glied so lange über die Oefnung, als
sie den Dampf ertragen können und heilen sich
auf diese Art.

Der Baum Dulemary wächst sehr hoch.
Seine Blätter sind glänzend und gleichen denen
des Citronenbaums. Er hat eine braune, einen
Zoll dicke Rinde, welche inwendig sich in verschiedene zusammengefaltete glatte und so dünne Blättchen, wie die des Indianischen Blumenrohrs, (Can-
na indica. Lin.) zertheilt, auf welchen man wie

auf Papier schreiben kann. Diese Blätter dienen den Indianern noch zu einem andern Behuf. Sie wickeln ein Tobacksblatt so fest als möglich hinein und machen daraus die von ihnen sogenannten Cigalen, welche die Stelle der Pfeifen vertreten.

Der Palipou oder Parepou gehört in die Classe der Palmbäume. Die Frucht ist von sehr mittelmäßiger Größe. Man pflegt sie zum Desert bloß mit Wasser und Salz abgekocht auf den Tisch zu setzen. Ihr Geschmack ist eben nicht anziehend und man gewöhnt sich nur mit Mühe daran. Dies giebt sich jedoch bald und man ißt sie dann sehr gern. Sie reizt den Gaumen, erregt Durst und macht auch guten Appetit zum Essen.

Der Sapotill, (Achras Sapota. Lin.) ein großer Baum, der auch zur Zierde der Gärten dient, trägt seine Zweige trichterförmig. Aus der Mitte steigt einer davon gerade in die Höhe und erhebt sich über alle ändern. Die Blätter sind von hellerer Farbe als die Orangenblätter. Man kann diesen Baum allenthalben hin verpflanzen und seine Frucht wird mit Recht für eine der besten in America gehalten.

Mit den Blättern des Tourloury werden, kreuzweise übereinander gelegt, die Hütten gedeckt.

Sie sind fast eben so dauerhaft als Schindeln und fangen nicht leicht Feuer. Ein solches Blatt ist oft 15 bis 16 Fuß lang.

Der **Papayer**, (Carica Papaya. Lin.) eine Art Melonenbaum, sowohl der männliche als weibliche, hat keine Zweige. Seine ausgezackten mit mehrern Spitzen versehenen Blätter wachsen an einem Stengel, an dessen unterm Theile dicht am Stamme die Frucht gleichsam angeheftet ist. Man ißt dieselbe entweder roh oder mit Fleisch gekocht und eingemacht. Der Samen hat einen Pfefferartigen Geschmack. Pulverisirt ist er ein gutes Mittel gegen die Eingeweide-Würmer. Man nimmt in Zeit von einigen Tagen einen Skrupel davon ein, worauf sie bald sterben und abgehen.

Der **Cokosbaum** (Cocus nucifera. Lin.) eine Art Palmbaum, ist besonders wegen der großen Nutzbarkeit seiner Frucht äußerst schätzbar. Diese allein befriedigt die nöthigsten Bedürfnisse einer kleinen Haushaltung: sie giebt nemlich Speise und Trank, Zeug zur Kleidung und allerlei Hausgeräth. Die Cocosnuß ist ziemlich dick und hat eine harte Schale mit 3 länglichen Einschnitten in Form eines Triangels. Sie wird zu mancherlei Gebrauch verarbeitet. Man macht Gefäße aller Art, Becher und schön polirte durchsichtige

sichtige Tassen daraus. Noch ehe die Frucht völlig reif ist, zieht man eine beträchtliche Menge klares und wohlriechendes Wasser von einem angenehmen säuerlichen Geschmack aus derselben, welches nicht allein den Durst löscht, sondern auch die Brühen schmackhafter macht. Wenn die Frucht reif ist, so wird das Mark derselben fest, und schmeckt sodann wie Mandeln. Der Stamm des Cokosbaums hat Knoten, die gleich weit von einander sitzen. Seine Krone besteht aus langen Blättern, welche kreuzweis übereinander liegen und so wie bei den Palmen überhaupt die Stelle der Zweige vertreten. Er blühet alle Monat und ist daher zu gleicher Zeit mit Blumen und Früchten bedeckt. Die Indianer klettern, wenn der Baum blühet, an demselben hinauf, hauen die Stiele da, wo die jungen Cocosnüsse hervorkommen ab, und hängen einen kleinen irdenen Topf daran, in welchem dann der zur Nahrung und zum Wachsthum der abgeschnittenen Pflanze bestimmte Saft fällt, der sehr angenehm schmeckt und äußerst erfrischend ist. Derselbe wird daher auch sorgfältig gesammelt. Durchs Distilliren bekommt man davon den bekannten Arrak oder Rak.

Der Cacaobaum (Theobroma Cacao. *Linn*). wächst in verschiedenen Gegenden von Süd-Ame-

rica wild und man findet sogar ganze Wälder davon. Er ist von mittelmäßiger Größe und Dicke.
Seine ungefähr 9 Zoll langen und 4 Zoll breiten Blätter laufen spitzig zu. An die Stelle der
abfallenden Blätter wachsen gleich wieder andere.
Auch ist er immer mit sehr kleinen rosenfarbenen
Blüten bedeckt, die aber keinen Geruch haben
und größtentheils wieder abfallen. Man rechnet
kaum 10 von 1000, welche Früchte tragen. Der
Boden unter dem Baume ist daher immer mit
Blüten bedeckt. Wenn die Frucht völlig reif ist,
hat sie ungefähr die Größe und Gestalt einer
Gurke. Sie sieht röthlich aus, ist unten zuge-
spitzt und die Oberfläche wie bei der Melone ge-
rieft. Theils hängen die Früchte in großen Schoten unmittelbar am Stamme selbst, theils aber
auch an den größern Aesten, nicht aber an den
kleinern Zweigen, wie die meisten europäischen
Früchte. Jede Schote enthält 20, 30 bis 35 Ca-
caonüsse, welche durch eine weißliche erfrischende
Substanz von einander abgesondert sind. Man
unterscheidet im Handel besonders 2 Hauptsorten;
die erste und bessere heißt: Cacao Canaqué und
die zweite Cayenne-Cacao. Aus Westindien,
besonders von der Insel Martinike, kommt auch
viel Cacao. Man preßt aus demselben ein gewisses Oel, welches wie Butter gerinnt und des-

halb auch Cacaobutter genannt wird. Diese gebraucht man zu Cayenne, wenn es an anderer
Butter fehlt, auch in der Küche *).

Der Strauch, von welchem man den Rou-
cou oder Orlean erhält, wächst nirgends von selbst,
sogar nicht einmal an solchen Orten, wo er ehemals gebaut wurde, sondern muß aus dem Saa-
men gezogen werden. Die Franzosen, welche
zuerst die benachbarten Indianer besuchten, fanden bei denselben einiges Land mit diesem Strauch
bepflanzt, und sie selbst mit der davon gewonne-
nen Farbe beschmiert. Jene brachten etwas Samen davon mit nach Cayenne zurück, wo er sehr
gut gerieth. Dieser Strauch ist etwa so groß
als eine Haselstaude. Wenn er zu sehr in die
Höhe schießt, so schneidet man ihn oben ab, damit er sich mehr in die Runde ausbreite. Aus
der Rinde macht man Stricke. Seine großen
glatten, schöngrünen Blätter haben einen 2 bis
3 Finger langen Stiel und sitzen wechselsweise.
Die Zweige tragen 2 mal im Jahre an den Enden schöne, große, den Rosen ähnliche Blumen,
welche ins Fleischfarbene fallen, aber auch nicht

S 2

*) Die Cacaobutter wird auch oft als Arzeneimittel ge-
braucht.

A. d. U.

riechen. Auf diese Blumen folgt die Frucht,
welche sich in 2 länglichen, stachlichen Schoten
mit dunkelrothen Spitzen befindet, die wenn jene
reift, sich öfnen. Jede Schote enthält ungefähr
60 Samenkörner, welche in 2 Reihen sitzen. Diese
Körner sind etwa so groß als Coriander. Man
erndtet 2 mal im Jahre, im Sommer und im
Winter. Vermittelst eines auflösenden Aufgusses
erhält man einen Bodensatz, welches der Roucou
ist, den man zum Färben gebraucht. Der von
Cayenne wird sowohl von Natur, als in Rücksicht
der Zubereitung, für den besten gehalten.

Die Baumwolle, welche hier gebauet wird,
ist ungleich schöner und feiner, als die in andern
Gegenden von America wächst, ob man gleich ei-
gentlich überall nur eine und dieselbe Art bauet.
Die Baumwollenstaude (Gossypium herbaceum.
*Linn.*) wird nicht höher als 10 bis 12 Fuß und
trägt eine gelbe Glockenförmige Blume, auf welche
die Frucht von der Größe einer Nuß folgt.
Diese ist in verschiedene kleine Zellen abgetheilt,
deren jede einen Flocken weißer Wolle enthält.
Die Frucht öfnet sich auch von selbst, wenn sie
reif ist; sammelt man sie aber nicht zur rechten
Zeit ein, so verdirbt und verliert sich die Wolle.
Von der gröbsten macht man Polster und ordi-
naire Zeuge.

Erst i. J. 1721 hat man angefangen auch Caffe zu Cayenne zu bauen. Einige französische Flüchtlinge, welche nach Surinam gegangen waren, glaubten ohne Strafe davon zu kommen, wenn sie Caffeebohnen mitbrächten, welche die Holländer schon seit verschiedenen Jahren daselbst angebauet hatten. Man pflanzte die Bohnen zu Cayenne, welche auch bald aufschossen und Früchte trugen, die man dann unter die dortigen Colonisten vertheilte, so daß in kurzer Zeit die ganze Insel damit versehen war.

Der Caffeebaum wächst im französischen Guiana sehr geschwind und erreicht eine Höhe von etwa 10 Fuß. Aber erst im 3ten Jahre trägt er Früchte genug, um für die jährlichen Kosten seiner Unterhaltung zu entschädigen. Man glaubte anfangs zu Cayenne, daß der Baum sich nicht an das dortige Clima gewöhnen werde; doch wußte man bald alle Schwierigkeiten glücklich zu überwinden, und der hier erzeugte Caffee wird sogar für sehr gut gehalten. Jeder Strauch trägt des Jahrs 12 Pfund und die Erndte ist 2 mal im Jahre.

Der größte Reichthum der Colonie ist aber das Zuckerrohr. Es hat verschiedene Knoten und große ausgezackte Blätter. Aus dem Mark desselben wird in den Zuckermühlen ein Saft ausgepreßt, welcher gelinde eingekocht, den Sirop giebt. Dieser wird dann noch einmal bei einem stärkern Feuer in Kesseln gekocht, abgeschäumt, geläutert und in irdene Formen gebracht, worinnen er sich abkühlt, klärt, härtet und zum Zucker wird. Von dem schlechtesten Sirop und dem abgefüllten Schaum distillirt man noch einen guten Liqueur, welchen man Taffia nennt.

Die Liane (eine Art Epidendron. *L.*) ist ein zu Cayenne sehr gemeines rankenartiges Gewächs. Man unterscheidet mehrere Arten desselben. Einige dienen den Einwohnern zu Stricken, andere sind besonders den Jägern und Reisenden als ein durstlöschendes Mittel willkommen.

Die erstern schlängeln sich um die Bäume und senken, wenn sie die höchsten Zweige erreicht haben, einige Ranken ab, welche aufs Neue in der Erde wurzeln, aufschießen und sich wieder absenken. Andere Ranken hängen sich an die ihnen zunächst stehenden Pflanzen und Bäume an, und gewähren dann oft einen ganz besondern Anblick. Es giebt Lianen von der Dicke eines Arms, welche den Baum, den sie umarmen, gleichsam erdrücken. Oft ists der Fall, daß ein solcher Baum dann auf der Stelle verdorrt und ganz abfault. Die Lianen bleiben sonach allein zurück und hier ist es dann, wo sie dem Auge ein in der That sehenswerthes, einziges Schauspiel in seiner Art geben. Sie stellen nemlich eine gewundene, durchsichtige und ganz vor sich stehende Säule dar, welche durch Kunst schwerlich je so nachgemacht werden dürfte.

Die andere Art Lianen giebt, wenn man sie zerschneidet, ein helles klares Wasser, das man im Nothfall sehr gut zum Trinken gebrauchen kann. Das Merkwürdigste dabei ist, daß dies Wasser, an welchem Orte die Pflanze auch stehen mag, sowohl an der Sonne als im Schatten, und man mag sie zerschneiden wenn man will, immer gleich klar und frisch bleibt, auch sich beständig in reichlicher Menge findet.

Die Indigopflanze wächst nur etwa 12 Fuß hoch. Sie hat kleine, dicke, runde Blätter und ihre Blüten gleichen der rothen Erbsenblüte. Sie trägt lange, krumme Schoten mit kleinen Körnern. Das bekannte schöne, blaue Farbenmaterial zieht man aus der Rinde und den Blättern der Staude. Man erhält dasselbe vermittelst Einweichung in kleinen Kufen, worin sich ein Bodensatz ansetzt, den man nachher an der Luft trocknet, aber sorgfältig vor den Sonnenstrahlen bewahren muß.

## Dreyzehnter Abschnitt.

### Die merkwürdigsten vierfüßigen Thiere, Fische, Vögel, Insekten und Würmer zu Cayenne.

Tieger, besonders die hier sogenannten rothen Tieger, verhindern hier die Vermehrung der übrigen Thiere sehr. Sie kommen vom festen Lande herüber und gehen hier auf Beute aus, so daß man zuweilen genöthigt ist, Neger und Indianer zu versammeln, um Jagd auf diese reißenden Thiere zu machen. Hat man eins erlegt, so pflegt man mit dem Kinnbacken desselben, als Siegszeichen, auf den Pflanzungen umher zu ziehen, wo dann jeder Colonist dem, der das Thier erlegt hat, ein Geschenk macht.

Die Paquiras (Sus Tajassu. L.) sind eine Art wilder Schweine, nur kleiner und hier sehr häufig. Sie haben einen gespaltenen Huf und weiße Füße. Der Nabel sitzt bei diesen Thieren am Rückgrad und hat einen Auswuchs oder Geschwulst, welcher viel Muskus enthält und dem Fleische des Thiers diesen starken Geruch sehr bald mittheilt, wenn man ihm denselben nicht gleich, nachdem man es erlegt hat, abnimmt.

Die Faras, von den Indianern Rava-
les genannt, sind nicht eßbar, da ihr Fleisch einen widrigen Geruch hat. Indessen macht man
doch Jagd darauf, weil sie den Pflanzungen vielen Schaden zufügen. Dies Thier kommt blos
des Nachts aus seinen Schlupfwinkeln hervor und
läßt sich bei Tage gar nicht blicken. Das Weibchen hat eine doppelte Magenhaut, wovon die
äußere in der Mitte eine Oefnung hat. Hiedurch
wird an jeder Seite eine Tasche gebildet, worin
das Thier seine Jungen und zwar gewöhnlich in
jeder 2 trägt, bis dieselben im Stande sind her-
auszukommen und sich selbst ihre Nahrung zu
suchen.

Das Armadill oder Gürtelthier, von den
Landeseingebornen Cachicamo genannt, ist etwa
so groß als ein Spanferken. Auch schmeckt sein
Fleisch eben so. Es ist vom Kopf bis auf die Füße
mit einem festen harten Schilde bedeckt, welcher
es gegen jeden Angriff schützt. Wenn es sich in
Gefahr befindet, so rollt es sich kuglich zusammen.

Der Ameisenbär, (myrmecophaga didac-
tyla. *Linn.*) ist ein sehr sonderbares Thier. Es
hat einen so langen und dicken Fuchsschwanz, daß
es sich beim Regen, den es sehr scheuet, ganz damit bedecken kann. Es ist sehr haarig und etwa
so groß als ein Pudel. Die Indianer sind sehr

lüstern nach diesem sehr fetten, obgleich nur von Ameisen lebenden Thiere. Es fängt diese, indem es seine anderthalb Fuß lange Zunge in ihre Löcher steckt und sie nicht eher wieder zurückzieht, als bis es merkt, daß sie ganz von Ameisen besetzt ist.

Das Faulthier, (bradypus tridactylus. *Linn.*) hat seinen Namen von seinem außerordentlich langsamen Gange. Die Indianer nennen es Ai, nach dem Geschrei, welches es bey jeder Bewegung ausstößt. Es ist so groß, als ein mittelmäßiger Hund und hat einen weiten mit starken Zähnen besetzten Rachen. Seine Vorderbeine sind viel länger als seine Hinterbeine. Es hat ziemlich langes, aschfarbenes Haar, aber fast gar keinen Schwanz. Es lebt auf den Bäumen, von den Früchten, Blättern und Knospen derselben, bedarf aber außerordentlich viel Zeit, um hinauf zu klettern. Herunter steigt es nicht eher wieder, bis es nichts mehr auf denselben findet, um seinen Hunger zu stillen. Da es aber eben so viel Zeit gebraucht, um herunter zu kommen, als es nöthig hat, einen andern Baum wieder zu erklettern, so wird es darüber fast zum bloßen Gerippe. Es taugt daher nicht anders zum Essen, als wenn man es auf einem Baume findet, den es bereits kahl gefressen hat. Alsdann ist es fett und von gutem Fleisch.

Obgleich die Affen gewöhnlich eben nicht
fett sind, so ist ihr Fleisch doch ein gutes
Nahrungsmittel und sehr zart. Man kocht zu
Cayenne von den Köpfen derselben Suppe,
welche man daselbst auf den vornehmsten Tafeln
findet. Es kostet anfangs einige Ueberwindung,
ehe man sich daran gewöhnt; hat man aber nur
erst einmal diesen Widerwillen überwunden, so
findet man bald eine solche Affenfleischsuppe eben
so gut, als jede andere.

Wilde Katzen giebts auf der Insel Cayenne
in Menge; gleichwohl hindert dies die Ratten
nicht, große Verheerungen, nicht allein in den Häusern, sondern auch auf den Feldern und Pflanzungen anzurichten. Nur durch die unermüdeteste
Aufmerksamkeit kann man den Verwüstungen dieser kleinen verderblichen Thiere Einhalt thun. Was
diese Unannehmlichkeit noch vermehrt, ist, daß sie
sich mit den aus Europa dahin gebrachten Katzen,
sonst ihren unversöhnlichen Feinden, gleichsam fa-
miliarisirt haben, und sehr friedlich mit einander
leben, ja sogar ungestraft oft mit denselben spielen.
Rattenfänger sind daher den Colonisten unentbehrlich. Auch befinden sich wirklich auf jeder Pflanzung gewöhnlich ein oder ein Paar Neger, welche
kein anderes Geschäft haben, als diese Thiere weg-
zufangen. Hunde werden gleichfalls dazu abge-

richtet, die eben so geschickt und verderblich für
die Ratten sind, als ehemals die besten europäischen Katzen, ehe sie nach Cayenne gebracht wurden.

Die benachbarten Indianer haben vortrefliche Jagdhunde, womit sie eine Art von Handel
treiben und sie an die Colonisten verkaufen. Diese
Hunde fangen Caninchen, Hirschkühe, Armadills
und mehrere andere Thiere. Hirsche, so groß wie
Dammhirsche, sind hier ebenfalls sehr gemein. Ihr
Fleisch schmeckt vortreflich, so wie das verschiedener wilder Schweine. Das Meer und die Flüsse
sind voll von Fischen aller Art, die auch ganz
wohlschmeckend sind. Die besten sind folgende:
der Rothfisch, (Callionymus Lyra. Lin.) der Rochen, (Raja Batis. Lin.) der Mondfisch, (Tetro-
don Mola. L.) der Silberfisch, (Zeus Gallus. L.)
die Meeräsche, (Mugil cephalus. L.) der Groß-
Auge oder Meerbrasse, (Sparus Boopes. L.) nebst
verschiedenen andern

Der Lamentin oder die Meerkuh (Triche-
cus Manatus. L.) wiegt auf 750 Pfund. Sie hat
Zähne, Schnauze und Kinnbacken wie ein Ochse
und käuet auch wieder, wie dieser. Die Augen sind sehr klein; auch hat man Mühe, die
Ohren zu unterscheiden. Gleichwohl hört das Thier
schon von weitem jedes Geräusch. Es hat keine

Kiefern, wie andere Fische und muß daher jeden
Augenblick den Kopf aus dem Wasser stecken, um
Luft zu schöpfen. Es hat 2 Beine oder Füße,
die ihm dienen ans Ufer zu kommen und zu gra-
sen. Auch hält das Weibchen seine Jungen damit an den Zißen fest.

Der Schwerdfisch (Squallus pristis. L.) wiegt
zuweilen über 600 Pfund. Man unterscheidet
zweierlei Arten; die eine trägt vor dem Kopfe ein
breites zweischneidiges, die andere aber ein auf
beiden Seiten gezähntes, langes und starkes
Schwerd. Dieser Fisch ist ein erklärter Feind
vom Wallfisch, den er auch durch seine unaufhör-
lichen Angriffe endlich tödtet. Der Schwerdfisch
hat ein festes, weißes und wohlschmeckendes Fleisch,
womit man auch den ärgsten Schlemmer wohl befriedigen kann. Noch giebt es zu Cayenne einen
ganz besondern Fisch, den man sonst nirgends findet. Man nennt ihn den Dickbauch, wegen einer
großen unter demselben befindlichen Blase, die er,
wenn er will, aufbläßt, und auf welcher er, wie
in einem Nachen, auf dem Meere herumfährt.
Dieser Fisch ist etwa von der Größe eines Weiß-
fisches und nicht über 15 bis 18 Zoll lang. Sein
Fleisch ist weiß und zart; um es aber sicher essen
zu können, muß man dem Fische, sobald man ihn
gefangen hat und er aus dem Wasser kommt, die

Blase abreißen und alle Eingeweide ausnehmen. Ohne diese nöthige Vorsicht würde die darin enthaltene klebrige Feuchtigkeit sich in das Fleisch ziehen und es vergiften.

Man findet beständig zu Cayenne eine große Menge Vögel, welche sehr delicat und gut zu essen sind, als Ringel- oder Holztauben, Turteltauben, Gänse, Fasanen, Krammetsvögel, Amseln, Drosseln, Ortolanen, Papagayen, und Flamans, (Phoenicopterus Ruber. L.) Das Fleisch dieser Vögel nimmt aber oft den Geschmack von dem an, was sie fressen. Außer der schon erwähnten Leckerei der Papagaienzungen, kocht man auch von der größten Art dieser Vögel, nemlich von den sogenannten Aras und von den alten Papagaien überhaupt, eine gute Suppe, und dämpft ihr Fleisch. Die jungen sind sehr fett und schmecken wie Rebhühner. Diejenigen, welche die Indianer groß ziehen wollen, lassen sie die Federn wachsen, indem sie die Kunst verstehen, diese mit dem Safte gewisser Insekten einzureiben, und denselben die schönsten Farben zu geben.

Es giebt hier noch mehrere andere Vögel, deren Fleisch aber weniger schmackhaft ist, als Reiger, Elstern, Pelikane, Fregattvögel (Pelecanus Aquilus. L.), Colibris u. m. a.

Curiaca nennen die Indianer einen Fluß-

vogel, der so groß und dick als eine Gans ist.
Er hat einen auf beiden Seiten platt eingedrück-
ten Kopf und einen breiten 7 bis 8 Zoll langen
krummen Schnabel. Er ist ziemlich hochbeinig
und seine Füße haben, welches bei Wasservögeln
etwas ungewöhnliches ist, 3 Zehen und einen
Sporn. Die Schenkel sind ganz bis oben hin,
bloß mit einer braunen, dicken Haut bekleidet.
Auf dem Rücken hat er schwarze und an den übrigen Theilen seines Körpers aschgraue Federn. Da
seine Flügel allein zu schwach sind, ihn zu tragen,
so kommen ihm seine langen Beine gut zu statten. Er läuft und fliegt daher gewöhnlich zugleich dicht an der Erde weg.

Der Toukan, (Ramphastos. L.), welcher
in die Gattung der Elstern gehört, sieht schwarz,
roth und gelb aus. Er ist ungefähr so groß, als
eine Taube. Man bewundert besonders seinen
Schnabel, der fast eben so groß als sein ganzer
Körper und schön schwarz und weiß gestreift ist,
so, daß man glauben sollte, er sei von Ebenholz
und Elfenbein.

Schlangen giebts hier in großer Menge, besonders in sumpfigen und unangebauten Gegenden. Wenn man nahe an dem Ort vorbei kommt,
wo sie versteckt sind, so verrathen sie sich durch
einen süßlichen Geruch, welcher Uebelkeit verursacht und den Magen hebt. Ueberhaupt findet

man hier fast alle schon erwähnten Schlangenarten vom Oronoko wieder; und es wird daher hinreichend seyn, hier nur noch der Klapperschlange
mit einigen Worten zu erwähnen, die sich hier
auch sehr häufig aufhält. Diese Schlange ist nicht
sehr groß, denn sie ist kaum 4 Fuß lang. Sie
hat eine graue Eisenfarbe und ist geflammt; zuweilen aber ist die Haut ganz schwarz und nur
unterm Bauch weiß und schwarz gestreift. Unten
am Schwanze sitzt die sogenannte Klapper, welche
einer getrockneten Erbsen=Schote gleicht, auch so
wie diese in 2 Hälften getheilt ist, und 5 oder 6
runde Erbsenförmige Knöchelchen enthält, welche
bei der geringsten Bewegung ein Geräusch machen.
Man soll aus der Anzahl dieser Knöchel das Alter
der Schlange erkennen können. Sie schwimmt
viel schneller als sie kriecht, und ist die giftigste
von allen, und bleibt nach dem Biß ganz starr
und unbeweglich. Das Maronschwein stellt ihr
beständig nach und frißt sie sehr begierig. Es
gibt hier aber Insecten, die vielleicht noch gefährlicher sind, als die Schlangen.

Die Niguas (Pulex penetrans. Lin.) sind
eine allgemeine Plage, und nicht leicht zu vermeiden. Sie setzen sich unter die Fußsohlen, saugen
sich ins Fleisch und verursachen einen außerordentlich brennenden Schmerz. Dies Insect sieht fast

aus

aus wie ein Floh, seine Kleinheit aber macht, daß
man es eben nicht bemerkt. Es hält sich beständig
im Staube auf; am häufigsten aber findet
man es an schmutzigen Oertern. Es ist nöthig,
daß man alle Morgen die Füße untersucht, und
diese Thierchen mit einer Nadel herauszieht, denn
es geht kein Tag hin, wo sich nicht einige darin
finden sollten. Dies zu versäumen, zieht gefährliche
Folgen nach sich. Man hat Beispiele, daß
Neger und Indianer wegen einer solchen Nachlässigkeit
den Fuß verloren haben und sogar daran
gestorben sind. Es giebt hier eine Art Haselnuß,
Otava genannt, welche eine weiche Butter
enthält, die ein sehr gutes Mittel gegen diese einsaugenden
Insecten ist, wenn man sich die Füße
zuweilen damit einreibt. Talg und Theer thun
auch gute Dienste.

Ein anderes Insekt saugt sich zuweilen ins
Dickbein ein und verursacht darin einen heftigen
Schmerz. Man nennt es die kleine Schlange,
oder Colubrilla. Durch einige lauwarme Bäder
aber kann man mit gehöriger Vorsicht diese Thierchen
bald wieder aus dem Beine vertreiben. Dies
Insekt ist ganz Nerve und hat fast gar kein Fleisch.
Es gleicht einer Darmsaite, ist etwa einen Fuß lang
und so dick, als ein kleiner Federkiel.

# Vierzehnter Abschnitt.

### Handel von Cayenne.

***

Der Haupthandel dieser Colonie besteht in Roucou, Indigo, Baumwolle, Cacao, Kaffe, Zucker, Acajouholz, und mehrern andern Arten Hölzer. Da es aber auf den Pflanzungen zuweilen an Arbeitern fehlt, so müssen die Schiffe oft ein ganzes Jahr auf Ladung warten. Es ist indessen zu hoffen, daß unter der jetzigen Regierung die Sachen eine andere Gestalt gewinnen, daß die Colonie, da die Pflanzer jetzt Indianer und freie Neger zur Arbeit gebrauchen, recht in Flor kommen und die Produkte derselben künftig in günstigern Zeiten immer in Vorrath in den Magazinen vorhanden seyn werden.

Die Einwohner von Cayenne trieben vor Zeiten einen vortheilhaften Landhandel mit gedörrten Fischen und Hängematten, welche ihnen besonders die Indianer am Amazonenfluß abnahmen; als aber die Portugiesen sich an diesem Fluß festsetzen

wollten, reizten sie einige Nazionen gegen sie auf,
welche alles ohne Barmherzigkeit ermorden mußten,
was ihren eigennützigen Absichten im Wege war.
Unter diesen Umständen machte Herr v. Feroles einen Marsch durch das Land, bis an die Ufer jenes
Flusses. Außer dem Handlungsinteresse hoffte er
zugleich dort auch Silberminen zu entdecken.

Die Insel Cayenne ist sehr fruchtbar an Mais
und Manioc. Auch bringt sie Cassia, Vanille und
eine Art Aloe, Pite genannt, hervor, deren äußere
Textur sich wie Hanf abschält. Der Faden, welchen
dieses Gewächs giebt, ist feiner als Seide, so daß,
wenn es in Frankreich erlaubt wäre, sich dessen, statt
der Seide zu bedienen, der Seidenhandel sehr darunter leiden würde. Da aber kleinere Privatvor-
theile jetzt dem allgemeinen Besten daselbst nach-
stehen müssen, so wird hoffentlich die gegenwärtige
weise Regierung darauf bedacht seyn und Mittel
ausfindig machen, die Einfuhr der Levantischen
und Italienischen Seide mit der so vortheilhaften
Cultur dieser Seidenartigen Pflanzen zu vereinigen.

Die in Cayenne einzuführenden Handelsar-
tifel sind: Mehl, Speck, Butter, alle Arten von
Weinen und Zeugen, Leinwand, Tuch, Strümpfe,
Schuhe, allerlei Eisengeräth und Handwerkszeug.
Zum Handel mit den Indianern und freien Me-

gern sind nur Messer, Beile, Aexte, Hacken, Feuer-
zeuge, Spiegel, alte weiße und gemahlte Leinwand, wohlfeile Hüte, bunte Perlen oder Glascorallen erforderlich. Für dergleichen Sachen
kann man eine ansehnliche Rückfracht von Waaren bekommen, die man in Europa sehr vortheilhaft absetzen kann.

# Funfzehnter Abschnitt.

Was man zu beobachten hat, wenn man sich im französischen Guiana niederlassen und anbauen will.

Es hält nicht schwer, hier Ländereien zu erhalten, nur muß man darauf sehen, daß sie nahe an einem Fluß liegen. An der höchsten Stelle muß das Wohnhaus aufgeführt werden, damit die Winde, besonders der Nordwind dasselbe bestreichen können. Und da man bey allen Unternehmungen, der Klugheit gemäß, erst für die nöthigsten Lebensbedürfnisse sorgen muß, so darf man im Anfange nicht gleich darauf denken, Zucker, Caffee, Baumwolle, Indigo, Roucou und dergleichen anzubauen, wozu das erst von Steinen und Unkraut gereinigte eben urbar gemachte Land ohnehin nicht einmal gleich taugt. Auch darf der Pflanzer, welcher wünscht, daß sein Fleiß belohnt und er für die aufgewandten Kosten entschädigt werde, auf einmal nicht mehr als eins von jenen Producten anbauen und verarbeiten. Die Baumwolle ist für den Anfang die beste, da sie am leichtesten und mit den wenigsten Unkosten erzielt werden kann. Der Anbau des Zuckerrohrs

erfordert schon weit mehr Umstände, mehrere Ge-
bäude, Geräthschaften, Kosten und Raum.

Da fast alle Pflanzungen an Flüssen liegen
und liegen müssen, so bedarf man eines Fahrzeuges, um zu Wasser nach der Stadt und aufs
Land zu fahren, indem man nicht immer trocknes
Fußes hinkommen kann. Auch sind zum Transport der Lebensmittel und Vorräthe, so wie zum
Fischen und Verschicken der Neger, noch einige
andere kleine Fahrzeuge erforderlich.

Es ist weit besser, wo möglich, eine schon
eingerichtete Pflanzung zu übernehmen, als eine
ganz neue anzulegen. Im erstern Fall kann
man seinen Gewinn leichter berechnen und ist dem
Risico nicht ausgesetzt, ob man auch die Zinsen
von dem angelegten Capitale wieder herausbekom-
men werde. Indessen kann man sich bei Fleiß
und kluger Thätigkeit fast immer einen glücklichen
Erfolg versprechen und sein Capital auf diese Art
sehr gut verzinsen.

Man darf sich weder schmeicheln, hier ein
müßiges Leben führen zu können, noch glauben,
daß man ununterbrochen schweren, mühsamen
Arbeiten obliegen müsse. Man muß sich nur einen bestimmten Plan machen, bei dessen genauer
Befolgung Leib und Seele sich auch hier gewiß
wohl befinden werden. Das Land ist keine Wildniß

und Einöde, in welche man beim Eintritt in dasselbe gleichsam verbannt zu seyn glauben darf,
vielmehr kann der Weise sich auch hier, wie
überall, seinen Aufenthalt sehr angenehm machen,
und die Sehnsucht nach seinem Vaterlande wird
seine Ruhe und Zufriedenheit nicht stören. Er
wird vor den Anfällen einer Krankheit gesichert
seyn, welcher die neuen Ankömmlinge nicht selten
ausgesetzt sind, die sich chimärischen Hofnungen
oder einer übertriebenen Furcht mehr als den
Gründen der Vernunft überlassen, und denen es
an der in jeder Lage des Lebens so nöthigen Festigkeit des Charakters fehlt. Dies Uebel wird,
in so fern es auf den Körper wirkt, in Guiana
das Magenweh genannt. Es besteht in einer
durch Gram und Melancholie verursachten Ver-
stopfung und führt gewöhnlich sehr bald zum
Grabe.

# Sechszehnter Abschnitt.

Lebensart der Colonisten zu Cayenne.

Die Nothwendigkeit, ihre Ländereien selbst zu verwalten, ist Ursach, daß die meisten Pflanzer sich beständig auf ihren Pflanzungen aufhalten, welches sie dem Aufenthalte in der Stadt vorziehen. Es herrscht größtentheils bei ihnen Ueberfluß und man findet nicht leicht einen Colonisten, der nicht auf seinem Hofe allerlei Geflügel und andere Hausthiere habe, deren es hier verschiedene giebt. Die Schweine sind hier sehr gut und die Spanferken eine wahre Delicatesse. Auch das Geflügel ist hier vorzüglicher als irgendwo. Die Kapaunen z. B. werden außerordentlich fett. Jeder Pflanzer hält eine kleine Heerde Ziegen und Hammel, ohne welche der Tisch oft schlecht besetzt seyn und weit mehr kosten würde. Ochsen sind nicht so häufig, daher ' es auch einigemale ausdrücklich verboten worden ist, sie ohne besondere Erlaubniß zu tödten, damit sie sich desto leichter vermehren. Diese und die Hammel haben aber nicht immer ein so schmackhaftes Fleisch,

als die europäischen, woran jedoch die Colonisten
selbst Schuld sind, da sie die Thiere während der
Regenzeit beständig in ofnen Ställen lassen. Pferde,
welche von Neu England hieher gebracht wurden,
sind in Menge da. Auch findet man hier alles
Wildprettt im Ueberfluß, doch aber ist es selten
für Geld zu bekommen, wenigstens nicht von den
Pflanzern, welche weder den Ertrag der Jagd
noch den Fischfang verkaufen. Von den Landeseingebornen aber kann man es wohlfeil er-
handeln.

Jede Pflanzung hat ihren Küchengarten, in
welchem allerlei Gewächse wächst, je nachdem die
Jahrszeit ist. So findet man z. B. hier alle
Monate hindurch, außer den gewöhnlichen Küchen-
kräutern, auch junge grüne Erbsen, mehrere Arten
Melonen und Kürbisse im Ueberfluß. Die Was-
sermelonen haben einen sehr lieblichen Geschmack
und kühlen bei großer Hitze außerordentlich. Die
Blätter verschiedener Pflanzen, z. B. des Tayom,
ißt man als Spinat, die Wurzeln derselben dienen noch den Dienstboten zur Nahrung.

Es wachsen ferner hier sehr gute Feigen
und Weintrauben. Letztere kann man das ganze
Jahr hindurch haben, nur kostet es Mühe, dieselben vor den Vögeln und Ameisen zu bewahren.
Viele europäische Früchte gewöhnen sich an das

hiesige schöne, warme Clima, wo sie nicht wie in
Europa, mehrere Monate der Kälte ausgesetzt
sind.

Die Einwohner von Cayenne, wie auch die
übrigen Colonisten, machen sich ein Vergnügen
daraus, die Gastfreundschaft auszuüben. Fremde
werden immer sehr gut von ihnen aufgenommen,
und können bei ihnen bleiben, so lange sie wollen.
Ja es kostet sogar Mühe wieder fort zu kommen,
wenn man einmal da ist, und nur sehr ungern
geben die Wirthe ihre Einwilligung zur Abreise.

Die Pflanzer sparen nichts, um sich die besten französischen und canarischen Weine, Madera
und Constanzerwein, wie auch die feinsten Liqueurs, zu verschaffen. Nicht weniger sind sie
mit allerlei Bieren und Cider versehen, die sie
aus Nord-America bekommen.

Das Tischzeug ist bei ihnen immer von blen-
dender Weiße, da es alle Tage gewechselt wird.
Man kann hieraus schon auf die außerordentliche
Nettigkeit und Reinlichkeit der Creolinnen schließen, welche dies zu besorgen haben. Bei ihrem
Putz herrscht aber auch viel Coketterie, und der
große Luxus und Aufwand, welchen sie machen,
muß die Männer wünschen lassen, daß demselben
durch ein Gesetz gesteuert und auf die Art ihnen
viele unnütze Kosten in Zukunft ersparet werden.

Uebrigens sind die hiesigen Creolinnen hübscher, als die auf den andern amerikanischen und west-indischen Inseln. Sie haben nicht die gelbe Gesichtsfarbe und ausdruckslose Physiognomie der von Martinike oder St. Domingo, sondern viel Grazie und Geist, und wissen ihren Witz sehr gut spielen zu lassen. Mit Feinheit und Artigkeit verbinden sie ein munteres lebhaftes Wesen und sind eben so klug als liebenswürdig.

Obgleich alle Colonisten die französische Sprache reden, so verstehen ihre Kinder doch kaum ein Paar Wörter französisch. Der hiesige Jargon hat viel Aehnliches mit der Sprache der Neger, besonders in der Aussprache. Die Negerinnen, welchen die Erziehung der Kinder obliegt, haben sehr viele afrikanische Wörter eingeführt; doch ist die Creolische Sprache, welche in Cayenne geredet wird, nicht so sonderbar als die auf den übrigen französischen Inseln.

Es herrscht selbst unter den reichen Pflanzern eine Eintracht, welche den größten Reiz des Lebens ausmacht. Sie sehen und besuchen sich als gute Nachbarn oft, und genießen das Vergnügen des Umgangs des gesellschaftlichen Lebens.

## Siebzehnter Abschnitt.

Gewohnheiten und Gebräuche der Indianer im
französischen Guiana.

———

Die französischen Colonisten zu Cayenne em-
pfanden die neue Veränderung der Dinge, als die
Sclaverei in allen französischen Colonien abge-
schafft wurde, am wenigsten, da sie, außer daß
die meisten für frey erklärten Neger im Dienst
blieben, auch von den benachbarten fleißigen indianischen Nazionen manche Hülfe bei ihren Arbeiten hatten. Doch auch schon vorher wußten
sie sich derselben vortheilhaft zu bedienen, weshalb
sie auch weniger Neger nöthig hatten. So gebrauchten z. B. die meisten Pflanzer am Oyapok
die Indianer in Ermangelung der Neger zum
Einsammeln der Caffee- und Cacaobohnen, so
wie überhaupt fast zu allen auf den Pflanzungen
vorfallenden Arbeiten. Ihr Lohn besteht monat-
lich in ein Paar Ellen Leinen, einem Gartenmes-
ser, Beil und andern Sachen von gleichem Werth.
Auch giebt man ihnen täglich einen Schluck
Branntwein, Cassava u. s. w. Den meisten
Werth setzen die Indianer auf Korallen und Per-

len von den grellsten Farben, auf rothes indiani-
sches Zeug mit weißen Blumen, blaue Leinwand,
Messer mit einem großen Griff von Horn, Zieh-
spiegel, Nägel und dergleichen. Giebt man ihnen nicht alles, was man ihnen versprochen hat,
so brechen sie auch von ihrer Seite den gemachten Vertrag, verlassen den Pflanzer, über welchen
sie sich in dieser Hinsicht zu beschweren haben,
und nehmen das bereits Erhaltene mit.

Die zahlreichen im französischen Guiana zerstreut lebenden Indianer, sind in verschiedene einzelne zum Theil weit von einander entfernte kleine
Völkerschaften getheilt. Man unterscheidet Kü-
sten- und Landbewohner. Die Anzahl der erstern schätzt man auf 12 bis 15,000. Die letztern sind aber weit zahlreicher. Die im Innern
des Landes beschäftigen sich bloß mit der Jagd,
wobei sie sich aber keines Schießgewehrs, sondern
nur des Bogens bedienen. Auch pflegen sie wohl
in Flüssen und Landseen zu fischen; zum Fischen
im Meere taugen sie aber nicht.

Die Mailles haben eine besondere Geschicklichkeit im Bauen der Canots. Sie lehrten ihren Nachbacen zuerst die Kunst, dieselben auszu-
höhlen und ein richtiges Verhältniß zu treffen.
Uebrigens aber gewähren diese Menschen einen
widrigen Anblick, da sie von Natur fast ganz mit

einer Borke von Geſchwüren bedeckt ſind. Auch
ſind ſie ſonſt noch wegen ihrer Faulheit zu verachten. Sie pflanzen und ſäen nicht das Geringſte, ſondern leben blos von der Frucht der Bache Palme und dem, was ſie ſonſt eßbares finden, recht wie die vernunftloſen Thiere. Sie
wohnen in Sümpfen und Moräſten und bedienen
ſich eines halben ausgehölten Baumes, um auf
denſelben hin- und herzufahren. Ihre Nachbaren, die Palicouris, die ſich ſeit dem Jahre 1723
in der Nähe von Cayenne niedergelaſſen haben,
ſind dagegen ſehr reinlich und immer gekämmet
und geſalbet. Sie graben ſich ſchwarze Ringe
ins Geſicht, welche von einem Ohr zum andern
unter dem Kinn durchgehen und von den Creolen
Palocouribärte genannt werden. Sie ſind ſehr ge-
ſchickte Seefahrer. Wenn ſie eine Pirogue führen, ſo braucht man ſich um nichts zu bekümmern. Selbſt wenn ein Sturm entſteht und
man würklich in Gefahr iſt, Schiffbruch zu leiden, ſo wird man doch nicht leicht verunglücken,
wenn man ſie nicht etwa zwingt, wider ihren
Willen zu manövriren. Gewöhnlich wiſſen ſie
ſich in ſolchen Fällen ſehr geſchickt an die Küſte
zu werfen.

Die Maraonen und Jloutanen ſind, ſo wie
verſchiedene andere Nazionen des Landes, vor-

treffliche Jäger und Bogenschützen. Die Galibis
vereinigen mit diesen Eigenschaften noch die Kunst,
nach indianischer Art recht gut, und besser als
alle andere indianische Völkerschaften zu bauen.
Sie werden daher auch vorzüglich dazu gebraucht,
um die auf den Pflanzungen nöthigen Hütten zu
errichten. Auch ist keine einzige indianische Nazion so geschickt, Verschanzungen von Erde auf-
zuwerfen als sie. Sie gehen ferner auf Entdeckungen aus, und wissen auch ihre Wälder sehr
gut zu benutzen. Ueberhaupt sind sie von den
in diesen Gegenden lebenden Völkern die bedeu-
tendsten und die einzigen, welche durch die beständigen Kriege, die diese Völkerschaften unter sich
führen, noch nicht in solcher Menge, wie manche
andere, aufgerieben sind.

Die Akoquovas wohnen längs den Ufern
des Camopi. Sie durchbohren sich die Backen
und stecken in die Löcher Federn von allerley Vögeln. Die Arikorets, eine fast schon ganz ver-
tilgte Nazion, waren die ersten Bewohner von
der Insel Cayenne.

Alle diese Völker sind im Ganzen genommen klein und haben einen dicken Bauch. Die
Farbe ihrer Haut ist röthlich, ihr Haar aber
schwarz und schlicht. Die Männer tragen keinen
Bart, sondern reißen ihn aus; nur die Greise

laſſen ihn ſpårlich wachſen. Die Weiber ſind ſehr
zart gebaut. Sie haben mit den Männern einerley Farbe, kleine Augen und kohlſchwarzes
Haar. Man bemerkt in ihrer Phyſiognomie gewiſſe ſanfte Züge, welche anzuzeigen ſcheinen, daß
ſie bloß dem Namen nach Wilde ſind. Sie ſind
hübſch und von verführeriſcher Körperbildung.
Die Franzoſen ſind ihnen nicht gleichgültig; eine
verliebte Intrigue iſt aber für ſie ſehr gefährlich,
denn ihre Männer würden ſie beim geringſten
Verdacht gleich ohne alle Barmherzigkeit tödten.

Was den Charakter dieſer Völker betrifft,
ſo ſind ſie alle ſehr abergläubig, feig, weichlich,
faul, dem Trunk ergeben und ſehr geneigt jeman-
den aufzuziehen. Es fehlt ihnen gar nicht an
Kopf und einer gewiſſen Gewandtheit, und ſo
kalt und phlegmatiſch ſie auch zu ſeyn ſcheinen, ſo
beſitzen doch wenige Nazionen ſo viel Lebhaftigkeit
als ſie. Sie haben daher auch, ungeachtet ihrer
anſcheinenden Indolenz, außerordentlich heftige
Leidenſchaften, doch beſitzen ſie eine gewiſſe natürliche Billigkeit, welche ſich in allen ihren Handlungen offenbart, ja ſogar eine Feinheit im Be-
nehmen, die man nicht leicht erwarten ſollte.
Wenn ſie etwas mit einander abzumachen haben,
ſo werden ſie ſelten heftig, ſondern bleiben ſich
ſtets gleich. Ihre Unterhaltung hat viel Sanf-
tes

tes und Angenehmes. Nie erlauben sie sich Beleidigungen, selbst wenn sie sich nicht wohlwollen,
auch duzen sie sich selten.   Sie bringen beinahe
ihr ganzes Leben in Müßiggang zu, denn man
sieht sie fast immer in ihren Hängematten liegen,
in welchen sie ganze Tage lang nichts thun, als
schwatzen, sich in einem kleinen Spiegel besehen,
die Haare in Ordnung bringen und sich den Bart
ausreißen.   Einige blasen zum Vergnügen beständig auf ihren Flöten.   Die Arbeitsamsten aber
beschäftigen sich damit, allerley Hausgeräth, Körbe, Bogen, Pfeile, Piroguen oder Canots zu machen.   Sie gehen fast ganz nackt, man muß sie
aber deswegen nicht gerade als Wilde betrachten,
denn dergleichen conventionelle Gebräuche sind
bloße Gewohnheiten und nicht selten Vorurtheile.
Diejenigen Indianer, welche selbst die Theile des
Körpers nicht verhüllen, die andere aus Scham-
haftigkeit verbergen, würden sich für unglücklich
halten, wenn sie diese Gewohnheit ablegen sollten und sich einbilden, daß sie dann bald sterben
würden.   Die, welche hierüber anders denken,
binden ein langes schmales Stück Leinwand mit
einem Faden an den Gürtel fest, welches sie zwischen den Beinen vorn und hinten herunter hängen lassen.   Die Männer glauben sich ein galan-
tes Ansehn zu geben, wenn sie diese Art Schür-

U

zen bis auf die Knöchel herunter hängen lassen.
Die entferntern Nazionen bedecken die Schaamtheile mit einer Muschel oder einem Stück Schildkrötenschale, welches sie mit einer Lianenranke
umbinden.

Bei den Palicouris bekommen die Jünglinge jene lange schmale Schürze, wenn sie mündig
werden, müssen aber erst eine harte Probe bestehen, ehe sie das Recht erhalten, sie tragen zu
dürfen. Sie müssen nemlich vorher mehrere Tage
lang fasten und ruhig in ihren Hängematten liegen bleiben, als ob sie krank wären. Auch geis-
selt man sie zu wiederholten malen, welches alles
nach ihrer Meinung dazu dient, den jungen Leuten Muth einzuflößen. Sind diese seltsamen Ceremonien überstanden, so sind die Männer gemacht.

Das sonderbarste bey demselben Volke ist,
daß die verheyratheten Weiber ganz nackt gehen.
So lange sie unverheyrathet sind, tragen sie eine
Schürze, etwa einen Fuß lang und breit. Sobald sie aber einen Mann haben, gehen sie ganz
nackt, indem sie zu glauben scheinen, daß ihre einem männlichen Auge einmal Preis gegebenen
Reize, jedem andern gleichgültig seyn würden.

Alle diese Völker schmücken sich jedes auf
eine besondere Art. Sie tragen Halsketten von
Glascorallen, welche 18 bis 20 Reihen haben,

und auch solche als Fuß- und Armbänder. Dann
haben sie noch andere kleine Ringketten von
Schneckenhäusern. Außer diesen Zierrathen schäz-
zen die Weiber alle Arten von Cristallen sehr;
auch lieben sie die Nußschalen, welche sie in den
Haaren tragen. Die meisten durchbohren sich
die Scheidewand der beiden Nasenlöcher, um ein
klein Stück Silber oder grünen Crystall, den
man am Amazonenfluß findet, hinein zu hängen.
Eine dieser Nazionen hat die Gewohnheit, sich
ein Loch in die Unterlippen zu bohren und ein
klein Stück Holz hineinzustecken, an welchem der
Crystall befestigt ist.

Die verschiedenen Stämme einer Nazion
wohnen in Dörfern, welche aus einem unordent-
lichen Haufen Hütten oder Carbets bestehen. Diese
haben auf dem Erdgeschoß noch ein Stockwerk,
zu welchem man oft auf einer halb zerbrochenen
Leiter oder an den Einschnitten eines Balkens
hinaufsteigt. Jede Familie hat mehrere Hütten;
eine für die Weiber und Kinder, eine, welche
zur Küche, und eine größere, die zur Aufnahme
guter Freunde dient. Diese Wohnungen sind ein
wahres Bild der ersten Zeiten. Man kann daher
leicht denken, daß die oabe beförderlichen Meublen
nicht kostbar und prächtig sind. Sie bestehen in
einigen Körben, irdenen Töpfen, Schalen und

Schüsseln von verschiedener Größe, aus halben
Flaschenkürbissen sehr künstlich gemacht; ferner,
aus baumwollenen Hängematten, an welchen die
Arbeit oft zu bewundern ist, aus gewebten Decken
aus Palmblättern, endlich noch aus einer Art
Sessel oder Tabourets von Holz, welches die Indianer denen anbieten, die sie besuchen. Man
sitzt aber eben nicht sehr bequem darauf, auch be-
schmutzt man sich jedesmal mit Oel und Roucou,
womit sie immer beschmiert sind. Der Sitz selbst
ist in der Mitte so hohl, daß man gewöhnlich
bis an den Gürtel hineinfällt und die Knien zuweilen das Kinn berühren.

Diese Völker, welche wir mit dem Namen
Wilde entehren, kennen unsere Gesetze von Mein
und Dein nicht. Alles ist bey ihnen gemeinschaftlich. Sie verschließen nichts von dem, was
sie besitzen, aus Geiz oder aus Besorgniß, vielmehr sind die Thüren ihrer Hütten immer offen,
und man kann hinein gehen, wenn man will.
Noch nie aber wagte es einer unter ihnen, sich
das Eigenthum eines andern zuzueignen.

Das sogenannte große Carbet ist bloß eine
Art Schirmdach, unter welchem sich die ganze
Dorfschaft des Abends versammelt, um zu plau-
dern, sich zu erlustigen und zu trinken, besonders
bey gewissen Gelegenheiten. Fremden, welche

man auf eine auszeichnende Art ehren will, weiset man diesen Platz zur Wohnung an. Sobald
sie hineintreten, giebt man ihnen eine Hängematte
oder einen der oben beschriebenen Sessel, und der
Vornehmste bringt in einer Schale, welche etwa
2 Maaß enthält, zu trinken. Der Fremde trinkt
zuerst und dann geht der Napf Reihe herum.
Sobald jener getrunken hat, wird er als Freund
betrachtet; thut er dies aber nicht und benetzt
nicht wenigstens die Lippen, so sieht man ihn mit
sehr scheelen Blicken an. Sonst kann man so
lange bey ihnen bleiben als man will; die Gast-
freyheit ist für sie eine heilige Pflicht.

Die Indianer lieben das Reisen sehr und
besuchen sich einander oft. Sie treiben dabey zugleich eine Art von Handel unter sich, und kommen an öffentlichen Festen zum Tanz zusammen.
Gewöhnlich haben sie nur sehr wenig Gepäcke,
doch vergessen sie nie ihre Hängematte, Bogen
und Pfeile, sowohl für den Krieg als für die
Jagd und den Fischfang mitzunehmen. Sie überlassen sich dann dem Zufall, unbekümmert, ob sie
unterwegs Lebensmittel genug finden werden oder
nicht. Wenn sie Flinten haben, so nehmen sie
diese mit und wissen sich derselben auch sehr geschickt zu bedienen. Sie haben sich dadurch bey
den Nazionen, welche den Gebrauch der Feuer-

gewehre noch nicht kennen, sehr furchtbar gemacht. Auf ihren Reisen werden sie fast immer von ihren Weibern und Kindern begleitet, außer, wenn sie wissen, daß sie in den Gegenden, wohin sie gehen, völlig eingerichtete Wohnungen antreffen. Reisen sie auf einmal in größerer Anzahl, so geht ihr Oberhaupt oder Anführer an der Spitze und macht mit seinem Messer kleine Einschnitte in die Bäume, bey welchen er vorbey kommt. Der ganze Haufen aber folgt ihm in einer langen Reihe nach. Diese Zeichen, welche ihnen allein verständlich sind, dienen dazu, daß sie den Weg wieder zurück finden und sich nicht verirren.

Sie haben einen sehr feinen Geruch und sind im Stande, die Spur dessen zu verfolgen, welcher den Weg gekommen ist. Sogar erkennen sie an derselben, ob es ein Weißer, ein Schwarzer, oder ein Indianer war.

Ihre Art das Fleisch zuzubereiten, ist eben so einfach als der Gesundheit zuträglich. Ragouts kennen sie nicht. Sie essen Fleisch und Fisch, sowol gekocht als gebraten. Zum Behuf des letztern legen sie beydes auf glühende Kohlen, drehen das Gericht oft um und essen es nicht eher, als bis es ganz mürbe ist. Auch rauchen und dörren sie sowohl Fleisch als Fisch. Salz gebrauchen sie gar nicht, dafür aber desto mehr

Nelkenpfeffer (Piment) und rothen oder sogenannten Cayennepfeffer.

Seitdem sie mit Europäern umgehen, haben
sie den Branntwein überhaupt, besonders aber
den Rum, weil dieser stärker ist, sehr lieb gewonnen, so, daß sie sich oft darin betrinken. Aus
Wein machen sie sich weniger. Die Getränke,
welche sie selbst, eigentlich ihre Weiber, bereiten,
sind gleichfalls sehr berauschend. Sie bestehen
aus Caßava, Pataten, Bananas und Syrop.
Man thut alles dieß in große Gefäße, welche wenigstens 100 Maaß halten. Wenn diese Mischung eine Zeitlang stehen bleibt, so kommt sie
in Gährung und dann wird der Trank desto stärker. Chica und Berria sind gegohrne Getränke,
welche viel ähnliches mit unsern Bieren haben.
Das erstere wird aus Mais bereitet. Oft giebt
die Trunkenheit, welche auf den unmäßigen Genuß dieser verschiedenen Getränke folgt, zu blutigen Händeln Anlaß.

Die Angriffswaffen der Indianer sind Bogen, Pfeile, eine kurze Pike und ein Instrument,
welches gewöhnlich Kopfbrecher genannt wird,
weil sie dasselbe hauptsächlich gebrauchen, um mit
einem einzigen Schlage die Hirnschale zu zerschmettern. Ihre Pfeile haben meistentheils nur
eine Spitze, oft aber auch mehr und zuweilen

fünfe. Dieser Art von Pfeilen bedienen sie sich nicht bloß im Kriege, sondern auch mit großem Nußen zum Fischfang, da man auf einmal so viele Fische damit fangen kann, als Spißen daran sind. Die entferntern Nazionen im Innern des Landes, machen in den Kriegen, welche sie beständig mit ihren Nachbaren führen, keine Gefangene, sondern tödten ohne Erbarmen alles, was ihnen in die Hände fällt, und braten und fressen ihre getödteten Feinde.

Die Regierung von Cayenne sorgt sehr dafür, um den Frieden zwischen den mit ihr verbündeten Völkerschaften zu erhalten. Entsteht ja einmal Streit unter ihnen, so untersagt man ihnen sogleich alle Thätlichkeiten und sucht sie wieder mit einander auszusöhnen, indem man die, welche Unrecht haben, nöthigt, den Beleidigten eine verhältnißmäßige Genugthuung zu geben.

Als die Franzosen sich in Guiana niederließen, zwangen sie die Eingebornen, ihnen einen Theil ihres Landes abzutreten. Diese fanden es daher für nöthig, sich ihre gegenwärtigen Besizzungen von dem Gouverneur und Nazionalagenten zu Cayenne garantiren zu lassen, um sich vor fernern Anmaaßungen der Art zu sichern.

Ihr gegebenes Wort ist ihnen heilig, ob sie gleich eigentlich keine Religion haben. Bei ihren

Ceremonien und Gebräuchen wird der Wohlstand und die Schaamhaftigkeit nie verletzt. Ein Indianer erlaubt sich überhaupt nicht die geringste ungeziemende Freyheit mit einer Indianerin. Ihre Tänze sind munter, aber anständig; keine schlüpfrige Reden, keine obscöne Gebärden und noch viel weniger zu große Vertraulichkeiten mit den Tänzerinnen fallen dabei vor. —

Wenn eine junge Indianerin sich einen Jüngling ausersehn hat, den sie zum Mann zu haben wünscht, so bietet sie ihm einen Trunk und Holz an, um des Nachts neben seiner Hängematte Feuer anzumachen. Schlägt er dies beides aus, so ist dies ein Beweis, daß er keine Neigung für sie fühlt; nimmt ers aber an, so ist die Ehe so gut als geschlossen. Es ist hier einerley, ob der Jüngling oder das Mädchen zuerst den Liebesantrag macht. Sind sie einig, so hängt die Braut sogleich ihre Hängematte neben der ihres künftigen Mannes auf und beyde bleiben dann gleich die Nacht beysammen. Den andern Morgen bringt die junge Frau ihrem Mann zu essen und zu trinken, und übernimmt von der Zeit an die Sorge für seinen Hausstand.

Wenn die Frau das erste Kind gebiert, so muß der Mann sich krank stellen und über Schmer-

zen klagen. Man bezeugt ihm Mitleiden und legt
ihn in seine Hängematte, die man bis an den Gie-
bel des Carbets hinauf zieht, verspricht ihm auch
völlige Genesung, wenn er einen ganzen Monat
ruhig darin liegen bleiben und sich einer strengen
Diät unterwerfen wolle. Ein Stück Cassava mit
ein wenig Wasser macht dann seine tägliche Nahrung aus. Er muß dies strenge Fasten genau
beobachten, denn wenn ers nicht thäte, so würde
seinem Kinde das größte Unglück begegnen. Zu
Ende des Monats steht dann der arme Mann
aus dem Wochenbette wieder auf und bekommt
die Erlaubniß, seine Hängematte zu verlaßen.
Ehe er aber seine vorige Lebensart wieder anfängt, prickt man ihn erst noch mit großen Fischgräten oder schröpft ihn mit spitzen Kaninchen-
zähnen an verschiedenen Stellen des Leibes, und
giebt ihm zum Beschluß dieser sonderbaren Ceremonie noch verschiedene Peitschenhiebe, so daß es
fast scheint, als ob diese Völker, vermittelst dieser
seltsamen Gewohnheit, den Vater des Kindes dafür bestrafen wollen, daß er die Zahl der Unglücklichen vermehrte, indem er einem menschlichen
Wesen das Daseyn gab.

## Achtzehnter Abschnitt.

Von der Sprache der Indianer in Galana und in der Gegend von Cayenne.

Die Sprache dieser Völker ist sehr dürftig. Sie haben nur soviel Wörter, als sie gebrauchen, um sich einander mitzutheilen und nur das zu bezeichnen, was sie durch die Sinne empfinden. Sie ist nicht schwer und man kann sie bald erlernen. Von den gewöhnlichen acht Redetheilen haben sie nur zwey, nemlich bloß Nennwörter und Zeitwörter, um Handlungen und Leidenschaften zu bezeichnen; Casus und Artikel aber haben sie gar nicht. Brod heißt bey ihnen Meiou. Wollen sie nun z. B. sagen: das Brod gehört Peter, so setzen sie blos diesen Namen hinzu: Meiou Peter. Oder wenn sie sagen wollen: die Hütte gehört dem Vater, so heißt das in ihrer Sprache: Hütte Vater. Doch scheinen sie einen besondern Vocativ zu haben. Statt des Plurals bedienen sie sich des Worts Papo, welches soviel als Alle bedeutet. Um mehrere Menschen, sowol Männer als Weiber zu bezeich-

nen, sagen sie dann: Männer alle, Weiber alle.
Für jedes Geschlecht haben sie nur eine Endung.
Wenn sie die entgegengesetzte Eigenschaft ihrer
Beywörter ausdrücken wollen, so fügen sie das
Verneinungswort oua hinzu. Z. B. die Franzosen sind gute Leute, heißt: Francici troapa;
die Engländer taugen nichts: Anglici troapa
oua. Ihre bezeichnenden Fürwörter: Ich, Du,
Er, dienen ihnen sowohl statt der Besitzwörter
als auch um die verschiedenen Personen der Zeitwörter zu unterscheiden. Aou heißt: Ich, Mir,
Mein, Wir und Uns. Amoré, Du, Dir, Ihr,
und Euch; Mocé, Er, Ihm, Sie, und Ihnen.
Sie haben ferner keine Beziehungswörter, Sub-
stantiva und Conjugationen der Zeitwörter, auch
keine Passiva. Wenn sie z. B. sagen wollen:
Mein Vater ist nicht da, so sagen sie bloß: Vater nicht da: baba ouanan. Sie sprechen so,
wie die Kinder und alle Völker, welche sich in
Rücksicht der Cultur noch auf dieser Stufe befinden, gewöhnlich im Infinitiv. Wollen sie z.
B. sagen: Wenn ihr schnell arbeitet, so werde
ich euch alles bezahlen, so drücken sie diesen Satz
in ihrer Sprache so aus: Ihr schnell arbeiten, ich alles bezahlen. Zählen können sie
nur bis vier, annik heißt eins, oko zwey, oro-

na vier. Opoupome bedeutet so viel als die doppelte Zahl der Finger und Zehen.

Etwas, was noch besonders bemerkt zu werden verdient, ist der Unterschied, welcher zwischen der Sprache der Männer und Weiber Statt findet. Die erstern setzen nemlich zu der Endsylbe aller Worte bo oder bon, die Weiber aber ri hinzu. Ein Mann z. B. sagt: aou Ceperoubo oder Ceperoubon nisan, ich gehe nach Ceperou; eine Frau aber aou Ceperiri nisan.

# Druckfehler.

---

Seite 18 Zeile 8   von oben, lese man Venezuela statt
                    Veneguela.

— 23 — 10   von unten, statt Man tritt, Man tritt
                    hier.

— — — 6 —   — muß ein Punkt statt ! stehen.

— 29 — 9 u. 10 —   — ihren statt ihrer.

— 33 — 3 —   — Cueßiri statt Curßiri.

— 44 — 3 —   — Navios — Narios.

— 49 — 8 — oben, Salivas — Saliras.

— 65 — 13 —   — fehlt nach: mitnehmen, zu.

— 77 — 10 — unten statt Sie, die Engländer.

— 93. 94 und in der Folge immer Caßava statt Caßara.

— 113 Zeile 1 von oben, Unter statt Zwischen.

— — — 7 — unten Gehörorgan statt Gehör.

— 188 — 3 —   — 300 statt 3000.

— 190. — 13 — oben Paletuvier (Rizephora Linn.) statt
                    Paleturier, (ficus indica Linn.)

---

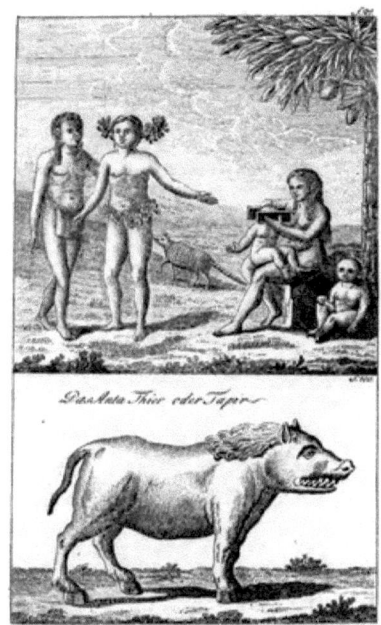

Das Anta Thier oder Tapir